Verlag Müller + Busmann

Hermann J. Mahlberg

Schloß Morsbroich in Leverkusen

Vom Rittersitz zum Avantgarde-Museum

Gedruckt mit freundlicher Unterstützung der
Sparkasse Leverkusen

Hermann J. Mahlberg
Schloß Morsbroich in Leverkusen
Vom Rittersitz zum Avantgarde-Museum
Verlag Müller + Busmann, Wuppertal 1995
ISBN 3-928766-17-1

Satz/Layout: logos, Wuppertal
Druck: Ley + Wiegandt, Wuppertal

Die Deutsche Bibliothek – CIP-Einheitsaufnahme
Mahlberg, Hermann J.:
Schloss Morsbroich in Leverkusen : vom Rittersitz zum
Avantgarde-Museum / Hermann J. Mahlberg. – Wuppertal :
(Das Baudenkmal)
ISBN 3-928766-17-1

Beiträge der Forschungsstelle für

Architekturgeschichte und Denkmalpflege der

Bergischen Universität – Gesamthochschule Wuppertal

Leitung: Prof. Dr. Hermann J. Mahlberg 1995

Inhaltsverzeichnis

Vorwort und Dank

In der Veröffentlichungsreihe „Das Baudenkmal" sollen Einzelobjekte oder kleinere Ensembles unserer gebauten Umwelt vorgestellt werden, sei es, daß es sich bereits um offiziell registrierte Baudenkmäler handelt, oder aber, daß Argumente für eine Unterschutzstellung im Sinne der Denkmalschutzgesetze vorgebracht werden.

Im Zentrum des Interesses steht das Rheinland mit entsprechenden Anteilen der heutigen Länder Nordrhein-Westfalen und Rheinland-Pfalz. In zeitlicher Hinsicht soll der Schwerpunkt vom 18. bis zum 20. Jahrhundert reichen.

Neben der Bearbeitung von bau- und kunsthistorischen Aspekten wird die Einbettung des einzelnen Bauwerks in den jeweiligen ortsgeschichtlichen Kontext angestrebt. Wo es angebracht ist, geraten auch sozial- und wirtschaftsgeschichtliche Gesichtspunkte ins Blickfeld der Autoren.

Schloß Morsbroich hat als bauliches Ensemble einen hohen Stellenwert; die bestehende Anlage dokumentiert die historische Entwicklung seit dem 17. Jahrhundert. Der originelle Grundriß mit kreisförmig angelegtem Wassergraben sucht seinesgleichen. Es nimmt nicht Wunder, daß dieses Motiv die Architekten, die in Morsbroich tätig wurden, besonders inspiriert hat.

Johann Georg Leydel führte beim Bau der Rokokoanlage im Jahre 1773/74 den Gedanken der Symmetrie zu einem wohlabgewogenen Ergebnis, das mit dem Erweiterungsbau (1885-87) durch Hermann Otto Pflaume Bestätigung erfuhr. In seinen Planvarianten aus dem Jahre 1976 entwickelte Oswald Mathias Ungers interessante Ideen, bei denen eine ringförmige Wand das Vorburggelände zu einem ungeahnten Bedeutungsträger stilisierte.

Aus Denkmalschutzgründen konnten diese Vorstellungen bei den Umbauten von 1981-85 nicht umgesetzt werden. Mit der realisierten Version wurde jedoch eine überzeugende Lösung gefunden, die den Erfordernissen eines zeitgenössischen Ausstellungsbetriebes gerecht wird, wobei zugleich die Belange des Denkmalschutzes weitgehend berücksichtigt werden konnten.

Bei der Erarbeitung und Fertigstellung der vorliegenden Publikation waren etliche Institutionen und Einzelpersonen hilfreich, denen ich hiermit herzlich danke:

An erster Stelle Herrn Dr. Schulze-Olden, der als Stadtdirektor und Kulturdezernent vor allem die Wege zur Finanzierung des Projektes geebnet hat; der Sparkasse Leverkusen, die das Vorhaben finanziell absicherte; Herrn Plump und Frau John vom Stadtarchiv Leverkusen für bereitwillige Hilfe; das gleiche gilt für die Verwaltung des Städtischen Museums Schloß Morsbroich; ich danke dem Hauptstaatsarchiv Düsseldorf; dem Landeshauptarchiv Koblenz; dem Personenstandsarchiv Rheinland, Brühl; dem Rheinischen Bildarchiv; dem Stadtarchiv Ahrweiler; dem Stadtarchiv Bergisch-Gladbach; dem Stadtarchiv Bonn; dem Stadtarchiv Solingen; dem Historischen Archiv der Stadt Köln; dem Stadtarchiv Brüssel; dem Rheinischen Landesamt für Denkmalpflege, Brauweiler; Herrn Döring vom Kreiskirchenamt Aschersleben.

Für die Überlassung von Materialien zur Geschichte des Museums danke ich Herrn Jens Holger Müller; Frau Caroline Schmidt und Dipl. Ing. Bettina Schmidt für die Anfertigung einiger Werkzeichnungen. Meinen Mitarbeitern, Frau Ursula Fink, den Herren Christoph Heuter, M.A., Marc Fuhrmann und Florian Speer sowie meiner Frau Césarine Mahlberg-Dannhäuser danke ich für begleitende kritische Gespräche und tatkräftige Unterstützung bei der Erstellung der Schrift.

Wuppertal im Oktober 1995
Hermann J. Mahlberg

Morsbroich als Rittersitz

*Siegel des
Johann More van Broich
(Altenberger Urkunde
vom 16. Dezember 1363)*

Der Rittersitz Morsbroich gehörte zu jenem Typ befestigter Häuser, die im rechtsrheinischen Gebiet zwischen Köln und Düsseldorf den Übergang von der Rheinebene zum Mittelgebirge markierten. Die mit Morsbroich vergleichbaren Häuser Haan[1] und Isenburg[2] erhielten das Wasser für ihre Befestigungsgräben von Bächen, die aus der regnerischen Bergregion dem Rhein zustrebten. Bei Morsbroich begünstigte die sumpfige Flußaue der Dhünn zusätzlich die Anlage einer nur mit Mühe zugänglichen Hofesfeste. In zeitlicher Hinsicht wird man die Errichtung des Hauses Morsbroich kaum über das 14. Jahrhundert hinaus ansetzen können. Historisch gesicherten Boden betreten wir nämlich erst mit dem Jahre 1328: Am 15. Mai 1328 verkaufen Johann gen. Moir von dem Broiche und seine Frau Bela der Meisterin und dem Konvent zu Dünnwald zwei Holzgewalten im Rheindorfer Walde.[3] In den folgenden Jahrzehnten begegnen uns Mitglieder dieses Geschlechtes in verschiedenen Urkunden von Kloster Dünnwald, Kloster Altenberg, Kloster Gevelsberg und dem St. Gereon-Stift zu Köln.[4] An einer Altenberger Urkunde vom 16. Dezember 1363 hat sich das Siegel des Johann Moir erhalten.[5] Es handelt sich um ein Schildmotiv, in dessen Schildhaupt drei sechszackige Sterne aufgereiht sind. Die Inschrift lautet:

S – IOHIS – MORE – VANME – BROICH
(Siegel des Johann More van Broich).

In der Altenberger Urkunde vom 4. November 1382 bekennen Johann Moir sowie seine Gattin Katharina und ihre gemeinsamen Kinder Johan, Heynrich, Coynrait, Ailf und Catharina, daß sie ihren Zehnten zu Monheim („in Munheymer auwen boyven deme dijche") an Ritter Coynrait van Elner und dessen Gattin Grete verkauft haben.[6] Die Familie tritt zum letzten Male 1389 ins Licht der Geschichte.[7] Über den eigentlichen Rittersitz war bis dahin noch nicht die Rede. Nahezu 100 Jahre später erst erfahren wir von seiner Existenz und der neuen Besitzerfamilie v. Zweiffel. Wann und unter welchen Umständen dieser Besitzerwechsel stattgefunden hat, konnte die Forschung noch nicht eruieren. Noch vor dem Jahre 1488 kam die Hinterlassenschaft des Matthias v. Zweiffel, Herr zu Morsbroich, zur Teilung an die Töchter bzw. Schwiegersöhne des Erblassers.[8] Zur Erbmasse

gehörten u. a. das freie Rittergut Morsbroich nebst Zubehör im Kirchspiel Schlebuschrath, Kirchengift und Hofgeding zu Radevormwald und die Fischereirechte in der Dhünn. Einen Teil des Erbes hielt Wilhelm v. Markelsbach, genannt v. Allner, in Händen. Er veräußerte im Jahre 1491 seine Anteile an Heinrich v. Ossenberg, der das Gut „zum Broiche, anders genannt Morsbroich, wie es innerhalb Graben und Ringmauern gelegen ist", offenbar schließlich wieder in einer Hand vereinigen konnte.[9] Die Eheleute Dietrich v. Hall, Amtmann zu Monheim, und Margaretha v. Wylich erfreuten sich seit 1575 des gut ausgestatteten Rittersitzes. Mit Urkunde vom 8. November 1597 verkauften sie den „freien, adligen Seess und Erbschaft zu Morsbroich, wie das in Haus, Hoff, Vorburgen, Ederen, Zeunen, Hegken, Ackeren, Büschen, Benden, Gärten, Baumgärten, Weyeren, Jagten, Fischereien und Waldes-Gerechtigkeiten gelegen" an die Eheleute Caspar v. Elverfeldt und Elisabeth v. Hall, ihre Tochter.[10] Caspar v. Elverfeldt war auch Besitzer des Rittergutes Isenburg im rechtsrheinischen Vorfeld von Köln.[11]

Im Laufe der nächsten Jahre geriet das Ehepaar in finanzielle Schwierigkeiten: Caspar v. Elverfeldt zu Isenburg und seine Ehefrau Elisabeth v. Hall verpflichteten sich am 24. Juni 1607, dem Jülichschen Rat Andreas Hartzheim und seiner Gattin Katharina v. Widdigh für eine von denselben empfangene Summe von 2500 Thalern und 1200 Goldgulden eine jährliche Rente von 127 Reichsthalern und 60 Goldgulden zu entrichten. Als Sicherheit stellten sie ihr Allodialgut Morsbroich mit allem Zubehör, ausgenommen den vom Herzog von Jülich lehnrührigen Busch (genannt das Buchholz) zum Unterpfande.[12] Vermutlich benötigte Caspar v. Elverfeldt das Geld, um in den Besitz des Gutes Neuenhof bei Bergheim zu kommen.[13]

Die hohe Verschuldung zwang ihn, im Jahre 1608 den alten Familienbesitz Isenburg zu verkaufen.[14] Elf Jahre später mußte er sich schließlich aus den gleichen Gründen von Haus Morsbroich mit seinem umfangreichen Zubehör trennen.[15] Deutschordenskomtur Adolf v. Bongard konnte das Kleinod erwerben und für die Ballei Koblenz bis zur Säkularisierung sichern.[16]

Morsbroich wurde von nun an von der Deutschordenskommende St. Katharina in Köln aus verwaltet.

In einem geographisch-historischen Werk des 18. Jahrhunderts wird die Struktur des Ordens wie folgt dargestellt:[17]

„Der deutsche Ritter-Orden wurde 1190 in Palästina gestiftet, und die Ritter wurden Ritter der Jungfrau Maria, oder Brüder des deutschen Hauses Unserer lieben Frauen zu Jerusalem, genennet. Sie mußten sich zur Vertheidigung der christlichen Religion und des heiligen Landes, und zum Dienst der Armen und Kranken verpflichten, auch insgesamt Deutsche und von gutem alten Adel seyn. Pabst Cölestin III. bestätigte den Orden 1191 und unterwarf ihn der Regel des heiligen Augustins. Eine gleiche Bestätigung erfolgte auch von Kaiser Heinrich VI. Zum ersten Oberhaupt desselben wurde Heinrich von Waldpott zu Passenheim erwählt, welchem Otto von Kärpen, Heinrich Bart und Hermann von Salza, in der hochmeisterlichen Würde folgten. Als die Araber in Palästina zu mächtig wurden, begab sich letztgenannter Hochmeister aus Jerusalem nach Venedig, woselbst er von Herzog Conrad von der Masau eine Gesandtschaft empfing, die ihn und den deutschen Orden um Beystand wider die heidnischen Preussen ersuchte. Der Orden war hierzu willig, als ihm in den 1226 und 28 errichteten Vergleichen der eigenthümliche Besitz alles Landes, welches er den Preussen abgewinnen würde, versichert, auch das culmische und dobrinische Land abgetreten wurde. Die Hochmeister verlegten ihre Wohnung anfänglich von Venedig nach Marburg, und hierauf nach Marienburg in Preussen. Der Orden brachte zwar nach und nach ganz Preussen, Curland, Semgallen und Liefland unter sich, verlor aber diese Länder wieder. Als der Hochmeister Albrecht, Markgraf zu Brandenburg, 1525 einen Theil von Preussen, als ein weltliches Herzogthum, von der Krone Polen zu Lehn erhielt, begaben sich die Ritter, welche mit dieser Veränderung unzufrieden waren, nach Deutschland (...)

Das Oberhaupt dieses geistlichen Ordens, oder der Hoch- und Deutschmeister, nennet sich Administrator des Hochmeisterthums in Preussen, Meister des deutschen Ordens in deutschen und wälschen Landen (...)

Die Ritter müssen von gutem alten deutschen Adel seyn, und solchen erweisen. Es sind sowohl Evangelische, als Katholische, des Ordens fähig, und die evangelischen Ordensritter dürfen heirathen. Bey feyerlichen Gelegenheiten tragen die Ritter einen weißen Mantel mit einem schwarzen Kreuz, welches einen silbernen Rand hat. Sonst kleiden sie sich wie andere weltliche Leute (...). Der Orden hat auch seine Priester, welche sich zu des heil. Augustins Regel bekennen.

Wenn die Herrschaften und Güter, welche der deutsche Orden in Deutschland noch besitzt, (...) und theils durch Kauf, theils durch Schenkung erworben und bekommen hat, beysammen lägen, so würden sie ein ansehnliches Fürstenthum ausmachen. Sie bestehen überhaupt aus dem eigentlichen Meisterthum zu Mergentheim, und aus zwölf Balleyen. Die Regierung zu Mergentheim besteht aus einem Statt- oder Vice-Statthalter, Präsidenten, Haus-Commenthur, Trappirer, einigen geheimen Räthen, einigen Regierungsräthen, einigen geistlichen Räthen, und gewissen Kammerräthen.

Die Balleyen (Balliviae) oder Provinzen werden noch heutiges Tags in die Balleyen des preussischen und deutschen Gebiets abgetheilt; jene sind die Balleyen Elsaß, Oestreich, Coblenz und Etsch; diese die Balleyen Franken, alten Biesen[18], Westphalen, Lothringen, Hessen, Sachsen, Thüringen und Utrecht. Sie werden durch Landcommenthure (Commendatores provinciales, Archi-Commandatores) regieret, welche von den Rathsgebietigern (Consiliarii) erwählet und von dem Hochmeister bestätiget werden. Sie machen, neben den Rathsgebietigern, das Kapitel aus, welches entweder zu Mergentheim oder an einem anderen Ordensort zusammen berufen wird, und beyde haben das Recht, einen Hochmeister zu erwählen (...) Die Balleyen sind in Commenthureyen (Commendae) eingetheilt, welche durch Commenthure verwaltet, und wieder in Ämter abgetheilet werden ..."

Innerhalb der Ballei Koblenz war die Kommende St. Katharina in Köln wohl die bedeutendste. Der Ritterorden verfügte über

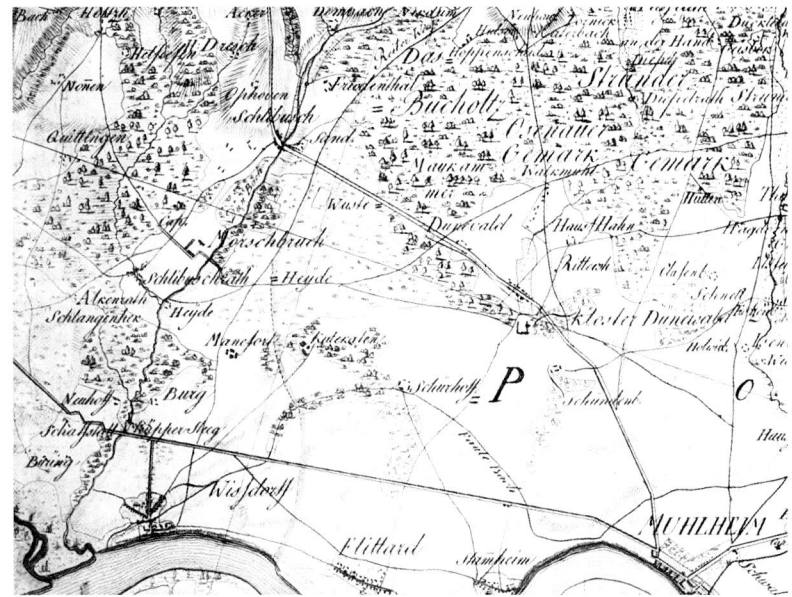

Besitz an der Severinstraße am ehemaligen Johannistor. Dieses bildete seit der zweiten Stadterweiterung von 1106 das Ausfalltor für die nach Bonn führende alte Römerstraße. Nach Errichtung der Stadtumwallung vom Jahre 1180 wurde das funktionslos gewordene Gelände einer neuen Nutzung zugeführt. Seit 1218 bestand neben dem Deutschordenshaus ein Hospital zu Ehren von Maria, St. Katharina und dem Hl. Kreuz.[19] Pilger fanden hier Herberge sowie Betreuung im Krankheitsfall. Endete die Krankheit mit dem Tode, begrub man die Landfremden auf dem „Elendigen Kirchhoyv", der auf dem Ödland am Katharinengraben angelegt worden war.

Die Deutschordenskommende mit Wohnhaus, Hospital, St. Katharinenkirche, Stallungen, Remisen, Getreidespeichern und weiteren Nebengebäuden wurde im Zuge der Säkularisierung im Jahre 1802 aufgehoben; die Ordenskirche legte man 1807/8 nieder;[20] im Jahre 1912 wurden die letzten Gebäudereste der geschichtsträchtigen Anlage beseitigt.[21] Lediglich die 1765-1771 nach Plänen des Architekten Balthasar Späth errichtete „Elendskirche" als Stiftung der Familie von Groote auf dem ehemaligen Fremdenfriedhof am Katharinengraben[22] zeugt heute noch vom Wirken der Deutschordensritter in Köln.

Die wirtschaftliche Basis zum Unterhalt der Ordensmitglieder bildeten Besitzungen im Umkreis von Köln. Auf dem Gebiet des Herzogtums Jülich-Berg lagen die Rittersitze Morsbroich und Schlebusch. Linksrheinisch, im kurkölnischen Erzstift, befanden sich die meisten Ländereien, bestehend aus Ackerland, Wiesen, Waldungen und einigen Weingärten. Die Ordensritter hatten es verstanden, in den fruchtbaren Lößgebieten, die bereits den Römern als Kornkammern dienten, ansehnliche Pachthöfe zu erwerben. Zu nennen wären:[23]

Sinsteden mit 400 Morgen, Gierather Hof mit 728 Morgen, Kalscheuren mit 349 Morgen, Güssenhofen mit 289 Morgen, Rath mit etwa 254 Morgen, Eckum mit 150 Morgen, Gustorf mit etwa 146 Morgen, Sürth mit 141 Morgen, Auenheim mit etwa 120 Morgen, Nettinghofen mit 40 Morgen.

Größere Waldungen befanden sich in Gierath und vor allem bei den Häusern Morsbroich und Schlebusch. Hier hatte der Landkomtur die kleine und die „grobe" Jagd.

Die Versorgung mit Wein – für einen geistlichen Orden eine unabdingbare Notwendigkeit – geschah u. a. durch die eigenen Weingärten in Impekoven, Trippelsdorf, Oberwinter und Graurheindorf.

Wohl die ansehnlichste Besitzung der Kommende St. Katharina auf linksrheinischem Gebiete bildete die Herrlichkeit Hermülheim.[24]

Hier ließ Landkomtur Ignaz Felix v. Roll in den 1760er Jahren ein neues Herrenhaus aufführen, in dem er sich gelegentlich aufhielt. Die beträchtlichen Einkünfte der Besitzung wurden auf über 700 Morgen agrarischer Nutzfläche erwirtschaftet.[25]

Deutschordenskomtur Ignaz Felix von Roll

Ignaz Felix Frhr. v. Roll
zu Bernau
(F. Lippoldt, 1740)
Schloß Augustusburg,
Brühl

Baron Felix Ignatz v. Roll.

14

Herr über die Geschicke der Ballei Koblenz war seit dem Jahre 1754 Freiherr Franz Ignaz Felix v. Roll zu Bernau. Der Tod des Vorgängers Frhr. Jobst Mauritz v. Droste zu Senden bot dem Hochmeister des Ordens die Möglichkeit, die ehrenvolle und zugleich einträgliche Stelle mit einem Mann seiner Wahl zu besetzen. Kurfürst Clemens August von Köln, der seinerseits im Jahre 1732 in Mergentheim zum Hochmeister des Deutschen Ordens gewählt worden war, förderte damit einen engen Vertrauten, der sich seit 1740 offenbar ständig in seiner Umgebung aufgehalten hatte.[26]

Ignaz Felix war Sproß einer Familie, die es von Italien in die Schweiz verschlagen hatte. Ein Mitglied der Adelssippe erwarb auf vorderösterreichischem Gebiet das Schloß Bernau. Hier wurde im Jahre 1683 Johann Baptist v. Roll geboren (ein Onkel des Ignaz Felix), zu dem der 17 Jahre jüngere Wittelsbacher Clemens August ein freundschaftliches Verhältnis entwickelte.

In dem intrigenreichen höfischen Klima eines von den Großmächten Frankreich und Österreich abhängigen Kleinstaates bildete der unverbogene und zuverlässige Charakter der v. Roll eine seltene Ausnahme.

Johann Baptist v. Roll, enger Freund des Kurfürsten, starb auf tragische Weise bei einer duellartigen Auseinandersetzung mit Friedrich Wilhelm v. Beverförde. Der genaue Tathergang am 5. Mai 1733 wurde nie eindeutig geklärt. Der vom plötzlichen Tod des Freundes getroffene Kurfürst ging von Mord aus und verfolgte den Duellgegner v. Rolls sowie dessen Umkreis mit unerbittlicher Härte. Graf Ferdinand von Plettenberg, Herr zu Nordkirchen bei Münster und Erster Minister im kurkölnischen Staate, wurde der geistigen Mittäterschaft bezichtigt. Sein Sturz stellte die wichtigste politische Konsequenz aus der „Ehrentragödie" dar. Clemens August konfiszierte u. a. auch dessen Bonner Residenz, den Plettenberger Hof – in der Folge Clemenshof geheißen. Wie weiter unten darzustellen ist, wird diese Besitzung für Ignaz Felix v. Roll noch eine besondere Bedeutung gewinnen.

Am Tag nach seinem Tode wurde Johann Baptist v. Roll, der Deutschordenskomtur und kurkölnischer Minister für Ordensangelegenheiten war, in der Pfarrkirche zu Brühl beigesetzt. Ein Epitaph aus schwarzem und weißem Marmor mit dem v. Roll'schen Wappen dokumentiert bis auf den heutigen Tag die Wertschätzung des Verstorbenen durch den Kurfürsten.[27]

In der Folge übertrug Clemens August diese positive Zuwendung auch auf weitere Mitglieder der Familie v. Roll. Ignaz Felix, ein Neffe des Johann Baptist und des 1743 in Bonn verstorbenen Ignaz v. Roll, war schließlich die vierte Person aus diesem Familienclan, die sich der Gunst und des Vertrauens dieses geistlichen Herrschers erfreuen durfte.

Am 2. Juli 1741 erhielt Ignaz Felix v. Roll vom kurfürstlichen Hochmeister des Deutschen Ordens in Bonn den Ritterschlag, der ihn zum Mitglied in diesem elitären Männerbund machte. Mit dem Tod des Onkels Ignaz im Jahre 1743 übernahm der erst 24-jährige Amt und Titel eines Obriststallmeisters. Zuvor hatte er mit der Ernennung zum „Obristfalkenmeister" bereits eine hofintern bedeutsame Vertrauensstellung erreicht: Als oberstem Falkenmeister (auch „Groß-Falckenier", von franz. Grand Fauconier) oblag ihm die Aufsicht über die Falknerei und alle hierzu gehörigen Ämter. Für den passionierten Jäger Clemens August bildete die Jagd mit abgerichteten Falken die vornehmste Form seiner Lieblingsbeschäftigung. Direktes Vorbild für den Adel des 18. Jahrhunderts war dabei Kaiser Friedrich II. von Hohenstaufen (1194-1250), der ein zweibändiges Werk über die Falkenjagd verfaßt hatte.[28]

In der Landschaft in der Nähe des Schlosses Augustusburg ging der Kurfürst mit seinem adeligen Gefolge der Reiherbeize nach. Vom Pferde aus ließ man den Falken aufsteigen, um auffliegende Großvögel wie den Graureiher herabzuholen. Die Vögel wurden nicht immer getötet; häufig ließ Clemens August die gefangenen Reiher nur beringen und gab ihnen die Freiheit zurück – Freiheit bis zur nächsten Reiherbeize.

Das z. T. sumpfige Gelände bei Brühl sowie die offenen Weiher des Schloßparkes boten dem Grau- oder Fischreiher Nahrung. Größere Graureiherbestände finden sich heute vornehmlich im Naturschutzgebiet des Nettetales.[29]

Die Liebe zur Falkenjagd veranlaßte den Kurfürsten sogar zum Bau des kleinen Schlößchens Falkenlust im Weichbild der Augustusburg.[30] Nach Plänen des Münchener Hofbaumeisters Francois de Cuvilliés ließ sich Clemens August in einem Waldstück südöstlich von seiner Sommerresidenz Augustusburg die kleine selbständige Anlage mit Nebengebäuden und einem separaten Kapellenbau errichten. Unter der örtlichen Bauleitung des kurkölnischen Hofbaumeisters Michael Leveilly wurde das Jagdschlößchen in 12jähriger Bauzeit von 1729 an errichtet und ausgestattet. Von seiner Grundrißdisposition her entspricht das Hauptgebäude den Idealvorstellungen einer Maison de Plaisance und stellt das erste Beispiel dieses von Jacques François Blondel entwickelten Typs im Rheinland dar. Für die Konzeption des Rokokobaues von Schloß Morsbroich hat Falkenlust, wie weiter unten zu belegen ist, Anregungen gegeben.

Im Inneren gibt es zahlreiche Bezüge zur Falkenjagd. Das Treppenhaus ist mit Delfter Kacheln gefliest; als Motive dominieren fliegende Reiher, stoßende Falken sowie Jäger zu Pferd und zu Fuß. Falken und Reiher finden sich auch in der Deckenstukkierung einiger Räume. Auf Gemälden sind Porträts von Falkenjägern festgehalten sowie Mitglieder der Wittelsbacher im weißblauen Falknerkostüm.

Bei Kurfürst Clemens August lag die Baulust mit seiner Jagdleidenschaft in ständigem Wettstreit. Glücklicherweise vermochte er beide Intentionen zu vereinen, so daß es zu bemerkenswerten Baulösungen kam. Hervorzuheben ist das Jagdschloß Clemenswerth bei Sögel/Hümmling[31] oder Schloß Herzogsfreude im Kottenforst bei Bonn. Mit dem Bau des letzteren wurde 1754 nach Plänen des Hofbaumeisters Johann Heinrich Roth begonnen. Fertiggestellt wurde der Komplex nie. Nach dem Tode des Kurfürsten im Jahre 1761 wurden die Einrichtungsgegenstände transloziert; die vernachlässigten Baulichkeiten verfielen. Im Jahre 1810 wurden die verbliebenen Gebäudereste von der französischen Regierung auf Abbruch verkauft.[32]

Von der einstigen Pracht und Herrlichkeit zeugt heute nur noch die ehemalige Jagdkapelle, die einen Teil der Pfarrkirche der Ortschaft Röttgen bildet. Bereits am 30. Oktober 1740 wurde das bescheidene Bauwerk durch den kurfürstlichen Nimrod persönlich eingeweiht und den Jagdheiligen St. Hubertus und St. Venantius gewidmet. Gleichzeitig bildete die Kapelle den Sitz des Jagdordens „Von der Gütigkeit", den Clemens August gestiftet hatte. Die Ordensbezeichnung mit dem Charakter sozialer Fürsorge stellt zweifelsohne eine Meisterleistung sprachlicher Verschleierungskunst dar: Immerhin wurde im Kottenforst jene harte Gangart der Parforcejagd und der Sauhatz betrieben, bei der es für Mensch und Tier kaum Schonung gab. Eine Meute Hunde jagte z. B. bei der Parforcejagd den aufgescheuchten Hirsch, gefolgt von Jägern auf Pferden. Die erschöpften Pferde wurden an bestimmten Punkten gewechselt; vermutlich handelte es sich um jene Stellen im Kottenforst, die heute noch durch Gedenkkreuze markiert sind.[33] Die Stifter der zwischen 1740 und 1761 zu datierenden Kreuze werden wohl alle als Träger des genannten Jagdordens anzusehen sein.

Als Kommandant der Parforcejagd organisierte Franz Ignaz Felix v. Roll die kurfürstlichen Hetzjagden. Auch er stiftete eines der Jagdkreuze im Kottenforst. Zusammen mit Franz Joseph

Kurfürst Clemens August als Falkenjäger (unbezeichnet, 1724-26, Schloß Augustusburg, Brühl)

Wolff-Metternich zur Gracht wurde v. Roll im Juni 1746 zuerst mit dem vom Kurfürsten gestifteten Jagdorden ausgezeichnet.[34] Vermutlich wurde das v. Roll'sche Jagdkreuz im gleichen Jahr gestiftet.

Die starke Förderung durch den Kurfürsten brachte Ignaz Felix v. Roll noch die Titel eines Geheimrates und eines Obersten der Kölnischen und Münsterischen Kavallerie ein.[35] Den Höhepunkt seiner Karriere erklomm v. Roll im Alter von 35 Jahren durch die Ernennung zum Komtur der Kommende St. Katharinen in Köln sowie gleichzeitig zum Landkomtur der Ballei Koblenz im Jahre 1754.

Kritischen Zeitgenossen galt v. Roll als mäßig begabt sowie charakterlich als weich und schwach – so der französische Gesandte Aunillon und der Österreicher Cobenzl.[36]

Gleichwohl machen seine guten Eigenschaften verständlich, warum er das Wohlwollen von Clemens August gewinnen konnte. Max Braubach, Kenner der kurkölnischen Szene, faßt zusammen:[37]

„*Er muß eine der liebenswürdigsten und sympathischsten Gestalten des kölnischen Hofes gewesen sein, ein angenehmer Gesellschafter, dabei ein offener und gerader Charakter, so recht geeignet, die Launen des unglücklichen Fürsten über sich ergehen zu lassen und sie zugleich zu besänftigen, ihm in seinem sich ständig mehrenden melancholischen Anfällen beizustehen. ‚Guter Österreicher durch Geburt und Neigung‘, hat er doch auch die Hochachtung des bissigen Franzosen Aunillon gefunden, in dessen Schilderung des kölnischen Hofes einzig und allein dieser junge Kavalier in hellem Licht erstrahlt.*“

Am Aschermittwoch (5. Februar) des Jahres 1761 trat Clemens August eine Reise an, die ihn nach Mergentheim und München führen sollte. Bei einem Zwischenaufenthalt in Koblenz-Ehrenbreitstein verstarb der 60jährige unvermutet am Abend des 6. Februar 1761.[38]

Für Ignaz Felix v. Roll bedeutete der frühe Tod seines Gönners zwar offenbar den Verlust seiner zahlreichen Hofämter, gleichwohl konnte er sich nunmehr intensiver um die Belange seiner Geschäfte als Deutschordenskomtur kümmern.

In der Bonner Josefstraße besaß die Kölner Katharinenkommende Grundbesitz. Am 11. November 1726 vermietete der damalige Komtur Jobst Mauritz von Droste zu Senden ein Wohnhaus an den Kurkölnischen Hofbaumeister Michael Leveilly.[39] 1760/1761 ließ Ignaz Felix v. Roll die bis dahin unbebauten Gartengrundstücke in der Josefstraße bebauen. Es wurden mehrere Häuser in einer Zeile durch den Maurermeister

18

Sebastian Martin errichtet.[40] Ein Architekt, von dem die Entwürfe stammen, wird nicht genannt. Infrage kommen die Hofbaumeister Michael Leveilly (der im übrigen am 1. September 1762 verstarb) und Johann Heinrich Roth, dessen Bautätigkeit für v. Roll für 1762 bezeugt ist.[41] Möglich ist auch eine Entwurfstätigkeit Johann Georg Leydels, der zu diesem Zeitpunkt als freier Architekt in Bonn-Poppelsdorf lebte und 1761/62 nachweislich für v. Roll einen Entwurf lieferte.[42] Letzterer kann sich aus Zeitgründen nicht auf das Bonner Projekt beziehen. Wie weiter unten darzustellen sein wird, handelt es sich entweder um den Neubau der Burg Hermülheim oder um einen Vorentwurf zu Schloß Morsbroich. Frhr. v. Roll zog es in seiner Eigenschaft als Landkomtur des Deutschen Ordens jedoch zunächst vor, in der Residenzstadt Bonn seinen Hauptwohnsitz zu nehmen. Die Wohnbauten der Kommende St. Katherinen in Köln befanden sich um 1760 offenbar in einem unwohnlichen Zustand, da im Jahre 1793 v. Rolls Nachfolger Frhr. v. Forstmeister sich mit Umbauplänen trug.[43] Trotz des Verlustes seiner Chargen beabsichtigte Felix v. Roll am Hofe des neugewählten Kurfürsten Maximilian Friedrich v. Königsegg-Rothenfels präsent zu sein. Zu diesem Behufe erwarb er im Jahre 1762 eines der repräsentativsten Anwesen der Stadt Bonn. Es handelt sich um den sogenannten Clemenshof, der nach seinem späteren Besitzer auch als Boeselager-Hof bekannt ist.[44]

Auf den Grundmauern einer älteren Anlage errichteten Bonner Hofkünstler unter dem Einfluß des Architekten Robert de Cotte in den Jahren 1715-20 das Stadtpalais als einfache Rechteckanlage. Bauherr war der Kurkölner Generalfeldzeugmeister Graf v. St. Maurice.

Das Grundstück nahm das Ende einer Sackgasse ein und erstreckte sich mit seinen Gärten bis zum Rhein. Hier schützte eine hohe Mauer gegen das Hochwasser. Zwei oktogonale Pavillons flankierten die Eckpunkte der Rheinfront und boten als

Clemens August auf der Falkenjagd (François Rousseau, 1763, Schloß Augustusburg, Brühl)

Gartenhäuser einen Blick auf das Panorama des Siebengebirges.

Das Herrenhaus war zweigeschossig mit Mansarddach und wies neun Achsen auf. Die drei mittleren Achsen waren durch einen flachen Mittelrisalit und einen bekrönenden Dreiecksgiebel betont. Die Innenausstattung wurde in den Jahren 1745-1755 neu erstellt. Zu diesem Zeitpunkt befand sich der Komplex im Besitz des Kurfürsten Clemens August und trug den Namen Clemenshof. Clemens August hatte den Vorbesitzer Minister Plettenberg nach dessen erzwungenem Rücktritt wegen der Roll-Affäre zum Verkauf genötigt. Da der Kurfürst seinen Ersten Minister verdächtigte, den vermeintlichen Mord an seinem Freund Johann Baptist v. Roll mitverschuldet zu haben, wollte er in Bonn alle Erinnerung an v. Plettenberg und seinen Umkreis auslöschen. Beim Kauf des Anwesens durch Ignaz Felix v. Roll mußten offenbar die wahren Besitzverhältnisse verschleiert werden: In den

Bonner „Kontrakten-Protokollen" tritt am 25. August 1762 Frhr. Anton v. Belderbusch als Verkäufer auf.[45] Das war wohl die offizielle Version des Kaufaktes. In den Akten der Deutschordenskommende St. Katharina lesen wir eine andere Version:[46]

> „Nachdm des Herrn Land-Commendeuren Freyherrn von Roll Excellenz die für den Clemens-Hof verglichene Kaufschillingen ad zwey und zwanzigtausend achthundert Florin Rheinisch, zufolg Cameral Decreti de 30. Januarij anni currentis würcklich in edictmäßigen Sorten an den Bawschreiber Isaac, behuefs des Executorij erlegt haben, so werden Hochdieselbe über diese Summ ab seien Churfürstl. Land-Rhentmeisterey hiermit geziemend quittiret.
> Bonn den 1ten Febr. 1762

> Id est 22800 florin courant
> Jac. Brauman (...) „

Der Kölner Erzbischof Maximilian Friedrich von Königsegg verkauft „den von weyland unserem negsten Herrn Vorfahren höchstseeligen Gedächtnis von der Fraw Gräfin von Plettenberg Nortkirchen abgekauften an der Kallen im Sack gelegenen ehedessen so genannten Plettenberger jetzo Clement Hof mit allen seinen An- und Zubehörungen, als Garten, daran gehörigen beyden auf das Rhein-Warff gehenden Lusthäusern, Stallungen, Remisen und sonstigen Gebäuden (...)" an Frhrn. v. Roll zu Bernau, „Land-Commenthur des Ritterlichen teutschen Ordens".

Aus dem Kaufakt läßt sich folgern, daß Frhr. v. Roll keineswegs ein solch schlechtes Verhältnis zu dem Nachfolger von Kurfürst Clemens August gehabt haben kann, wie der Verlust seiner Ämter vermuten läßt. Möglicherweise hat er auch freiwillig auf jene Dienste und Titel Verzicht geleistet, die größtenteils eng mit der Jagdleidenschaft Clemens Augusts in Verbindung standen.

Jedenfalls hätte Maximilian Friedrich v. Königsegg sicher kein so heikles Geschäft mit einer hochgestellten Persönlichkeit abgeschlossen, zu der kein Vertrauensverhältnis bestand.

Schloß Morsbroich. Der Rokokobau

Schloß Morsbroich
Herrenhaus vor 1885

22

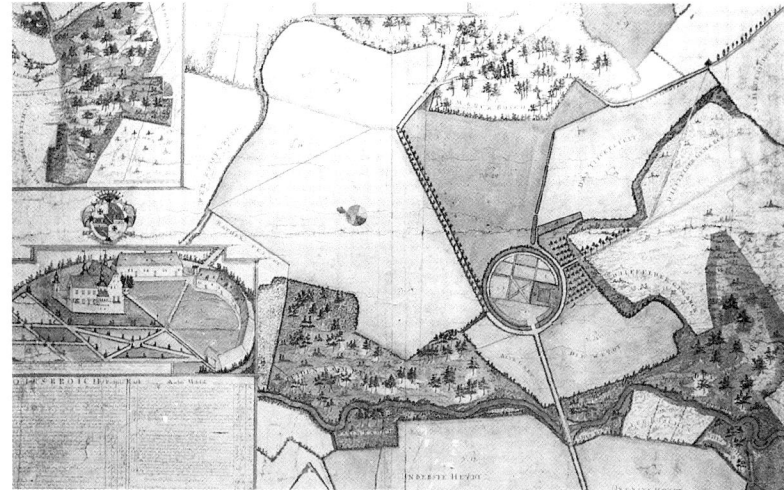

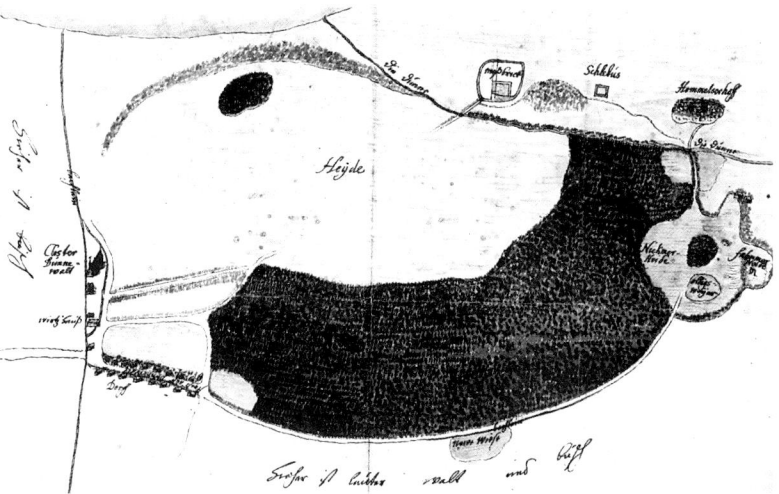

oben:
Karte der Deutsch-
ordensbesitzung
Morsbroich
(Landmesser Franz
Ehmans, 1762)

unten:
Karte zur Jagdgerechtig-
keit des Hauses
Morsbroich (1727)

Nach 1761 ließ Frhr. v . Roll die Besitzungen der Kommende St. Katharina durch die Geometer Mathias und Franz Ehmans vermessen.[47] Mit dieser Form der Bestandsaufnahme verschaffte er sich eine Grundlage für die planvolle Bewirtschaftung der Liegenschaften. Von Schloß Morsbroich und seinem Grundbesitz wurde im Jahre 1762 durch Landmesser Franz Ehmans eine Karte angelegt.[48] Glücklicherweise hatte Ehmans auch den Auftrag, die Gebäude des Rittersitzes in Form einer Vedoute zu dokumentieren. In einem gesonderten Ausschnitt werden Haupthaus, Vorburg, Hof und Garten in einer Schräg-bilddarstellung wiedergegeben. Die Kernidee der Gesamtanlage, – eine nahezu kreisförmige Insel, auf die eine schnurgerade Zufahrtsstraße hinführte, war bereits voll ausgeprägt. Im Gegen-satz zum Rokokoschlößchen nahm der Vorgängerbau ein süd-westlich gelegenes Segment der Anlage ein; der Weiher um die offenbar quadratisch geformte Herrenhausinsel stand in direkter Verbindung mit dem umlaufenden Graben. Das Herrenhaus stellt einen Haken- oder Winkelbau dar, der offenbar in zwei Phasen entstand: Der ältere Baukörper dürfte der Westtrakt sein, der an drei Ecken mit Flankiertürmen gesichert war und an der nordwestlichen Ecke einen Erker aufwies. Das Gebäude hatte ein sehr steiles Dach mit Krüppelwalm und war mindestens zweigeschossig. Zu einem späteren Zeitpunkt wurde dieser Bau in östlicher Richtung um einen zweigeschossigen Flügel von vier Achsen erweitert. Dabei wurde der ältere Nordostturm einbezo-gen und möglicherweise als Treppenturm genutzt. Wohl um den Wohnkomfort zu erhöhen, wurde diesem Turm in nördlicher Richtung ein Erker vorgebaut, der vom 1. Obergeschoß zugäng-lich war. Direkt daneben (östlich) ragte ein Aborterker über den nördlichen Hausweiher. Vom 2. Obergeschoß aus konnte man das Gegenstück dazu auf der östlichen Schmalseite des Anbaues betreten. Im Gegensatz zu den kleineren und unregelmäßig angeordneten Fenstern des Westflügels wies der Anbau eine regelmäßige Folge relativ großer Fensteröffnungen auf. Die Her-renhausinsel wurde auf der offenen Seite der Winkelanlage durch eine Mauer und einen polygonalen Eckturm geschützt.

Die Schlichtheit und Zweckmäßigkeit des Herrenhauskom-plexes wurden lediglich durch die imposante Gestaltung der Turm-hauben überhöht. Die auf der Vedoute wohl nur annähernd

exakt wiedergegebenen Schweifhelme scheinen denen der Isenburg an der Strunde zwischen Bergisch-Gladbach und Köln (heute Köln-Holweide) gleichgekommen zu sein. Dieses gerühm-te Meisterwerk der Zimmermannskunst kann dem 2. Jahrzehnt des 17. Jahrhunderts zugerechnet werden.[49]

Eine Brücke als Zugang zum Herrenhaus über den umgeben-den Weiher hat Landmesser Franz Ehmans leider nicht einge-zeichnet. Gleichwohl geht ihre Lage aus einem Plan aus der Zeit um 1727 hervor, der für den Landkomtur v. Droste zu Senden gefertigt wurde.[50]

Zwar ist diese Karte weder genordet noch maßstabsgerecht, dennoch sind einzelne Fixpunkte wie das Kloster Dünnwald oder eben Schloß Morsbroich präzise erfaßt. Die bei Ehmans feh-lende Brücke wird hier eindeutig an der dem Haupteingang zur Vorburg zugewandten Seite vermerkt.

Obwohl das Herrenhaus nach der Darstellung der Karte von 1762 in gutem baulichen Stand zu sein scheint, wurde es bereits 1754 als baufällig bezeichnet. Man schlug seinen Abbruch bis

noch den Charakter (spät-) mittelalterlicher Wehrbauten zubilligen konnte, so erscheint die Vorburg bestenfalls geeignet, marodierende Söldner fernzuhalten. Man vermißt beispielsweise ein Torburggebäude, das bei keiner Wasserburg vergleichbaren Zuschnitts fehlt. Vermutlich wurde die auf der Ansicht von 1762 dargestellte Vorburg zu einer Zeit errichtet, in der eine Verteidigung gegen schweres Geschütz für eine Wasserburg wie Morsbroich illusorisch geworden war. In der Tat gibt es einen Beleg dafür, daß die halbkreisförmig angelegten Zweckbauten der Vorburg aus dem Jahre 1692 stammen: In der hofseitigen Wand eines der westlich gelegenen Nebengebäude ist ein aufwendig gestalteter „Grundstein" eingelassen.

Das mit einem Segmentbogen überdachte Relief zeigt im oberen Teil das Wappen des Deutschordenskomturs Karl Goswin Adolf Frhr. v. Nesselrode.[54] Der Wechselzinnenbalken der v. Nesselrode erscheint auf dem quadrierten Schild jeweils neben dem Kreuz des Deutschen Ritterordens. Die Umschrift lautet:

G – A – I – C – BAR – NESSELROD – DE – EHRESHOVEN M – C
(Goswin Adolf I. Carolus Baron Nesselrod de Ehreshoven Magister? Commenthurae?)

Die Basis des Reliefs bildet eine Tafel mit der lateinischen Inschrift:[55]

eVRopa VnDIqVe beLLo fLagrante Me eXstrVXIt

Dabei handelt es sich um ein sogenenanntes Chronogramm. Die größenmäßig hervorgehobenen Buchstaben stellen römische Zahlen dar und ergeben, zusammengezählt, die Jahreszahl „1692".

Der Gesamttext lautet in der deutschen Übersetzung etwa: Freiherr Goswin Adolf Carl v. Nesselrode zu Ehreshoven, Landkomtur, errichtete mich, als in Europa überall die Kriegsfackel loderte (im Jahre 1692).

Als Datum für den Beginn einer Neubaumaßnahme an der Vorburg erscheint das Jahr 1692 als glaubwürdig. Die Tendenz zu einer regelmäßigen Gesamtform der Anlage mit nahezu kreis-

auf das Untergeschoß vor, u. a. mit dem Hinweis darauf, daß die Türme nicht ausgemauert, sondern nur mit Brettern verschlagen und mit Kalk beworfen seien.[51] Offenbar bestand das Obergeschoß der Türme aus einer Fachwerkkonstruktion. Am 6. Oktober des Jahres 1751 hatte Landkomtur v. Droste die Komture der Ballei Koblenz noch zu einem Kapitelgespräch nach Morsbroich einladen können. Wie berechtigt waren die Klagen über den desolaten Zustand der Burg? Möglicherweise waren dem seit 1754 als Landkomtur amtierenden Ignaz Felix v. Roll die alten Gemäuer zu unwohnlich erschienen, so daß er gar nicht erst an eine Renovierung denken mochte. Für den verwöhnten Günstling des Kölner Kurfürsten konnte das Raumangebot zweifelsohne nicht attraktiv erscheinen. Aus dem Jahre 1715 haben wir eine relativ genaue Beschreibung der Raumdisposition:[52] Zu diesem Zeitpunkt wird das Herrenhaus als gut erhalten dargestellt. Es bestand aus zwei Stockwerken. Im unteren befanden sich Küche, Speisezimmer, das Schlafzimmer des Landkomturs sowie drei (Schlaf-) Kammern; im zweiten Geschoß lagen zwei Gästezimmer, verschiedene Kammern und die Hauskapelle, darüber erstreckten sich die Speicherräume und zum Hof hin lag ein Turmgemach.

Die Gebäude der Vorburg haben sich in wesentlichen Teilen in den Nachfolgebauten erhalten.[53] Wenn man dem Herrenhaus

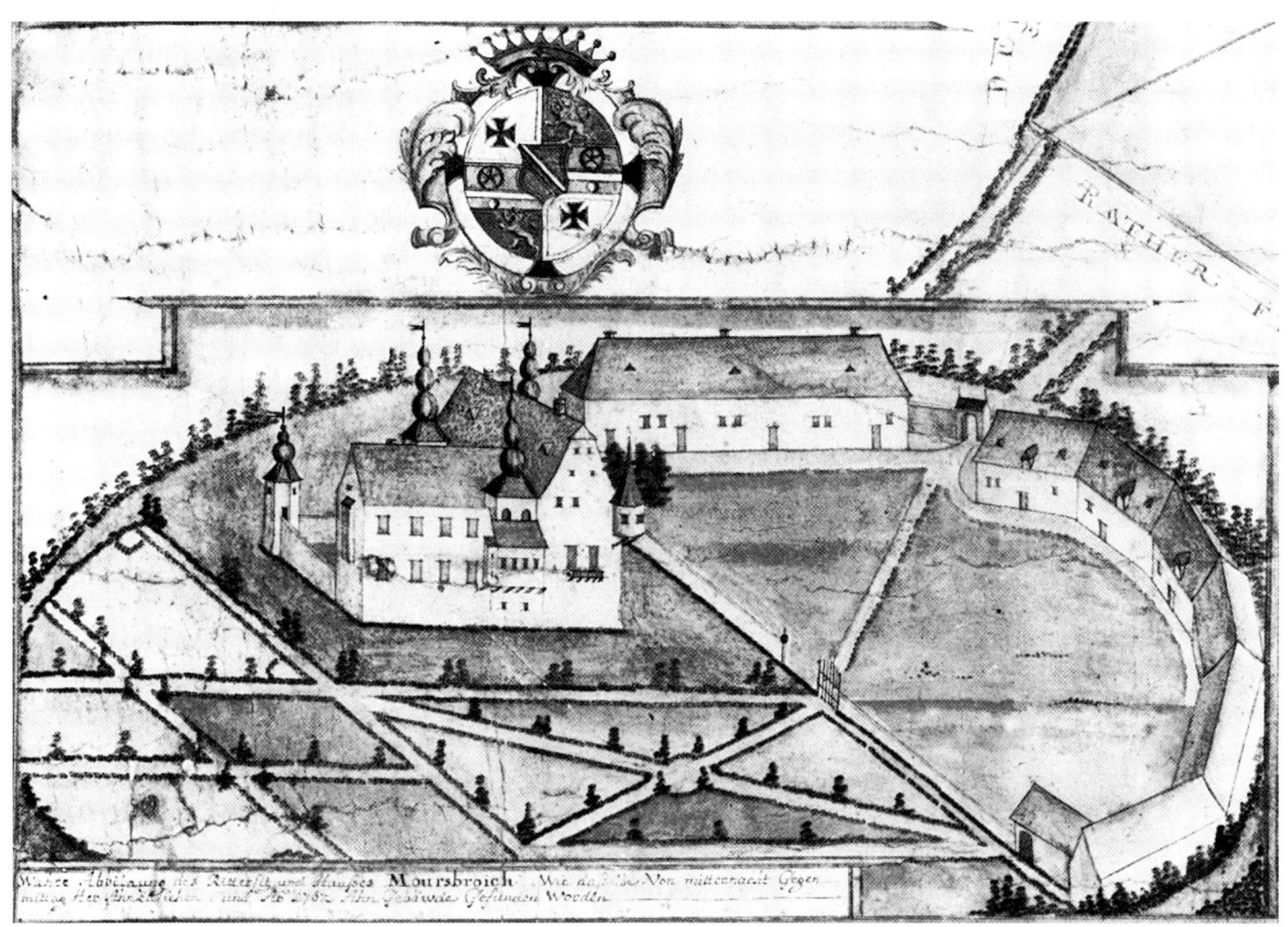

Schloß Morsbroich
Herrenhaus und Vorburg
im Jahre 1762
(Ausschnitt der Karte
Franz Ehrmanns)

förmiger Insel, von der eine raumgreifende Straßenachse in die Landschaft führt, ist ein barocker Gedanke, wie er in ungleich ausgeprägterer Form in Versailles realisiert wurde.

Für eine rheinische Wasserburg ist die gefundene Lösung einmalig. Allerdings wurden wohl dem neuen Gestaltungswillen noch vorhandene ältere Anlagen geopfert.

Frhr. Ignaz Felix v. Roll scheint sich in der Zeit 1761/62 bereits mit einem Neubau in Morsbroich auseinandergesetzt zu haben. Wegen seines finanziellen Engagements beim Kauf des Clemenshofes in Bonn mußte er die Baumaßnahme zunächst zurückstellen. Wenig später veranlaßte v. Roll jedoch den Neubau des Herrenhauses von Hermülheim. Da der Architekt Johann Georg Leydel vor 1762 für v. Roll eine größere Zeichnung anfertigte,[56] für die Ausführung jedoch nicht zur Verfügung stand, könnte es sich entweder um ein Vorprojekt zu Morsbroich oder auch um einen Entwurf zu Hermülheim handeln.

Zehn Jahre später, im Jahre 1772, wandte sich Frhr. v. Roll erneut dem Projekt Morsbroich zu. Er richtete an den Hoch- und Deutschmeister des Ritterordens die Bitte um Zustimmung zum Verkauf des Bonner Clemenshofes. Käufer ist Minister Caspar Anton v. Belderbusch, der als Strohmann des Kaufaktes vom 25. August 1762 fungierte. Der Kauferlös von 22.000 Reichsthalern soll zu einem Teil für die „Neuerbauung des gantz ruinösen Hauses Morsbroich" angelegt werden.[57]

Da die Frage nach dem Architekten der Neubaumaßnahme von 1774/75 in Morsbroich nicht ganz einfach zu beantworten ist, sollen zunächst einmal die Baumeister im Umfeld des Landkomturs vorgestellt werden.

Die Architekten im Umkreis des Landkomturs Ignaz Felix v. Roll

*Schloß Morsbroich
Freitreppe am
Herrenhaus
(Zustand 1972)*

Michael Leveilly

Michael Leveilly (nach Leveillé oder Leveiller) stammte aus Paris und war entweder Schüler von Robert de Cotte oder von Francois Blondel. Er wirkte seit 1721 am Kurkölner Hof in Bonn, wurde 1723 als Dessinateur (Entwurfszeichner) beschäftigt und avancierte 1733 zum Ersten Hofarchitekten des Kurfürsten Clemens August. Sein Einfluß, vor allem auf die Innenausstattung der Schloßbauten, war offenbar beträchtlich, wurde jedoch durch das Auftreten Balthasar Neumanns in Bonn vom Jahre 1740 an deutlich zurückgedrängt.[58]

In Bonn hatte Leveilly ab 1726 in der Josefstraße ein Haus des Deutschordens gemietet.[59] Vom 15. Oktober 1748 bis zu seinem Tode am 23. Januar 1762 wohnte Leveilly in seinem selbsterbauten Wohnhaus in der Bonngasse, das auf einem ehemaligen Grundstück des Frhrn. v. Gudenau errichtet worden war.[60] In erster Ehe war Leveilly mit Anna Maria Zerron (auch: Seron) verheiratet, die ihm fünf Kinder schenkte.[61] Nach ihrem Tod ehelichte Leveilly am 5. Dezember 1743 die Witwe Maria Agnes Gladbach, die in erster Ehe mit dem Bonner Bürger Rosier verheiratet gewesen war; sie verstarb bereits vor dem Jahre 1759.[62] Bei seinem Tode hinterließ Leveilly mehrere unmündige Kinder, die aus seiner zweiten Ehe stammten; von den großjährigen Nachkommen aus erster Ehe (ein Sohn, zwei Töchter) wurde der Sohn Hubertus Maria in dem am 15. März 1761 (bzw. 15. Januar 1762) verfaßten Testament ausdrücklich von der Erbschaft ausgeschlossen.[63]

Wenn auch die Bedeutung Leveillys als Hofarchitekt in den 1750er Jahren zurückging, so scheint dies seiner Privatbautätigkeit keinen Abbruch getan zu haben.

Bauten vom Typ der Maison de plaisance wie Haus Horr bei Neukirchen im Kreise Neuß[64] oder Haus Arff bei Köln-Worringen weisen ihn als hervorragenden Architekten aus. Besonders das auf 1750 datierte Haus Arff kann von seiner Funktion und von seiner stilistischen Ausprägung her in einen Stilvergleich mit dem Herrenhaus von Morsbroich gebracht werden.

Frhr. v. Roll und Michael Leveilly haben sich natürlich gut gekannt. Ein Auftrag an den Hofarchitekten durch v. Roll ist jedoch nicht belegt. Da Leveilly in Bonn auch Wohnhausbauten ausführte,[65] wäre eine Mitwirkung bei der Planung der Deutschordens-Häuser in der Josefstraße nicht ausgeschlossen.

Johann Heinrich Jakob Roth

Johann Heinrich Roth wurde am 31. März 1729 in der Deutschordensresidenz Mergentheim geboren. Er wurde Schüler seines Vaters Franz Joseph Roth, der aus Wien stammte und zunächst als Stukkateur tätig war. Später avancierte dieser zum Baudirektor des Hochmeisters des Deutschen Ordens in Mergentheim. Aktenkundig wird er in den Jahren 1716 bis 1752. Von ihm stammt der Entwurf zum Altar der Schloßkirche zu Clemenswerth (um 1740), die Deutschordenskirche zu Osnabrück (1735) sowie die Schloßkirche zu Mergentheim (1731-1736).[66]

Kurfürst Clemens August wurde bald auf den jungen Roth aufmerksam und entsandte den 22-jährigen in den Jahren 1751/52 zur Weiterbildung nach Paris. Nach seiner Rückkehr diente er Clemens August als Hofbaumeister. Er leitete 1754 die Stuckarbeiten in der Salle de Garde der Augustusburg in Brühl und fertigte Entwürfe für die Jesuitenkirche in Büren.[67]

Die bedeutendste Leistung des noch jungen Architekten J. H. Roth stellen seine Entwürfe zum Jagdschloß Herzogsfreude im Kottenforst bei Bonn dar. An diesem, dem französischen Klassizismus verpflichteten Komplex, wurde seit 1754 gearbeitet. Der Bau blieb jedoch unvollendet und wurde im Jahr 1810 auf Abbruch verkauft.[68]

Außer J. H. Roth scheinen noch andere Achitekten an der Ausführung des Schlosses beteiligt gewesen zu sein. Nachgewiesen ist eine Lieferung von „Stein und Fenster Rahmen" durch Johann Conrad Schlaun.[69]

Beim Neubau des Kapuzinerklosters in Bonn (1754-1756) hatte J. H. Roth die Oberaufsicht.[70] Auch die Abschlußarbeiten an der Hl. Stiege auf dem Bonner Kreuzberg wickelte Roth ab.[71]

Nach dem Ableben des Kurfürsten Clemens August im Jahre 1761 wurde J. H. Roth Deutschordensbaumeister und damit gleichsam der „Hausarchitekt" des Landkomturs Ignaz Felix v. Roll.[72] Bei der Bebauung der Bonner Josefstraße mit Wohnhäusern auf Grundstücken des Deutschen Ordens ist er beteiligt.[73]

Neben seiner Tätigkeit für den Deutschen Orden führte Roth offenbar noch private Aufträge aus. Für den Umbau von Burg Lüftelberg um 1760 zeichnet Roth verantwortlich.[74]

Vom Jahre 1772 an erscheint Joh. Heinrich Roth wieder als Hof-architekt in den Bauamtsrechnungen des kurkölnischen Hofes.[75] Die letzten Eintragungen datieren auf das Jahr 1785.

Johann Georg Leydel

Johann Georg Leydel (auch Leydtl) wurde am 25. Oktober 1721 auf dem Gehöft Kleehof in der Gemeinde Allersberg bei Nürnberg geboren.[76] Sein Vater Martin Leydel war Maurer und vermutlich unter dem Architekten Gabriel de Gabrieli tätig.[77] Den Bauten dieses in Österreich, Altbayern, Schwaben und Franken tätigen Italieners begegnete der junge Leydel auch in seiner Heimatregion, so daß es zu starken stilistischen Anregungen kam. In seinen Lehr- und Wanderjahren als Maurer und Bildhauer muß J. G. Leydel dem Deutschordensbaumeister Franz Joseph Roth sowie den markgräflich-ansbachischen Baumeistern Leopoldo Retty und Johann David Steingruber begegnet sein. Offenbar zu Beginn der 1740er Jahre gelang J. G. Leydel – vermutlich durch Vermittlung Johann Conrad Schlauns – die Aufnahme in den Mitarbeiterstab Balthasar Neumanns, der seit 1740 vom Kölner Kurfürsten Clemens August als beratender Architekt hinzugezogen wurde. Um 1744 kam Leydel mit Balthasar Neumann in die kurkölnische Residenzstadt Bonn und war hier u. a. am Schloß Clemensruh in Poppelsdorf sowie an der Hl. Stiege auf dem Kreuzberg tätig. Die Arbeit Leydels an dieser Wallfahrtskirche ist eine von den wenigen archivalisch belegten Tätigkeiten der frühen Zeit. Ganz sicher kam er hier in Kontakt mit Frhrn. Ignaz Felix v. Roll, der den Bau finanziell unterstützte.[78]

Neben dem Wirken Leydels unter der Verantwortung Neumanns muß sich schon recht bald eine freiberufliche Tätigkeit entwickelt haben. Leydel war nie kurkölnischer Baubeamter, arbeitete jedoch lange Jahre für Ministerialbeamte und Adelige im Umkreis der Bonner Residenz.

Im kurfürstlichen Bauintendanten Frhrn. v. Metternich dürfen wir einen frühen Gönner Leydels sehen, der ihm durch eine Reihe von Aufträgen den Start erleichterte. Der einflußreiche Minister August Wilhelm v. Wolff-Metternich zur Gracht ließ durch Leydel auch den Umbau der sogenannten „Sternenburg" in Poppelsdorf vornehmen.[79]

Gerade dieser Umstand weist auf persönliche Verknüpfungen hin, denen der landfremde Leydel u. a. seine rasche Karriere verdankt.

Johann Georg Leydel hatte am 29. September 1746 Elisabeth Schröder aus Poppelsdorf geheiratet, deren Verwandte gute Kontakte zu Adeligen und Hofbeamten sowie zu Handwerkern hatten, die für den Hof arbeiteten.

Der Ehe entsprossen neun Kinder; die Söhne Martin, Michael und Georg Peter wurden bedeutende Architekten.

Bis zum Jahre 1773/74 blieb Poppelsdorf der Familienwohnsitz, dann wechselte man nach Mülheim/Rhein. Als freischaffender Architekt hatte J. G. Leydel schon zu Beginn der 1750er Jahre Flexibilität beweisen müssen. Arbeitsschwerpunkte bildeten sich in Köln und im Lande Berg heraus. In zunehmendem Maße wurde Leydel vom aufstrebenden Bürgertum in Anspruch genommen.[80] Von 1765 bis 1783 war er als Stadtbaumeister in Mülheim/Rhein tätig. Die Stadtentwicklung der frühindustriellen Phase Mülheims wurde durch städtebauliche Konzepte wie auch durch Betreuung von Wohnhaus- und Fabrikbauten von Leydel bestimmt. Er setzte für das bürgerliche Wohnhaus und für die neuen Bauaufgaben im Zuge der beginnenden Industrialisierung Maßstäbe, die von den nachfolgenden Generationen der Architektendynastie Leydel u. a. in den Städten Krefeld, Elberfeld, Aachen und Köln aufgegriffen wurden. Am 26. Mai 1785 verstarb Johann Georg Leydel in Mülheim/Rhein.

Planung und Ausführung des Neubaues von Schloß Morsbroich

*Schloß Morsbroich
Aufriß der Hofseite
(Vorentwurf Hermann
Sandfort, vor 1774)*

Von den angeführten Architekten im direkten Umfeld des Landkomturs v. Roll kommt Michael Leveilly für das ausgeführte Projekt nicht in Frage, da es seiner stilistischen Auffassung völlig entgegensteht. Selbst wenn man die erste Planungsphase mit einem entsprechenden Entwurf Leveillys auf die Zeit um 1761/62 ansetzt, also unmittelbar vor seinem Tod, kann der Neubau von Schloß Morsbroich nicht durch den kurkölnischen Hofbaumeister Leveilly Anregungen erfahren haben.

Es verblüfft zunächst, daß der langjährige Deutschordensbaumeister Johann Heinrich Roth von der Forschung bislang nicht als potentieller Planer von Morsbroich ins Gespräch gebracht wurde. Wenn man jedoch seine am französischen Klassizismus geschulte Auffassung, die sich vor allem an Schloß Herzogsfreude manifestiert, in Betracht zieht, scheidet auch er für die eher italienisch-süddeutsch gefärbte Konzeption bei Schloß Morsbroich aus.

Hinzu kommt die Tatsache, daß er im Jahre 1772 wieder sein Amt als kurkölnischer Hofbaumeister aufnimmt, also ausgerechnet in der Planungsphase für Morsbroich die Dienste v. Rolls aufgibt. Dies könnte darauf hinweisen, daß es zu diesem Zeitpunkt zwischen Roth und v. Roll zum Bruch kam, so daß sich dieser bei einem anderen Architekten Rat holen mußte.

Handelt es sich hierbei um den „Architekten" Sandfort, von dem vor einigen Jahren in einem Privatarchiv[81] eine Aufrißzeichnung von Schloß Morsbroich gefunden wurde? Die sorgfältig ausgeführte Ansicht der Hofseite des Corps de logis hat die Beschriftung: „Aufführung des Hauss Morsbroch" sowie unten rechts die Signatur „fait par M. Sandfort Lieut(enant) d' Artill(erie) de S. A. :E de Cologne". Bei diesem kurkölnischen Lieutenant der Artillerie muß es sich um Hermann Sandfort handeln, der im Jahre 1789 als „Ingenieur Lieutenant und Lehrer der angewandten Mathematik bey der Universität zu Bonn" signierte. Anlaß war die Vermessung von Ländereien bei der Stadt Linn (Krefeld-Linn) und die Anfertigung eines entsprechenden Planes.[83] Aus der Zeit um 1790 datiert auch eine Karte des Gebietes zwischen Köln und Neuß vom gleichen Vermessungsingenieur H. Sandfort.[84] In den Jahren 1774/75 ist Hermann Sandfort damit beschäftigt, die Herrschaft Miel bei Rheinbach zu vermessen.[85]

Aus diesen Hinweisen geht nun eindeutig hervor, daß H. Sandfort über viele Jahre hinweg als Vermessungsingenieur tätig war und auch einen entsprechenden Ruf hatte. Als entwerfender Architekt oder betreuender Baumeister einer konkreten Baumaßnahme ist Sandfort sonst nirgends belegt.

Wie ist auf diesem Hintergrund der Entwurf zum Herrenhaus von Schloß Morsbroich zu werten?

In stilistischer Hinsicht ist zunächst festzuhalten, daß Sandfort Elemente miteinander kombiniert, die uns sowohl vom OEuvre des Architekten Johann Conrad Schlaun wie auch von dem des Johann Georg Leydel vertraut sind. Beiden gemeinsam ist das markante Motiv der abgerundeten Ecken oder die Schleppgauben des Mansarddaches. Völlig untypisch für Leydel ist die karge Reliefornamentik im Giebelfeld, während die einfache Portalgestaltung mit dem geschweiften Türsturz seinen Ambitionen näher steht als J. C. Schlaun.

Wie noch genauer darzulegen ist, sind gleichwohl entscheidende Anregungen der Sandfort'schen Aufrißzeichnung bei der Ausführung des Bauwerkes aufgegriffen worden.

Welchen Stellenwert können wir der Entwurfstätigkeit des Vermessungsingenieurs Sandfort im vorliegenden Falle beimessen? Um das Phänomen zu erklären, möchte ich eine Eklektizismus-Theorie einbringen: In der zweiten Hälfte des 18. Jahrhunderts ist in zunehmendem Maße festzustellen, daß der aufgeklärte Bauherr zu einem Vorhaben mehrere Entwürfe von verschiedenen Architekten anfordert. Entscheidet er sich schließlich für einen Architekt bzw. eine bestimmte stilistische Konzeption, so nervt er gelegentlich sogar „Stararchitekten" wie Schlaun oder Neumann mit Planungsvarianten. Von den Problemen, die sich im weiteren noch durch Änderungswünsche und Planabweichungen ergeben können, wußte auch der Pragmatiker Johann Georg Leydel ein Lied zu singen.[86] Um 1770 finden sich neben Formtendenzen des Barock und Rokoko strenge klassizistische Auffassungen – und dies beim gleichen Architekten und z. T. an einem Objekt. Zu beobachten ist auch ein Eklektizismus in dem Sinne, daß von bekannten Architekten oder guten Baulösungen Teilaspekte übernommen und zu einer neuen „Komposition" vereinigt werden. Resultat einer solchen „Collage" aus mehreren Entwurfsideen stellt z. B. das 1769 errichtete Haus der Familie

v. Monschau in der Kölner Severinstr. 218 dar.[87] In diesem seinerzeit stark beachteten Bürgerhaus waren auch einige Inventionen Johann Georg Leydels aufgegriffen worden.[88]

Um die Vorgehensweise des Eklektizismus, der Auswahl aus historisch verfügbarem Stilpotential, noch um eine Nuance zu erweitern, sei noch kurz das „Zitat" angesprochen: Im Zitat wird ein bestimmtes Motiv demonstrativ präsentiert.

Der historische Bezug bleibt nicht anonym, vielmehr soll die Allgemeinheit oder zumindest der „Kenner" eine entsprechende Assoziation herstellen. Ein solches Zitat stellte z. B. der Schlußstein im Torbogen eines Fabrikgebäudes dar, das Johann Georg Leydel 1775/76 in Mülheim/Rhein für Christoph Andreae errichtete.[89] Seine Initialen „CA" sind nahezu formidentisch mit denen des Kürfürsten Clemens August in einer Wappenkartusche des sogenannten Hirschberger Tores in Arnsberg.[90] Der Rückbezug auf die Blütezeit der Bonner Residenz hatte für Johann Georg Leydel sowie für Christoph Andreae zweifellos eine nostalgische Dimension; gleichzeitig signalisierte der Fabrikant mit den kurfürstlichen Initialen an seiner Färberei die wachsende Wirtschaftskraft des Bürgertums und damit ein neues Selbstbewußtsein. Die Ablösung des Schlosses durch die Fabrik stellt einen Wertewandel dar, der in symbolischer Form durch das kleine architektonische Zitat m. E. erstmals im Rheinland eingeleitet wird.[91]

Bei Landkomtur Ignaz Felix v. Roll möchte man in Hinblick auf die Planungsgeschichte von Schloß Morsbroich ebenfalls nostalgische Reminiszenzen unterstellen. Die relativ unbeschwerten und glanzvollen Jahre an der Seite seines hochgestellten Gönners verbanden sich auch mit architektonischen Erinne-rungen, die nicht zuletzt von Johann Conrad Schlaun geprägt waren. Das in den Jahren 1730/31 von Schlaun für den Frhrn. Ferdinand Joseph v. Weichs errichtete Schlößchen Roesberg[92] war zweifellos geeignet, Jagderlebnisse und die Erinnerung an behagliche Geselligkeit wiederaufleben zu lassen. Es erscheint einsichtig, daß sich v. Roll für sein „Jagdschloß" und Altersruhesitz Morsbroich eine vergleichbare Gestaltung wünschte.

Hinzu kam die Tatsache, daß J. C. Schlaun gerade im entscheidenden Planungsstadium (1773) in Münster verstarb,[93] so daß bei der Konzeption von Morsbroich von allen Beteiligten architektonische Zitate aus dem OEuvre Schlauns eingebracht wurden. Am stärksten prägt dies den Entwurf von Hermann Sandfort, der sich bis in die Beschriftung dem Vorbild Schlaun annähert. Um einen zeitgenössischen Kunstbegriff zu verwenden, könnte man bei Sandforts Aufrißplan sogar von einer „hommage à Schlaun" sprechen. Gleichwohl finden sich, wie bereits angeführt, auch Versatzstücke der Leydel'schen Formauffassung. Möglicherweise sind aus einem älteren Entwurf Leydels, den v. Roll in Händen hielt (evt. die Zeichnung von 1762), Teile in den Vorentwurf des Vermessungsingenieurs Sandfort eingeflossen.

Verwirklicht wurde der Plan in bestimmten Teilaspekten. Mit der Berufung Leydels wurde die gesamte Konzeption jedoch überarbeitet und zu einem künstlerisch schlüssigen Ergebnis geführt. Aus der Ansammlung eklektizistischer Einzelteile entstand eine überzeugende Fassadengestaltung – um bei der Hofansicht zu bleiben, die historisierende sowie zeitgenössische Formensprache meisterhaft vereinte. J. G. Leydel wurde durch Landkomtur v. Roll mit Planung und Neubau von Schloß Morsbroich wohl aus folgenden Gründen betraut:

– Mit dem kurz zuvor abgeschlossenen Bau von Burg Miel bei
   Rheinbach hatte Leydel seine Leistungsfähigkeit auf diesem
   Gebiet erneut unter Beweis stellen können.
– Leydels Arbeitsschwerpunkt lag seit 1765 in Mülheim/
   Rhein; nach 1771 war er bestrebt, seinen Werkstattbetrieb
   sowie den Familienwohnsitz hierher zu verlegen; von
   Mülheim aus war Morsbroich gut erreichbar, so daß die ört-
   liche Baubetreuung durch Leydel gesichert war.
– Frhr. v. Roll hatte bereits bei früheren Gelegenheiten die
   Dienste Leydels in Anspruch genommen.
– Mit dem fast gleichaltrigen J. G. Leydel fühlte sich v. Roll
   möglicherweise durch die süddeutsche Herkunft sowie
   durch gemeinsam verbrachte Jahre am kurkölner Hof
   (bzw. in dessen Umkreis) verbunden.

Der Neubau von Burg Miel wurde von J. G. Leydel geplant
und in der kurzen Bauzeit vom Sommer 1768 bis Oktober 1770
errichtet.[94] Offizieller Bauherr des bei Bonn gelegenen Rittersitzes war Frhr. Maximilian Wilhelm von der Heyden, genannt
Belderbusch, der Kauf und Neubau im Auftrage seines Bruders
Kaspar Anton v. d. Heyden, dem Ersten Minister am Kurkölner
Hofe abwickelte.[95] Maximilian v. d. Heyden war Deutschordensritter und als Landkomtur mit der Ballei Altenbiesen bei

Maastricht betraut. Mit dem Minister Belderbusch hatte
Frhr. v. Roll bekanntlich den Erwerb des Bonner Clemenshofes
sowie dessen Verkauf im Jahre 1772 abgewickelt,[96] so daß man
davon ausgehen kann, daß v. Roll den prachtvollen Neubau von
Miel persönlich kennenlernte.

Welche Bezüge und Verbindungen zwischen Burg Miel und
Morsbroich bestehen, soll weiter unten behandelt werden.

Die Tätigkeit Johann Georg Leydels beim Neubau von Schloß
Morsbroich wird durch ein Dokument aus dem Jahre 1774
belegt.[97] In einem Zivilprozeß vor dem Kurkölner Schöffen-
gericht mit Datum 25. Juli wird folgendes bekannt:

Am vorangegangenen Sonntag war der „Mülheimer Baumeister" Leydel nach Dattenfeld an der Sieg gereist und hatte auf
dem dortigen Holzmarkt 3000 Fuß Eichenbord gekauft. Nach
dem hier geltenden Stapelrecht hätten die Bretter jedoch zuerst
einem einheimischen Interessenten angeboten werden müssen.
Jedenfalls argumentierte derart Schreinermeister Heidgen und
erwarb den gleichen Posten nach Leydels Kauf. Im Streit um die
Verfügung des Bauholzes entschied das Gericht zugunsten
Leydels mit folgendem Bescheid:

> „Auß Befehl Hrn Greven und Scheffen dahiesigen Chur-
> fürstlichen Hohen weltlichen Gericht und auf Anstehen
> des Bawmeisters Hrn Leytel wird dem Schreinermeister
> Michael Heidgen die von jetztgedachtem Prohibenten nah-
> mens seiner Excellenz Herrn Commendeuren Frhrn von
> Roll für den Bau von Morsbroich gekauften eichene Bord in
> Empfang zu nehmen, auch die ab dem auf allen Fall darob
> würklich empfangenen Bord dem Verkäufern zukommende

Schloß Morsbroich
Ansicht von Westen
(Lavierte Zeichnung,
nach 1775)

Karte des Hauses
Morsbroich
(Geometer Anton Büll,
1817)

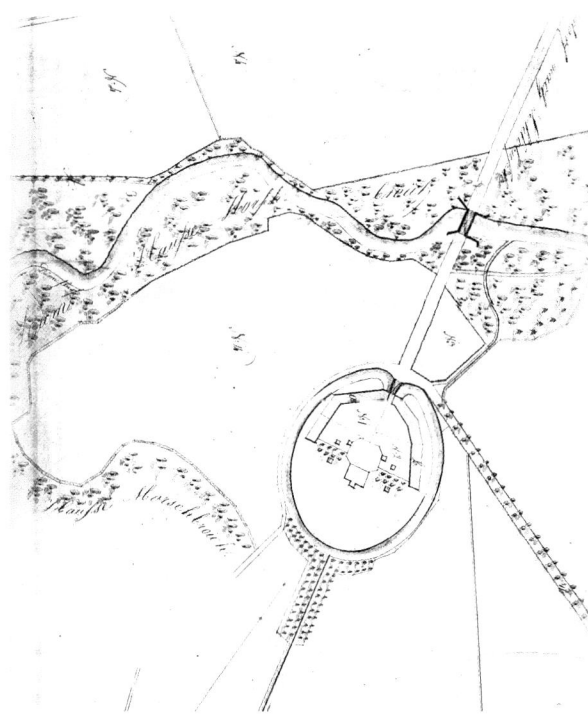

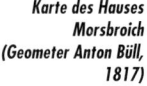

Gelder auszuzahlen verboten, es geschehe dann ein anderes mit Erkenntnis rechtens, oder Prohibenten Bewilligung. Cöllen, den 25ten Julii 1774"

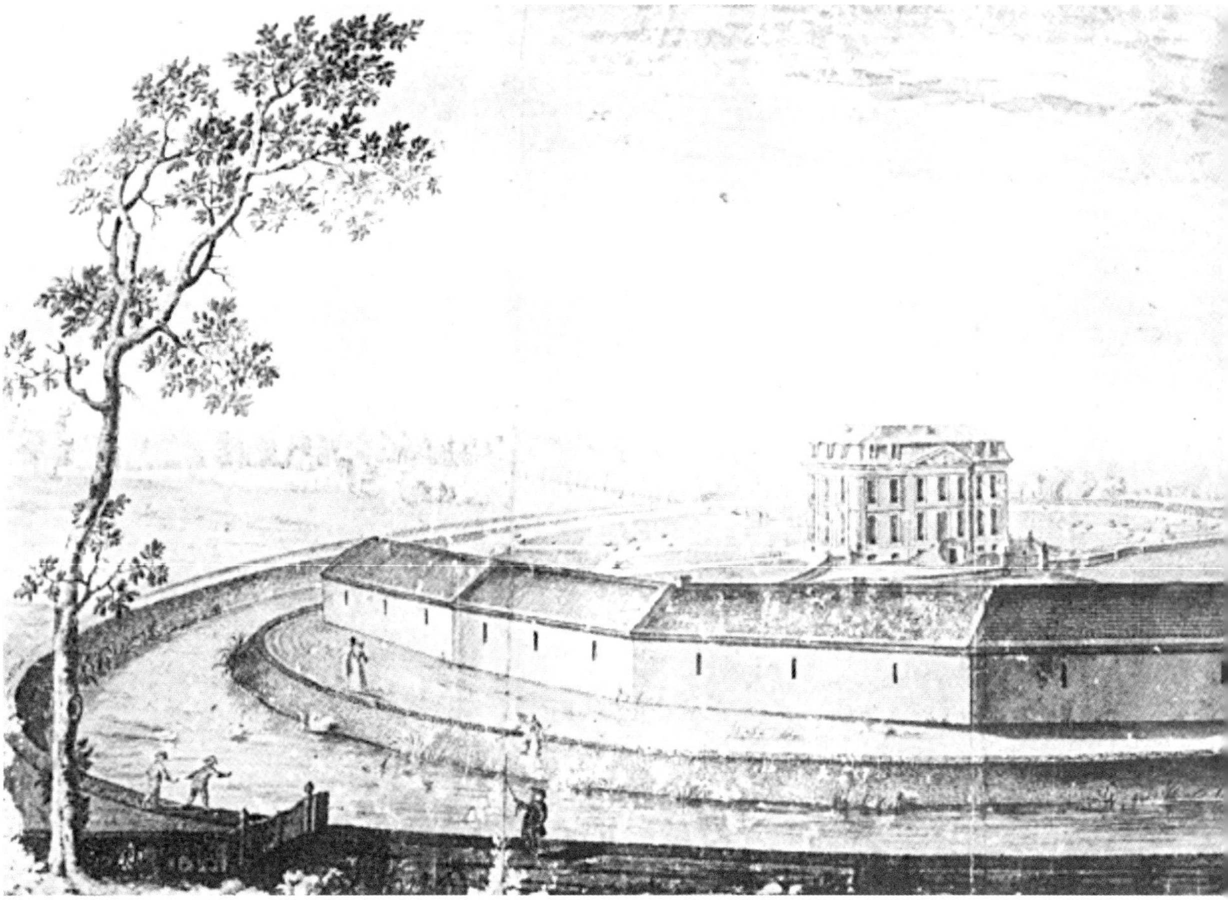

Man möchte vermuten, daß Frhr. v. Roll in der Angelegenheit selbst seinen Einfluß geltend gemacht hat, um den Fortgang seines Neubaues in einer entscheidenden Phase nicht weiter behindern zu lassen.

Zu diesem Zeitpunkt bestand also bereits der Rohbau des Herrenhauses, so daß z. B. Dielenbretter zum weiteren Ausbau benötigt wurden. Da auf der rechten (südlichen) Wappenkartusche im Giebelfeld der Hoffront die Jahreszahl „1774" auszumachen ist, kann dieses Jahr als die Hauptbauzeit angesehen werden.

Wohl zur Jahreswende 1773/74 erfolgte der Abbruch der alten Burg. Mit dem Bauschutt füllte man den ehemaligen Burggraben und trug auf das Gelände eine Humusschicht auf, um es später als Garten nutzen zu können.

Das neue Herrenhaus erhielt seinen Standort auf dem ehemaligen Gartengelände nordöstlich der abgebrochenen Burg und lag nun genau im Zentrum der kreisförmigen Insel. Entspre-

chend dem barocken Baugedanken einer Verbindung von Architektur und Landschaft bildete die Hauptachse des neuen Schlosses die Verlängerung der von Westen herangeführten Allee.

Auch die Gebäude der Vorburg wurden von J. G. Leydel überarbeitet. Um die Veränderungen und Neubauten aus der Zeit um 1774 festzustellen, könnte zunächst ein Vergleich der Vedoute vom Plan Ehmans (1762) mit der lavierten Zeichnung aus der Zeit um 1790 von Nutzen sein.[98]

Die Gebäudebezeichnung wurde auf der Grundlage von neueren Bauaufnahmen vorgenommen.[99] Der südwestliche Trakt (Vedoute von 1762, vom Innenhof her gesehen links) entspricht wohl den Gebäudeteilen E bis G; drei Kamine deuten darauf hin, daß es sich um einen Wohntrakt mit drei oder vier abgetrennten Wohneinheiten handelt, die jeweils durch eine Haustüre erschlossen werden. Die ebenerdig gelegenen Räume waren offenbar nicht unterkellert. Bewohnt wurde der Trakt wohl von Bediensteten des Landcomturs, die im Außenbereich tätig waren: Jäger, Gärtner und Kutscher könnten hier ihr Domizil gehabt haben. Der nordwestliche Vorburgkomplex diente generell dem Halfen zur Bewirtschaftung der von ihm pachtweise übernommenen Güter. Das vordere Eckhaus (erkennbar am

Kamin) war das Wohnhaus (K), gefolgt von Ställen für Pferde, Kühe (evt. Schweine?) und den Scheunen. Ob sich zu diesem Zeitpunkt die Remise (M) vor den Scheunen befand, ist unklar; möglich wäre auch eine entsprechende Nutzung des (später abgebrochenen) Gebäudes, das im rechten Winkel zum letzten Bau der Zeile errichtet wurde.

Die Ansicht mit dem Rokokobau ist leider nicht so präzise, wie es die gekonnt eingesetzte Perspektive sowie einige Details vermuten lassen. Hier ist im südwestlichen Trakt (rechts) der zweite Gebäudeknick falsch; da es sich um den Gebäudeteil E bis G handelt, müßte man eigentlich einen durchgehenden Dachfirst erwarten. Vermutlich wurde vom Zeichner eine abknickende Bauflucht gewählt, um die Gebäudefolge gefälliger wirken zu lassen. Die linke Vorburghälfte weist zwar die richtige Anzahl Einzelgebäude auf, beinhaltet jedoch auch Fehler: Am Halfenhaus (J) fehlt der Kamin und an den Knickstellen die ausgleichenden Gebäudesegmente (L und O), die im Grundriß wie „Tortenstücke" zwischen den langgestreckten Einzelbauten erscheinen. Auf letztere wurde offenbar aus Darstellungsgründen verzichtet, um die einzelnen Gebäude deutlicher gegeneinander abgrenzen zu können. Von der gesamten Vorburg werden aufgrund des (fiktiven) Standortes des Zeichners die südöstlichen Gebäude des rechten Komplexes besonders hervorgehoben. Es handelt sich dabei um die sogenannte „Hubertusburg", bestehend aus dem Gebäude B/C und dem Vorgängerbau von A. Beide sind auf der Vedoute von 1762 noch nicht vorhanden; sie gehören also zur Neubaumaßnahme von 1774. Das linke Bauwerk (Vorgängerbau von A) hatte einen ebenerdigen Zugang in der Mittelachse sowie rechts und links je zwei Fenster; das Gebäude war unterkellert (Kellerfenster unter den Fenstern neben der Eingangstüre). Die Mittelachse wurde zusätzlich durch eine Dachgaube betont. Drei Kamine deuten auf die innere Nutzung hin.

Im Jahre 1912 wurde dieser Teil der von J. G. Leydel errichteten Hubertusburg abgebrochen und durch einen ähnlich dimensionierten Neubau ersetzt. (Gebäude A)[100]

Das angrenzende Gebäude wird im Inventar von 1804 ebenfalls zur „Hubertusburg" gerechnet. Es werden fünf Zimmer aufgelistet, von denen zwei auseinanderliegende Zimmer mit einem

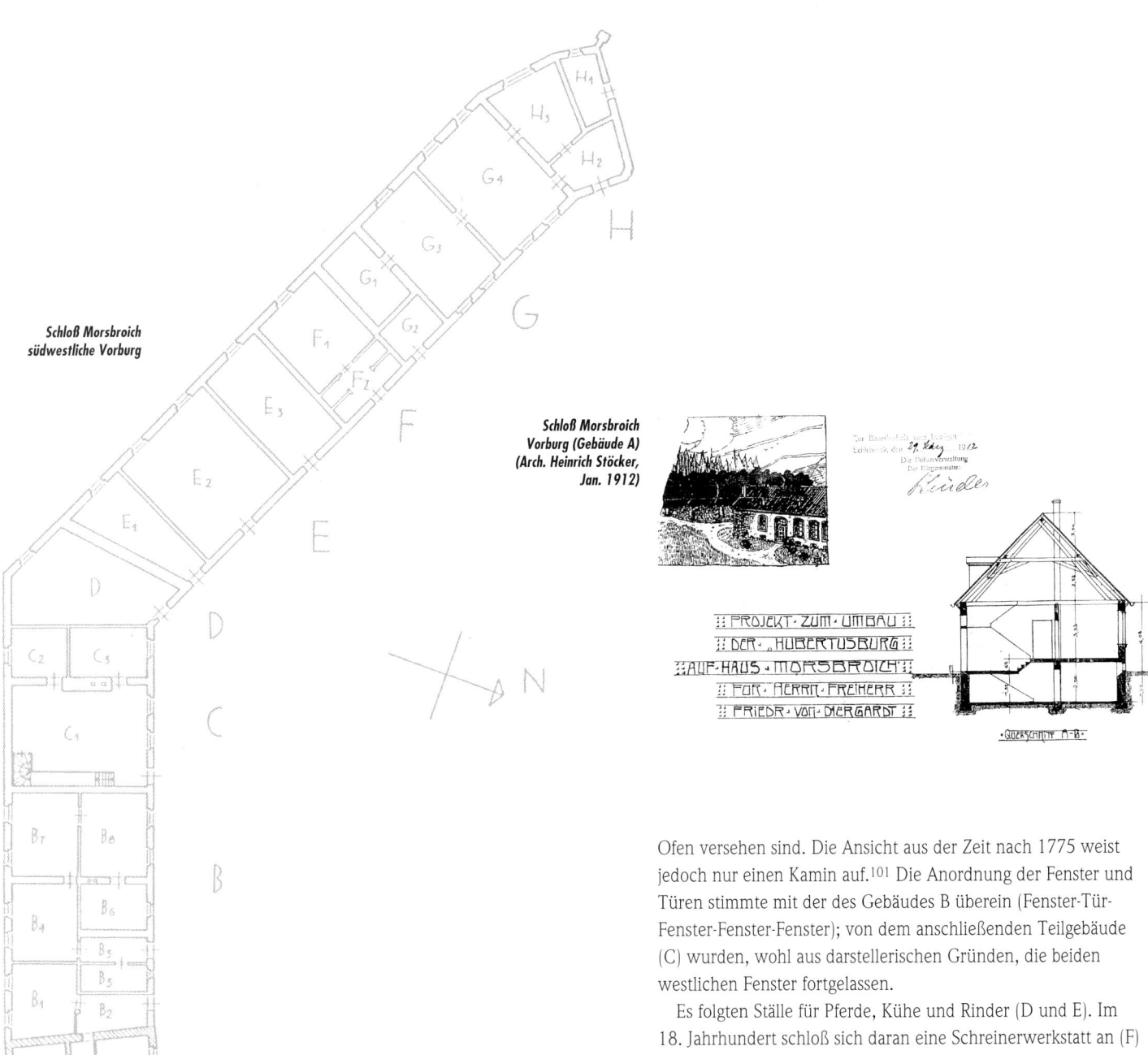

**Schloß Morsbroich
südwestliche Vorburg**

**Schloß Morsbroich
Vorburg (Gebäude A)
(Arch. Heinrich Stöcker,
Jan. 1912)**

:: PROJEKT · ZUM · UMBAU ::
:: DER · „HUBERTUSBURG ::
::AUF·HAUS · MORSBROICH::
:: FÜR · HERRN · FREIHERR ::
:: FRIEDR · VON · DIERGARDT ::

· QUERSCHNITT · A–B ·

Ofen versehen sind. Die Ansicht aus der Zeit nach 1775 weist jedoch nur einen Kamin auf.[101] Die Anordnung der Fenster und Türen stimmte mit der des Gebäudes B überein (Fenster-Tür-Fenster-Fenster-Fenster); von dem anschließenden Teilgebäude (C) wurden, wohl aus darstellerischen Gründen, die beiden westlichen Fenster fortgelassen.

Es folgten Ställe für Pferde, Kühe und Rinder (D und E). Im 18. Jahrhundert schloß sich daran eine Schreinerwerkstatt an (F) mit einer im Dachgeschoß gelegenen kleinen Kammer. Den Abschluß bildeten wieder Wohn-Schlafräume (G), die 1907 zu Büroräumen für die Diergardt'sche Verwaltung umgebaut wurden. Erhalten blieb das „Pfortenstübchen" (H), das bereits 1774 zur Bewachung des Schloßgebäudes eingerichtet worden war. Der Architekt J. G. Leydel hatte bei der symmetrischen Ergänzung der Vorburg den vorhandenen Baubestand (E-F-G) durch einen polygonalen Baukörper (D) mit der in östlicher Richtung anschließenden „Hubertusburg" gelenkartig verbunden.

Auch die an der Zufahrt gelegenen Kopfstücke H und J wurden in diesem Sinne angelegt. Mit dem baulichen Detail der abgerundeten Ecke zum Innenhof hin stimmt Leydel den

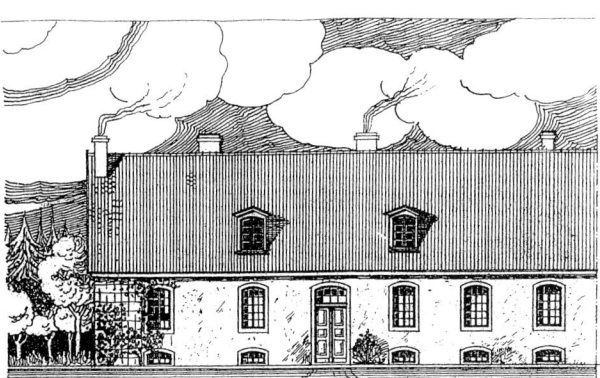

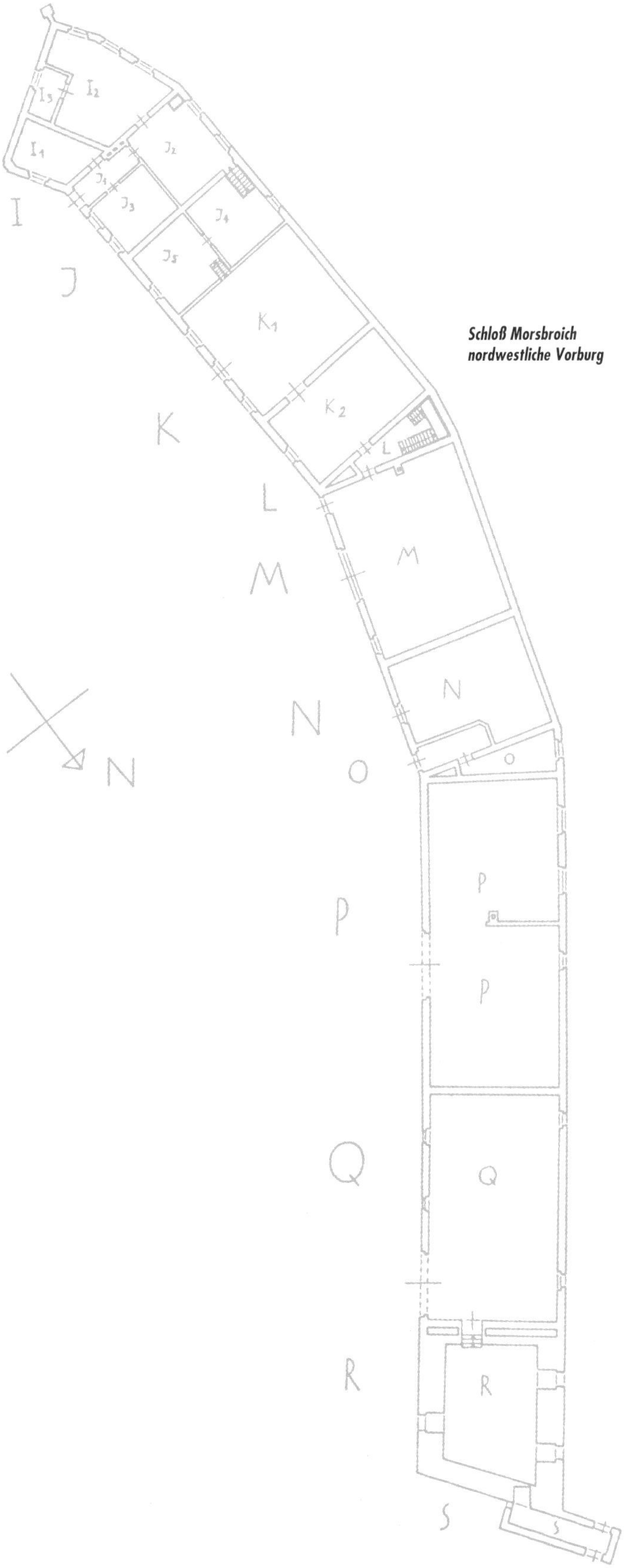

Schloß Morsbroich nordwestliche Vorburg

Ankömmling auf ein wichtiges formales Motiv am Herrenhaus ein. Auch der Einbau von Fenstern und Türen mit geschweiftem Sturz entspricht dieser Intention. Eine ähnliche Gestaltung findet sich übrigens bei den Nebengebäuden von Schloß Miel.[102] Mit dem südwestlichen Anbau (I) konnten die beengten Raumverhältnisse des Pächters (Gebäude J) ein wenig gemildert werden. Da Pferde einen existentiellen Wert für den Landwirt besaßen, war die Wohnung des Halfen direkt mit dem Pferdestall verbunden. Über die anschließende Treppe (in L) wird man die Hafer- und Heuvorräte erreicht haben. Der folgende Trakt (M und N) diente als Remise; es schlossen sich zwei Scheunen an (P und Q). Zu einem nicht bekannten Zeitpunkt im 19. Jahrhundert wurde die Gebäudefolge nordöstlich mit einem Eiskeller abgeschlossen. Hinter starken Mauern (aus Isolationsgründen zur Scheune hin mit Hohlräumen) lagerte das im Winter aus Teichen geschnittene Blockeis. Für die erlesene Tafel der herrschaftlichen Küche bildeten Eisstücke (vor Erfindung des Kühlschrankes) eine unverzichtbare Hilfe. Der Eiskeller wurde nach 1950 ebenso abgebrochen wie der anschließende kleine Stall (S).

Schloß Morsbroich als Maison de plaisance

*Schloß Morsbroich
Ansicht Hofseite*

38

Von den namhaften Architekten hat z. B. Johann Bernhard Fischer von Erlach (1656-1723) die Konzeption von „Lusthäusern" fasziniert.[103] Im Gegensatz zu den strengen Regeln folgenden Repräsentationsbauten im städtischen Ambiente konnte das ländliche Lusthaus einer befreiten architektonischen Invention entspringen. Die flachgedeckten oder ganz offenen Phantasiegebäude waren jedoch für arkadische Klimazonen geschaffen und bereiteten bei ihrer Realisierung in nördlichen Breiten technische Probleme.

Kulturgeschichtlich geht die Anlage von Villen in landschaftlich schönen und gesunden Gegenden auf römische Lebensvorstellungen zurück. Die Villenorte Pompeji und Herculaneum am Golf von Neapel boten dem wohlhabenden Stadtbewohner Roms Erholung vom Lärm und Gestank der überbevölkerten Metropole.[104] In der Renaissance wird die Tradition der „villegiatura" fortgesetzt. Agnolo Pandolfini preist das Landleben in den Villen im Umkreis von Florenz:[105]

„Um Florenz liegen viele Villen in kristallheller Luft, in heiterer Landschaft, mit herrlicher Aussicht; da ist wenig Nebel, kein verderblicher Wind; alles ist gut, auch das reine, gesunde Wasser; und von den zahllosen Bauten sind manche wie Fürstenpaläste, manche wie Schlösser anzuschauen, prachtvoll und kostbar."

Jacob Burckhardt resumiert:

„In diesen Villen wie in denjenigen an der Brenta, in den lombardischen Vorbergen, am Posilipp und Vomero nahm dann auch die Geselligkeit einen freieren, ländlichen Charakter an als in den Sälen der Stadtpaläste. Das Zusammenwohnen der gastfrei Geladenen, die Jagd und der übrige Verkehr im Freien werden hier und da ganz anmutig geschildert. Aber auch die tiefste Geistesarbeit und das Edelste der Poesie ist bisweilen von einem solchen Landaufenthalt datiert."

Der Humanist Enea Silvio Piccolomini (1404-1464, seit 1458 als Papst Pius II. bekannt) erscheint uns als Naturliebhaber, der z. B. im Sommer des Jahres 1462 der Gluthitze und der Pest der Tieflande entflieht.[106] Er nimmt im Kloster San Salvatore auf dem Monte Amiata bei Siena Domizil. In herrlicher Sommerkühle zwischen alten Eichen und Kastanien genießt man die Fernsicht.

„Dabei geschah es wohl, daß die Hunde einen gewaltigen Hirsch aus seinem nahen Lager aufjagten, den man mit Klauen und Geweih sich verteidigen und bergaufwärts fliehen sah. Des Abends pflegte der Papst vor dem Kloster zu sitzen an der Stelle, wo man in das Tal der Paglia niederschaut, und mit den Kardinälen heitere

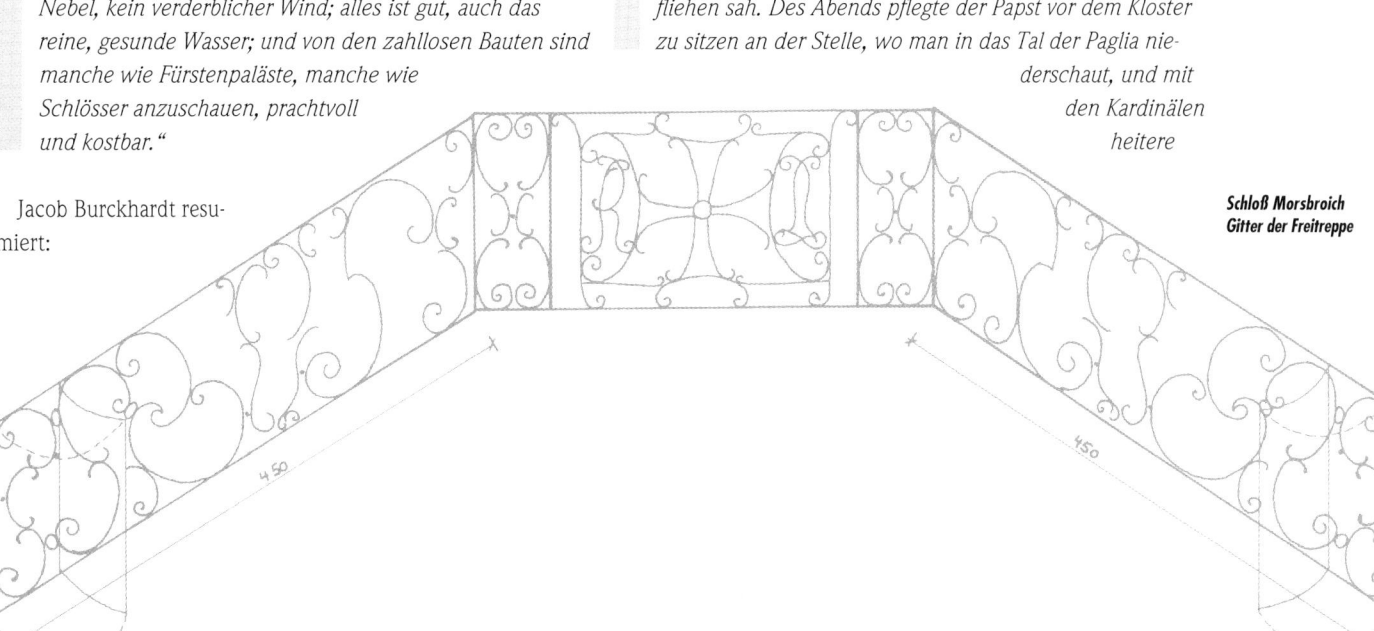

Schloß Morsbroich
Gitter der Freitreppe

Schloß Falkenlust

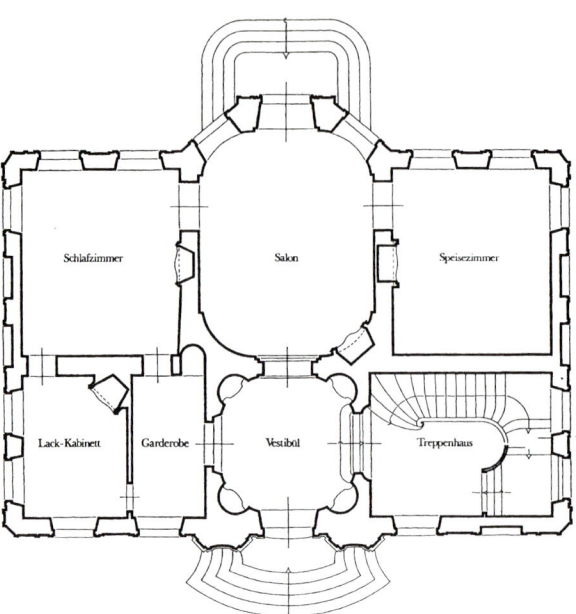

Gespräche zu führen. Kurialen, die sich auf der Jagd abwärts wagten, fanden unten die Hitze unleidlich und alles verbrannt, eine wahre Hölle, während das Kloster in seiner grünen, kühlen Umgebung eine Wohnung der Seligen schien."

Auf bescheidenerem Niveau wußte auch das Bürgertum in deutschen Städten die Vorzüge des Landaufenthaltes zu schätzen. Der vom Humanismus geprägte Kölner Ratsherr Hermann von Weinsberg (1518-1598) z. B. zieht im Sommer 1553 wegen der in Köln herrschenden Pest aufs Land.[107]

„In dieser bewegten Zeit haben wir uns doch etwas verlustieren wollen. Am 18. Juli sind meine Mutter, meine Hausfrau und ich, alle meine Schwestern und Brüder ... und etliche andere guten Freunde nach Mechtern vor Köln auf den Hof zu unserem Schwager und Nichte gezogen, haben den ganzen Tag unsere Freude auf dem Platz getrieben, wo vor Zeiten das Jungfernkloster gestanden (...) Am 30. Juli ging mein Bruder Christian wieder nach Köln, um meinen Bruder Gottschalk zu uns zu holen, damit er aus dem Gift und dem Dampf in die frische Luft käme. Meine Hausfrau und ich haben Dormagen als bleibenden Platz angesehen und eingenommen und haben uns in die Behausung begeben, wo meiner Mutter Eltern früher gewohnt hatten."

In der Folge läßt H. von Weinsberg den ehemaligen Bauernhof durch künstlerisch anspruchsvolle Um- und Einbauten so zurichten, daß für die Familie und Gäste ein bequemer und zugleich gesunder Sommeraufenthalt geschaffen wird.

Zweifellos handelt es sich bei diesen bürgerlichen „Lustorten" in Anbindung an bewirtschaftete Höfe ebenfalls um eine Vorgängerform der Maison de plaisance rheinischer Provenienz.

Im Gegensatz zu den utopischen Architekturphantasien eines Fischer v. Erlach verfaßte der pragmatisch vorgehende Franzose Jacques Francois Blondel in der ersten Hälfte des 18. Jahrhunderts ein viel beachtetes Werk über die Maisons de plaisance.[108]

Danach waren für die bauliche Konzeption drei Hauptaspekte zu beachten: Convenance, Commodité und Beauté. Bei der Forderung nach Convenance (= Schicklichkeit, Angemessenheit) geht es um ein angemessenes Verhältnis zwischen Bauwerk und sozialem Rang des Bauherrn sowie um Übereinstimmung zwischen Form und Funktion. Commodité (= Bequemlichkeit) zielt auf eine zweckdienliche Zuordnung der einzelnen Räume und Verkehrsflächen und meint darüber hinaus „Wohnkomfort". Von der Forschung wurde hier vor allem der Einfluß von Frauen geltend gemacht.[109] Mit Beauté (= Schönheit) wird die ästhetische Dimension angesprochen, wobei barocke Vorstellungen von Proportionierung und Symmetrie im Vordergrund standen.

In der Distribution (Raumaufteilung) sollen Symmetriebildung und Wohnbehaglichkeit gleichwohl miteinander vereinbart werden. Keine leichte Aufgabe für den Architekten, dem durch weitere Regeln und Auflagen die Bewegungsfreiheit eingeschränkt wird. So soll das Haus in der Mittelachse die repräsentative Raumfolge Foyer – Gartensaal aufweisen. Letzterer ist der zentrale Raum des Hauses und führt, mit möglichst wenigen Stufen,

direkt in das Gartenparterre. In Querrichtung wird die Maison de plaisance in zwei Abschnitte geteilt. Die Gartenseite nimmt eine Raumfolge von mindestens drei Räumen ein, deren Türen und Fenster in einer Achse liegen. Man bezeichnet dies als Enfilade (Zimmerflucht). Der Gartenenfilade entspricht die Hofenfilade mit einer Raumfolge von untergeordneter Funktion. Das Treppenhaus ist seitlich von der Mittelachse untergebracht. Unvereinbar mit dem Blondel'schen Idealhaus ist ein Kellergeschoß, so daß für die Neben- und Wirtschaftsräume (wie Küche, Vorratsraum etc.) gesonderte Nebengebäude erforderlich werden.

In der folgenden Übersicht werden rheinische Bauten vorgestellt, die den Gedanken der Maison de plaisance mehr oder weniger stark repräsentieren. Gleichzeitig wird das architekturgeschichtliche Umfeld beleuchtet, in dem Schloß Morsbroich angesiedelt ist.

Schloß Falkenlust:

Das kleine Jagdschloß wurde in der Nähe der Augustusburg in Brühl als selbständige Anlage zum Zwecke der Falkenjagd und für intime Gespräche des Kurfürsten Clemens August errichtet. Baubeginn war 1729; die Ausbauarbeiten zogen sich zwölf Jahre hin. Architekt war der Münchener Hofbaumeister Francois de Cuvilliés, vor Ort hatte der Bonner Hofbaumeister Michael Leveilly die Bauleitung. Schloß Falkenlust gilt als erstes Beispiel einer Maison de plaisance im Rheinland. Der Grundriß hat zweifelsohne auch für Schloß Morsbroich einen gewissen Vorbildcharakter gehabt. Über die Raumdisposition von Falkenlust faßt Trude Cornelius zusammen:[110]

„Der Grundriß des Schlosses entspricht der idealen maison de plaisance. Im Fond der cour d'honneur und im Verfolg der großen Mittelachse der Gesamtanlage betritt man über fünf flache Stufen ein quadratisches Vestibül und in der Achse fortschreitend den Salon, der den Besucher – wiederum in der Hauptachse – durch eine Fenstertür in die avant cour entläßt. Zur rechten dieser Gebäudeachse liegen – neben dem Vestibül – die in bequemer Steigung in das erste Obergeschoß führende breite, geschwungene Treppe und – neben

dem Salon – eine geräumige Salle de compagnie. Zur linken schließt an den Salon das Schlafzimmer des fürstlichen Gastes an. Die Nebenräume seines appartements – Cabinet, Garderobe und Retirade – liegen gegen die court d'honneur. Diese Grundrißordnung wiederholt sich im Obergeschoß als Wohnung des Kurfürsten. Hier ist die salle de compagnie verschmälert zu dem Indianischen Cabinet pour le „Café". Die diesem Raum abgewonnene Treppe führt in das Mansardegeschoß, in dem sich an einem von den Kopfseiten belichteten Mittelflur untergeordnete Räume nebeneinanderreihen. Die Fortsetzung der Treppe führt in einer allseitig befensterten „Laterne" zu dem geräumigen Belvedere hinauf."

Von hieraus konnte die kurfürstliche Gesellschaft die Reiherbeiz auf den umliegenden Feldern verfolgen. Als enger Vertrauter des Kurfürsten Clemens August wird Ignaz Felix v. Roll häufig Gelegenheit gehabt haben, ebenfalls in Falkenlust zu weilen.

Schloß Roesberg:

Auf der jäh zur Rheinebene hin abfallenden Kante des Ville-Plateaus bei Sechtem, zwischen Bonn und Brühl, liegt seit 1731 Schloß Roesberg. Seine Erbauer waren Frhr. Ferdinand Joseph v. Weichs (1695-1765) und dessen Gemahlin Maria Carolina Gräfin von Velbrück zu Gernth.[111] Der Bauherr stand in kurkölnischen Diensten als Geheimrat, Oberjägermeister, Oberamtmann zu Bonn und war außerdem Komtur des von Clemens August gestifteten St. Michaelsordens. Von Weich konnte für seinen relativ bescheidenen Wohnsitz den vom Kurfürsten zu dieser Zeit favorisierten Baumeister Johann Conrad Schlaun gewinnen.

Haus Arff bei Köln-Worringen Hofseite (Zustand 1972)

stufenfrei zu halten war. Ausgeführt wurde dieser Entwurf wohl nicht; man entschied sich für eine pragmatische Lösung, bei der ein Kellergeschoß zu berücksichtigen war.

Immerhin konnte darin die Küche mit den Vorratsräumen untergebracht werden – für das Leben auf Schloß Roesberg keine Nebensächlichkeit. Häufig kehrten Gäste ein.

Für die kurfürstliche Jagd in den Wäldern der Ville bildete Roesberg in der Regel den Endpunkt eines Jagdtages.

Das Anwesen brannte im Jahre 1833 ab und wurde beim Wiederaufbau in veränderter Form (u. a. mit einem dritten Vollgeschoß) errichtet, so daß eine exakte Rekonstruktion der Schlaun'schen Maison Probleme bereitet.

Auch Johann Georg Leydel war bei einem Teilabschnitt des Schloßbaues beteiligt. Vermutlich handelt es sich um eines der Ökonomiegebäude oder sonstige Nebenbauten (Gartenhaus?) auf dem Schloßgelände.[112] Leydels Tätigkeit datiert in die Zeit zwischen 1762 und 1764.

In welchem Maße J. G. Leydel Anregungen durch das Oeuvre J. C. Schlauns aufgegriffen hat, wird am Beispiel von Schloß Morsbroich noch zu behandeln sein.

Haus Arff:

Zwischen Haus Arff bei Köln-Worringen und Schloß Morsbroich gibt es gewisse Parallelen: Beide Besitzungen liegen etwa gleichweit nördlich von Köln sowie etwa in gleicher Entfernung vom Rhein. Das linksrheinische Haus Arff ist ebenfalls mit einem landwirtschaftlichen Betrieb verbunden und grenzt westlich an ein größeres Waldgebiet, in dem seine Erbauer der Jagd nachkommen konnten. Die Bauherren dieser auf 1750 datierten Maison de plaisance waren die Kölner Domherren Gebrüder Christian August und Peter Joseph von Buschmann.[113] Als Architekt wird von der Forschung der kurkölnische Hofbaumeister Michael Leveilly angenommen. Auf einem Gemälde (im Besitz der Eigentümerin von Haus Arff, Baronin v. Geyr zu Schweppenburg) befindet sich neben einem Portrait der geistlichen Bauherren im Hintergrund die Darstellung des Architekten, sowie eine Ansicht des neuerbauten Lusthauses. Zwar ist Leveilly nicht namentlich erwähnt, dennoch kann man davon ausgehen, daß er durch seine Tätigkeit am Innenausbau des

Ein Aufriß der Hoffassade aus der Erbauungszeit verrät die künstlerische Handschrift Schlauns. Die hier dargestellte Planungsvariante zeigt einen zweigeschossigen Bau von sieben Achsen Breite. Die abgerundeten Ecken werden von einfachen Putzlisenen gerahmt. Ein Gurtgesims umspannt den Baukörper und verweist auf die innere Raumhöhe. Als Eingangszone ist die Mittelachse durch eine Verbindung von Portal und darüberliegendem Fenster betont; gleichzeitig ist dieser mittlere Fassadenteil als Risalit ausgebildet, der nur knapp aus der Wandfläche heraustritt und in der Dachzone von einem Segmentgiebel überspannt wird. Ein wenig überdimensioniert wirkt das mächtige Mansarddach, zumal auf der Zeichnung im Untergeschoß eine Sockelzone fehlt. Letzteres mochte eine Konzession an das Ideal der Maison de plaisance sein, dessen Rez de chaussée möglichst

Kölner Domes in den Jahren 1748-1751 in direkten Kontakt zu den Domherren v. Buschmann geriet.[114] Auch in stilistischer Hinsicht möchte man für Haus Arff die Handschrift eines französisch geschulten Architekten annehmen, dem die mainfränkischen Tendenzen bei vergleichbaren rheinischen Maison-de-plaisance-Bauten unverständlich blieben.

Leveilly greift bei Haus Arff formale Kriterien auf, die Cuvillés für Schloß Falkenlust vorgegeben hatte. Eine Besonderheit für die Grundrißdisposition des Erdgeschosses in Arff stellt der Kapellenraum dar, den Blondel für seine Maison de plaisance natürlich nicht vorgesehen hatte.

Wie die Mehrzahl der rheinischen Maison-Bauten verfügt auch Haus Arff über einen Gartensaal, von dem drei Seiten als Risalit in den Gartenraum hinausragen.

Völlig abweichend von den Blondel'schen Vorbildern ist jedoch der starke Höhendrang des Gebäudes, das damit eher baulichen Traditionen von Burghäusern verpflichtet ist.[115]

Das Kellergeschoß ist fast als Vollgeschoß ausgebildet; auch das 1. Obergeschoß weist eine größere Raumhöhe auf als z. B. bei Schloß Morsbroich. Das untere Geschoß des Mansarddaches ist noch ganz für Wohnzwecke geeignet. Das kaum endenwollende Dach wird schließlich bekrönt von einem mächtigen Belvedere, von dessen sechs großen Fenstern aus ein weiter Blick in die Landschaft möglich ist.

Die Nutzung des unteren Dachgeschosses für Wohnzwecke war Bauherrn und Architekt offenbar so wichtig, daß im Dreiecksgiebel über dem Risalit der Hofseite Fenster statt der zu erwartenden Reliefdarstellungen erscheinen. Damit und aufgrund der starken Höhenerstreckung des Gebäudes ergibt sich auch eine Anknüpfung an bürgerliche Wohnhausbauten.

Zusammenfassend läßt sich feststellen: Mit Haus Arff gelingt dem Architekten M. Leveilly ein imposanter Bau, in dem verschiedene zeitgenössische Tendenzen miteinander verschmolzen sind. Zwar ergeben sich einige formale Probleme und Schwächen (z. B. in der Dachzone), dennoch stellt das offenbar unverändert gebliebene Herrenhaus eines der wenigen erhalten gebliebenen Beispiele eines herrschaftlichen Landsitzes aus der Zeit um 1750 im Rheinland dar.

Schloß Wahn:

Die Erbauer von Schloß Wahn sind Frhr. Ferdinand v. Schall zu Bell und seine Frau Maria Anna v. Stadion-Wachthausen. Das im letzten Krieg z. T. zerstörte Anwesen befindet sich im Besitz der Familie v. Eltz-Rübenach und dient seit 1955 als Theatermuseum der Kölner Universität. Mit der Eingemeindung von Porz in die Stadt Köln (1975) bildet der ehemalige Rittersitz Wahn die südlichste Schloßanlage auf Kölner Stadtgebiet.[116]

Frhr. v. Schall befaßte sich seit dem Jahre 1750 mit Neubauplänen. In einem Schreiben vom 28. Oktober 1750 entwickelt er den Gedanken einer „Maison de campagne", einem ländlichen Wohnsitz also, der für die engere Familie und einige Gäste dienen sollte. Mit dem bereits vorliegenden Entwurf eines Architekten war er nicht zufrieden, vielmehr schwebte ihm eine Konzeption wie die von Klein-Büllesheim bei Euskirchen vor.[117] Hier hatte Johann Conrad Schlaun im Jahre 1728 ein kleines reizvolles Landschlößchen mit H-förmigem Grundriß und abgerundeten Ecken geschaffen, das von seinen Schauseiten her fast wie eine Miniatur von Schloß Brühl (Cour d' honneur) wirkt.

Der Architekt des ersten Entwurfes wird nicht genannt. Die auf dem Plan konzipierte Anlage wird vom Bauherrn als „zu groß und zu geräumig (...) weder proportionsgerecht, noch nach den Regeln der Architektur entworfen" charakterisiert.

Sowohl diese vernichtende Kritik als auch weitere Hinweise in dem (leider fragmentarischen Brief) schließen es aus, daß hier bereits J. G. Leydel tätig wurde.[118] Zu denken wäre an einen weniger bedeutenden Baumeister, wie den auf Kurkölner Gebiet tätigen Franziscus Feldtmüller, der gleichwohl über gute Kontakte verfügte und z. B. im Jahre 1750 einen Entwurf für den Neubau von Schloß Arenberg/ Eifel vorlegte.[119] Im Jahre 1757 wird Feldtmüller, wohnhaft in Köln, als Unternehmer für den Porzer Postweg vorgeschlagen,[120] – ein Vorgang, der belegt, daß F. Feldtmüller im Raume Porz/Wahn wohl kein Unbekannter

Schloß Wahn
Gartenseite
(Zustand um 1900)

war. Wenn Leydel schließlich den Auftrag ausführte, kann dies ebenfalls als Indiz für seine Tätigkeit im Raume Porz gelten.[121] Einen direkten Beleg für Leydels Entwürfe zu Schloß Wahn und/oder eine entsprechende Bauleitung gibt es nicht. In der Hauptsache sind es stilistische Indizien, die Parallelen zum übrigen Werk Leydels eröffnen. Gleichzeitig gibt es in der späteren Besitzerfamilie von Schloß Wahn, der v. Eltz-Rübenach, die mündliche Überlieferung, der Architekt von Schloß Wahn habe auch Schloß Türnich, das ehemalige Erzbischöfliche Palais in Köln (erbaut 1758) sowie Bauten in Mülheim/ Rhein entworfen. Diese Zuschreibung kann sich nur auf Johann Georg Leydel beziehen. Als Bauzeit für Schloß Wahn kann die Zeit zwischen 1755 und 1760 angenommen werden.

Leydel knüpfte mit der baulichen Idee für Wahn offenbar direkt an Schloß Roesberg an, das nur wenig später als Klein-Büllesheim von J. C. Schlaun errichtet worden war. Die Ähnlich-keit mit Roesberg beruht in der Gestaltung des Haupttraktes mit der gleichen Zahl der Geschosse, dem dreiseitig vorgezogenen Mittelrisalit der Gartenseite und einer vergleichbaren Dach-zonengliederung. Allerdings ergaben sich durch die vorgefunde-ne Bausubstanz der älteren Wahner Burganlage architektonische Anregungen, die Leydel offenbar gerne aufgriff, die jedoch vom Typ der Maison de plaisance zur historisierenden Dreiflügel-anlage zurückverweisen. In der lockeren Gruppierung von Corps de logis mit den nur leicht angelehnten Pavillonbauten gelang Leydel die Synthese zwischen tradierter und zeitgenössischer Baugesinnung. Kennzeichnend für die innere Raumgliederung der Leydelschen Repräsentationsbauten, so auch hier in Schloß Wahn, ist die Schaffung eines Querflures, der das Gebäude-innere in der Längsachse erschließt. Mit einer solchen querge-lagerten Verkehrsfläche wird eine Trennung von Räumen erreicht, die unterschiedliche Funktionen haben. Die durch

44

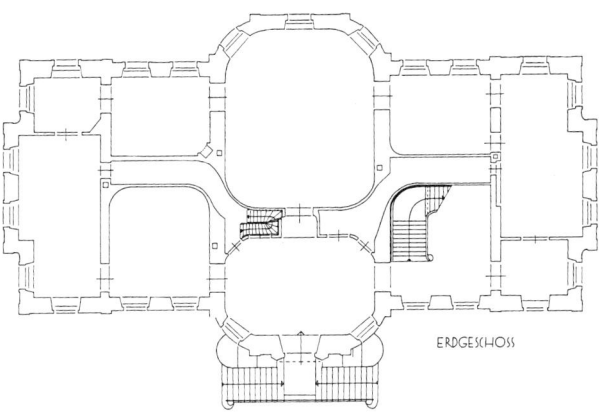

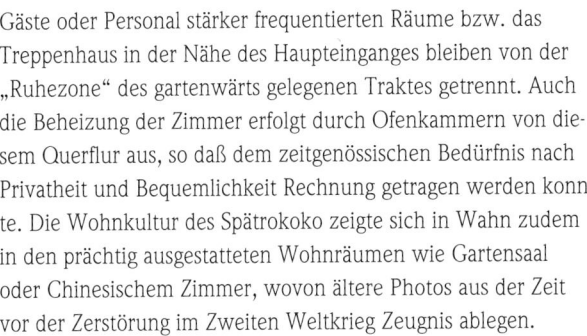

ERDGESCHOSS

Schloß Türnich

Gäste oder Personal stärker frequentierten Räume bzw. das Treppenhaus in der Nähe des Haupteinganges bleiben von der „Ruhezone" des gartenwärts gelegenen Traktes getrennt. Auch die Beheizung der Zimmer erfolgt durch Ofenkammern von diesem Querflur aus, so daß dem zeitgenössischen Bedürfnis nach Privatheit und Bequemlichkeit Rechnung getragen werden konnte. Die Wohnkultur des Spätrokoko zeigte sich in Wahn zudem in den prächtig ausgestatteten Wohnräumen wie Gartensaal oder Chinesischem Zimmer, wovon ältere Photos aus der Zeit vor der Zerstörung im Zweiten Weltkrieg Zeugnis ablegen.

Schloß Türnich:

In der Reihe der ländlichen Adelssitze im Rheinland, die um die Mitte des 18. Jahrhunderts errichtet wurden, darf Schloß Türnich (Erftkreis) wohl einen der ersten Plätze beanspruchen, wenn es um die Frage des stilistischen Ranges geht. Leider ist das Herrenhaus durch Bodensenkungen infolge der benachbarten Braunkohletagebaue seit Jahren einsturzgefährdet.[122] Bauherr der in der Nähe der Residenzstadt Bonn gelegenen Maison de plaisance war Frhr. Karl Ludwig von Rolshausen. Im Jahre 1757 ließ er die Lieferung der zum Bau benötigten Ziegelsteine akkordieren; vermutlich wurde mit dem Neubau des Herrenhauses im darauffolgenden Jahre begonnen. Wegen der Kriegswirren (der Siebenjährige Krieg dauerte von 1756 bis 1763) gingen die Arbeiten zunächst schleppend voran, so daß erst zur Jahreswende 1760/61 der Rohbau im Wesentlichen stand. Nach Fertigstellung der Innenräume wurden im Herbst des Jahres 1763 äußere Arbeiten am Dach vorgenommen. Man möchte vermuten, daß zumindest ein Teil des Gebäudes zunächst nur notdürftig gegen Witterungseinflüsse abgesichert gewesen war.

Als Bauleiter von Schloß Türnich fungierte der kurpfälzische Hofbaumeister Ignatius Kees.[123] Möglicherweise war Kees überfordert, denn er war in der Zeit von 1756 bis 1760 als verantwortlicher Baumeister am Neubau des benachbarten Schlosses Gymnich tätig,[124] – nebenamtlich wohlgemerkt, denn als Jülich-Bergischer Hofbaumeister war Kees vornehmlich zu Arbeiten in Düsseldorf und auf dem Landesterritorium verpflichtet. Zwar wird Kees im Jahre 1760 für „Abrisse" und die „Ausmessung" honoriert, gleichwohl ist damit noch nicht erwiesen, daß das bemerkenswerte Herrenhaus ausschließlich nach seinen Plänen entstand. Mit den für Kees belegbaren Bauten vergleichbarer Art (Schloß Gymnich und das Statthalterpalais für den Grafen v. Goltstein in Düsseldorf) zeigen sich nämlich keine stilistischen Übereinstimmungen.

Vermutlich lagen für die Planung und den Ausbau des Türnicher Herrenhauses auch Entwürfe J. G. Leydels vor.

Dafür sprechen folgende Gesichtspunkte:

– Die Grundrißdisposition kann generell als eine Weiterentwicklung von Schloß Falkenlust und Schloß Roesberg angesehen werden; es besteht auch eine gewisse Nähe zu Schloß Jägerhof in Düsseldorf, das mit Unterbrechungen in den Jahren 1751 bis 1763 errichtet wurde.[125] Der gravierendste Unterschied in der Raumdistribution stellt jedoch ein zwischen Garten- und Hofenfilade eingeschobener Quergang dar. Dieser diskret angelegte Flur war für das Personal vorgesehen und entzieht sich dem Auge des Besuchers. Für Johann Georg Leydel ist dieser der commodité dienende Querflur charakteristisch. Man könnte den Grundriß von Schloß Türnich auch als eine konsequentere Anwendung der für Schloß Wahn gefun-

links:
Schloß Miel Gartenseite

rechts:
Schloß Miel Hofseite

**Schloß Miel
1. Obergeschoß**

**Schloß Miel
Erdgeschoß**

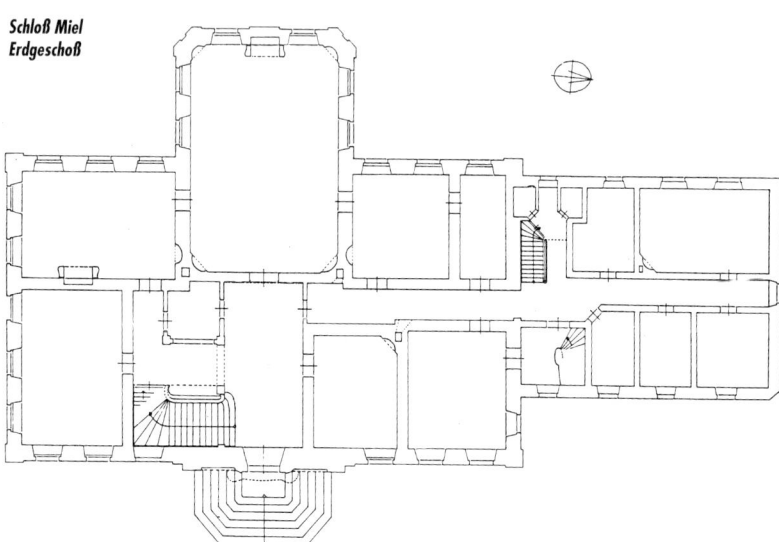

denen Lösung ansehen. Das Vestibül fällt in seiner queroblongen achteckigen Form aus dem Rahmen der bei Maison-de-plaisance-Bauten gewohnten Grundrißformen. Zu einer vergleichbaren Raumgestaltung kommt J. C. Schlaun für die Eingangszone von Haus Loburg (Ostbevern, Kreis Warendorf), das 1766 errichtet wurde.[126]

Für die Disposition von Schloß Morsbroich werden die gemeinsamen Besonderheiten der Türnicher Grundrißlösung eine entscheidende Bedeutung erlangen: J. G. Leydel wird nämlich die Idee eines quergelagerten achteckigen Vestibüls mit dem bewährten Querflur zu einer neuenGesamtform verschmelzen und so die starre Idealform einer Maison de plaisance an einem wichtigen Punkte aufbrechen.

– Auch das hohe Kellergeschoß mit den ursprünglich parallel angeordneten Zugängen auf der Hofseite widerspricht dem Maison-Gedanken und setzt Türnich auch im Aufgehenden deutlich von Schloß Jägerhof ab. Hier zeigt sich eine Lösung, die Leydel wiederum ganz bewußt an Schloß Miel anwenden wird.

– Zahlreiche stilistische Merkmale (auch im Innenausbau) verweisen auf das Oeuvre Leydels. Auf sie kann hier nicht detailliert eingegangen werden.[127]

Die ursprüngliche Farbgebung von Schloß Türnich war ockergelb gestrichener Putz im Kontrast zur hellgrauen Werksteingliederung.[128] Für J. G. Leydel war dieser Farbklang charakteristisch, während Kees als Düsseldorfer den Rot-Grau-Kontrast bevorzugte.[129]

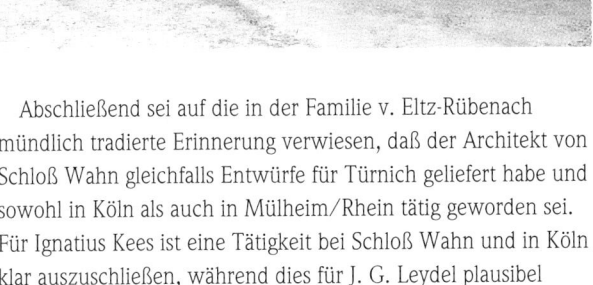

links:
Pferdeställe

rechts:
Schloß Miel Hofseite

Abschließend sei auf die in der Familie v. Eltz-Rübenach mündlich tradierte Erinnerung verwiesen, daß der Architekt von Schloß Wahn gleichfalls Entwürfe für Türnich geliefert habe und sowohl in Köln als auch in Mülheim/Rhein tätig geworden sei. Für Ignatius Kees ist eine Tätigkeit bei Schloß Wahn und in Köln klar auszuschließen, während dies für J. G. Leydel plausibel erscheint.

Schloß Miel:

Am 31. August 1767 erwarb Frhr. Maximilian Wilhelm von der Heyden gen. Belderbusch den Rittersitz Miel nebst zugehörigen Höfen und Mühlen von dem Vorbesitzer Frhr. Anton Otto von Raesfeld, der zu diesem Zeitpunkt als Clevischer Regierungspräsident tätig war. Der Landkomtur der Deutschordensballei Altenbiesen betrieb den Kauf auf Veranlassung seines Bruders Kaspar Anton v. d. Heyden, der als Erster Minister am Bonner Hofe im Hintergrund bleiben wollte.

Als Architekten für Planung und Baubetreuung wählte man Johann Georg Leydel aus, der zu diesem Zeitpunkt seinen Hauptwohnsitz noch in dem nur wenige Kilometer von Miel entfernten (Bonn-) Poppelsdorf hatte.

Im Sommer 1768 begann Leydel mit den Fundamentierungsarbeiten; der zerfallene Vorgängerbau wurde im Januar 1769 abgebrochen. Den Neubau betrieb Leydel mit einer solchen Vehemenz, daß die Rohbauarbeiten Ende 1769 bereits zum Abschluß

gekommen waren. Im Herbst des darauffolgenden Jahres waren sämtliche Arbeiten abgeschlossen und das Anwesen bezugsfertig.

Das gesamte Ausmaß dieser ungewöhnlichen Arbeitsleistung von Architekt, Handwerkern und Arbeitern wird vor allem dann beeindrucken, wenn man bedenkt, daß hier innerhalb von nur zwei Jahren aus einem verfallenen Rittersitz eine komplette Neuanlage mit zwei großen Wohntrakten, Wirtschaftsgebäuden, Brücken und Gartenanlagen sozusagen „schlüsselfertig" erstellt wurde. Daß dabei das vorgelegte Tempo der Qualität der Bauausführung keinen Abbruch getan hat, erhellt aus dem Tatbestand, daß die Wohntrakte nach 200jähriger Benutzung noch den ursprünglichen Zustand aufweisen.

Dank der langjährigen Zusammenarbeit mit geschulten Handwerkern der Bonner Residenz und den eigenen Arbeitskräften konnte der Architekt einen zügigen Ablauf der einzelnen Gewerke garantieren. J. G. Leydels Sohn Martin assistierte ihm bei der Bauaufsicht.[131]

Leydel schuf mit Schloß Miel eine Maison de plaisance, die nur noch bedingt an den Ursprungsgedanken anknüpfte.

Die augenfälligste Abweichung besteht in der Anordnung von zwei unterschiedlichen Gebäuden als Ensemble von Herrenhaus im tradierten Sinne und einem seitlich angefügten Nebengebäude. Diese bauliche Gesamtsituation wie auch die innere Raumaufteilung stellt die grundlegende Forderung nach Symmetrie infrage.[132]

links:
Schloß Miel Balkongitter (1770)

rechts:
Schloß Miel Treppengitter im Herrenhaus (1770)

**Monschau Rotes Haus
(Rückseite)**

Das bereits bei Schloß Türnich betonte Kellergeschoß mit den zwei symmetrisch angelegten Zugängen auf der Hofseite wird in Miel erneut aufgegriffen. Zum Hauptportal führt eine Freitreppe von sieben Stufen; zwar ragt der Gartensaal noch in den Gartenraum hinein, doch auf den für die Maison de plaisance unabdingbaren Zugang wurde verzichtet. Mit dem Walmdach (nach italienischem Vorbild) setzt sich Miel auch in der Dachzone vom gewohnten Mansarddach französischer Provenienz ab. Die hier in der Regel untergebrachten Räumlichkeiten für das Personal wurden von Leydel in das Nebenhaus verlagert.

Insgesamt übernimmt nun das Nebenhaus die Funktionen, die in den tradierten Formen der rheinischen Maison-Bauten im Keller- und Dachgeschoß des Herrenhauses untergebracht waren.

Leydel knüpft mit Schloß Miel bewußt an bürgerliche Baulösungen an. Ein schönes Beispiel für die Kombination Wohnhaus/Nebenhaus stellt das Kölner Haus Blaubach Nr. 30 dar, das wohl von J. G. Leydel um 1750 errichtet wurde.[133] Die Hierarchisierung von dominierendem Herrenhaus neben herabgezonten oder zurücktretenden Nebengebäuden in einer Bauzeile entspricht auch städtebaulichen Vorstellungen des Barock. In Krefeld z. B. wurden in den 1770er Jahren palaisartige Wohnhausbauten der führenden Familien an die Eckpunkte der Straßencarrées gesetzt, denen sich Nebengebäude und die niedrigeren Hauszeilen der übrigen Wohnhäuser anschlossen. Architekt dieser Krefelder Bauten war Michael (II) Leydel, Sohn und Mitarbeiter J. G. Leydels. Von Michael Leydel stammt als Konsequenz aus Schloß Miel und seinen eigenen städtebaulichen Lösungen vermutlich auch die Konzeption von Haus Cromford/Ratingen.

Haus Cromford:

Der Elberfelder Fabrikant und Kaufmann Johann Gottfried Brügelmann (1750-1802) schloß am 1. Mai 1783 mit Reichsgraf Franziskus Ambrosius v. Spee einen Pachtvertrag über ein Grundstück an der Anger bei Ratingen.[134] Vorhandene Mühlengebäude wurden z. T. verlagert, z. T. abgebrochen, um für eine geplante Fabrik Platz zu schaffen.[135] Brügelmann beabsichtigte die Errichtung einer mechanischen Spinnerei nach englischem Vorbild. Nach jahrelangen Experimenten und vergeblichen Bemühungen gelang ihm schließlich mit Hilfe von Werkspionage, die überlegene Produktionstechnik aus England zu kopieren.[136] Mit seinem Antrag vom 24. November 1783 an den Kurfürsten Karl Theodor um Gewährung eines Privilegs für die im Bau befindliche Fabrik machte J. G. Brügelmann interessante Aussagen über den Baufortschritt:[137]

„Solchen endts hab ich nun einen Orten bei höchstdero bergischen und Hauptstadt Ratingen ausersehen, daselbst auch nach bestimmendem Zeugnis dortigen Magistrat diesen Sommer bereits zwei große Gebäude errichten lassen, undt mit welchen ich künftiges Frühejahr fortzufahren gedenke, von welchen zu mehreren Beweis den Plan deren Gebäude nebst dem inneren Werke, welches 1600 Spindeln auf einmal in Bewegung setzt, undt welches von Höchstdero Hofbaumeister Flügel verfertigt worden, untertänigst anfüge."

Die Forschung hat aus dieser Passage als Architekten für die Fabrikbauten und sogar für das Herrenhaus den Düsseldorfer Hofbaumeister Rütger Flügel in Anspruch nehmen wollen.[138]

Dabei wird hier lediglich festgestellt, daß Flügel das „innere Werk" verfertigt habe. Für diese Arbeit war der hauptsächlich als Mühleninspektor tätige R. Flügel in der Tat gut qualifiziert.[139] Die Planung der Gesamtanlage wird man ihm nicht

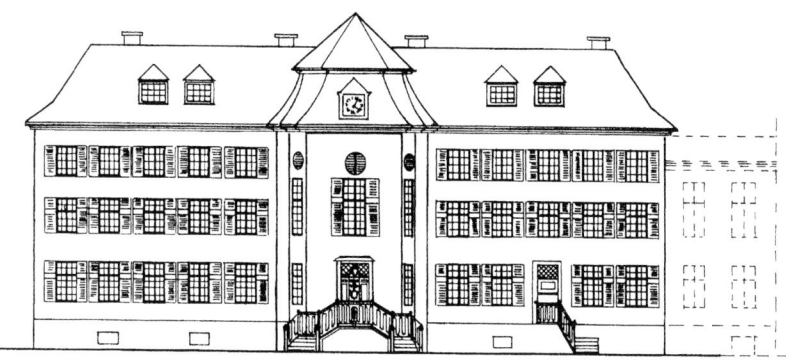

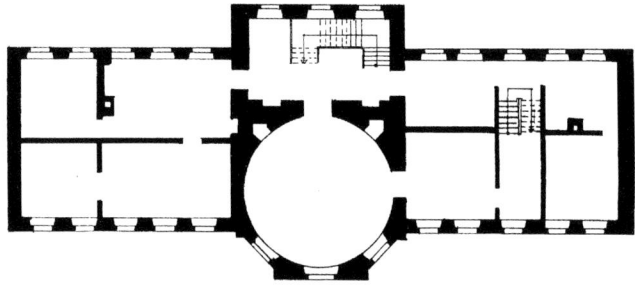

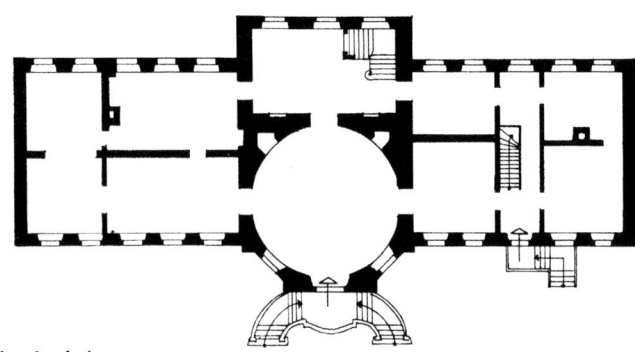

**Haus Cromford
Ratingen
1783-87**

zusprechen können. Vielmehr scheint Michael (II) Leydel aus Krefeld die planerische Verantwortung gehabt zu haben. Außer noch zu behandelnden stilistischen Bezügen spricht dafür folgende Tatsache: Im Jahre 1784 konnte in Cromford die Produktion aufgenommen werden. Unter den Arbeiterinnen befand sich die Tochter des ehemaligen bergischen Münzmeisters Paul Maaßen. Ihr gelang verbotenerweise das Abzeichnen einer Spinnmaschine, so daß ihr Vater das Gerät mit Erfolg nachbauen konnte.[140] Nach Standortüberlegungen zu einer Konkurrenzfabrik im preußischen Moers entschied sich Maaßen schließlich für die kurkölnische Stadt Neuß. Bei der Ansiedlung der Baumwollspinnerei engagierte sich besonders Stadtbauinspektor Kaspar Hermkes, der am 25. April 1785 mit einer Denkschrift für Maaßen eintrat.[141] Kaspar Hermkes übte das städtische Amt seit 1781/82 aus. Zuvor war er die „Rechte Hand" im florierenden Architekturbüro Michael (II) Leydels, der bis zu 120 Handwerker und Arbeiter an verschiedenen Bauprojekten beschäftigte.[142] Michael Leydel verstarb zwar in Krefeld am 4. Januar 1782, gleichwohl war noch eine größere Anzahl begonnener oder geplanter Bauten auszuführen. So wohl auch der Gesamtkomplex von Haus Cromford. Es steht zu vermuten, daß Caspar Hermkes bei der Realisierung des Projektes beteiligt war und offenbar auch die von Anfang an geplante Werkspionage mitzuverantworten hat. Anders läßt sich jedenfalls sein auffälliges Eintreten für Paul Maaßen und sein detailliertes Insiderwissen kaum erklären.

Nach Fertigstellung der ersten Fabrikgebäude[143] im Jahre 1784 könnte das spätere Kontorhaus (d. h. der rechte Teil des Herrenhauses) wohl zunächst als Wohnung für den Fabrikanten Brügelmann errichtet worden sein. Diesem fünfachsigen Bau wurde seitlich der repräsentative Mittelbau des Herrenhauses angegliedert, dem sich der Symmetrie halber ein weiterer Trakt von fünf Achsen anschloß. Spätestens im Jahre 1789 war der

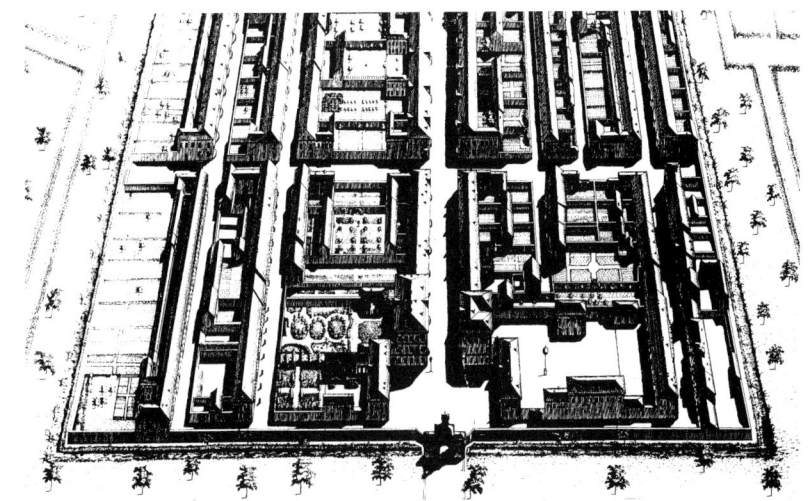

Bau des Herrenhauses abgeschlossen, da der auf den 25. Juni 1789 datierte Plan von Geometer Neubauer die entsprechenden Gebäude zeigt.[144]

Haus Cromford ist ein dreigeschossiger Putzbau über einem relativ hochliegenden Kellergeschoß; die Seitenflügel tragen Walmdächer, der Mittelteil ein steiles Mansarddach. Der dreiseitig vorgezogene Mittelbau auf der Eingangsseite knüpft an die baulichen Traditionen der Maison de plaisance an – allerdings war dieser Baukörper ursprünglich auf den rückwärtigen Garten bezogen, wie die Beispiele der vorgestellten Maison-de-plaisance-Bauten zeigten.

In Cromford erreicht man über eine zweiarmig angelegte Freitreppe das kreisförmige Vestibül; die beiden darüberliegenden Geschosse nimmt über gleichem Grundriß der Hauptsaal des Hauses ein. Im Anschluß an Vestibül und Saal befindet sich das Treppenhaus, das als querrechteckiger Risalit in einer Breite von drei Achsen aus der Rückseite des Hauses heraustritt. Die klassische Form einer Maison de plaisance wird vom Architekten des Cromforder Herrenhauses zweifellos verlassen und lediglich in architektonischen Teilbeständen quasi „zitiert".

Mit der ungewöhnlichen Raumdisposition wird die topographische Lage des Hauses berücksichtigt: Das Treppenhaus liegt auf der Nordostseite und gibt den Blick auf die Fabrikgebäude frei, während der repräsentative Saal mit Aussicht auf ein Gartengelände nach Südwesten hin orientiert ist.

Damit ist zweifellos der Wohnqualität gegenüber den Bautraditionen Vorrang eingeräumt. Aus der Anordnung des Treppenhauses hat man auf die bürgerlichen Wohnvorstellungen des Bauherrn Brügelmann geschlossen; das bergische Wohnhaus hatte nämlich in der Regel die Treppe im rückwärtigen Teil der Wohndiele. Für Haus Cromford hätte jedoch auch die im Jahre 1725 von Johann Conrad Schlaun gebaute Oranienburg im Park von Schloß Nordkirchen ein Vorbild sein können.[145] Hier ist der

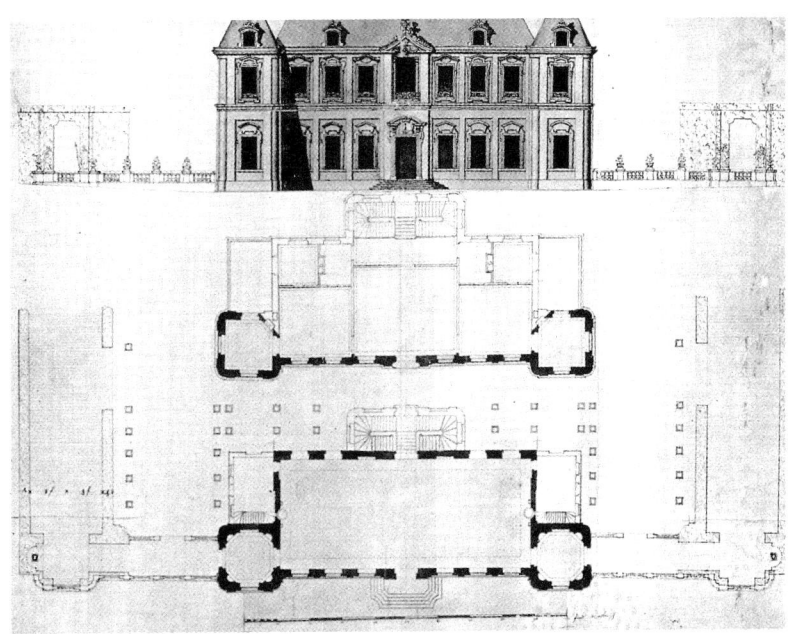

Plan der Stadt Krefeld (Daniel Braches, vor 1790)

Schloß Nordkirchen Oranienburg

Schloß Morsbroich
Fenstergitter Erdgeschoß

dreiachsige Treppenhaustrakt als Risalit aus dem Corps de logis herausgezogen. Die wesentlich größere Raumhöhe der Oranienburg steht bezeichnenderweise in deutlichem Kontrast zu der Raumhöhe des bürgerlichen Hauses Cromford.

In stilistischer Hinsicht gibt es etliche Bezüge von Haus Cromford zu Bürgerhausbauten, für die Michael (II) Leydel als Architekt nachgewiesen ist oder vermutet wird.[146]

Die Kombination von Wohnhaus mit Nebengebäuden (im Falle Cromford: Herrenhaus mit einbezogenem Kontorgebäude) wurde von Johann Georg Leydel wohl erstmalig mit dem Kölner Hause Blaubach Nr. 30 konzipiert.[147] Auf das Jahr 1756 ist der Baubeginn des Roten Hauses in Monschau zu datieren. Es handelt sich um ein Doppelhaus (Zum Pelikan, Zum Goldenen Helm), von denen eines als Wohnhaus, das andere als Kontorgebäude genutzt wurde. Aus stilistischen und anderen Gründen kann auch hier J. G. Leydel als Architekt in Anspruch genommen werden.[148] Bei Schloß Miel machte Johann Georg Leydel diesen bürgerlichen Baugedanken für einen ländlichen Adelssitz mit Herrenhaus und Nebengebäude fruchtbar. Mit dem Bau einer Wohnhauszeile für die Mitarbeiter Brügelmanns in einer Bauflucht mit dem Herrenhaus wird die Anknüpfung an barocke Stadtgestaltung angesprochen. Die von Michael Leydel in Krefeld nach 1775 realisierte städtebauliche Konzeption mit repräsentativen Eckbauten, denen sich schlichtere Wohnhäuser anschließen, wird auch für Cromford der bestimmende Gedanke.

In der Reihe der Maison-de-plaisance-Bauten steht Haus Cromford am Ende einer Entwicklung, in der Bürgerhausbauten und Feudalbauten einander angeglichen werden. Von den Angehörigen der Architektenfamilie Leydel wurden diese Tendenzen aktiv unterstützt, zumal sie als Logenmitglieder für eine Nivellierung des Ständestaates eintraten.[149]

Auch Schloß Morsbroich zeigte, wie im Folgenden darzustellen ist, bereits starke Bezüge zu bürgerlichen Wohnhausbauten.

*Schloß Morsbroich
Treppengitter im
Herrenhaus
(Aufnahme 1972)*

Ein Rundgang durch den Landsitz v. Rolls

*Schloß Morsbroich
Ansicht von Norden
(Lithographie nach
Aquarell von Gustav
Gerlach, 1861)*

Frhr. Ignaz Felix v. Roll hatte sich in den Jahren 1773-75 die Wasserburg Morsbroich zu einem zeitgemäßen, bequemen Wohnsitz umbauen lassen. In bescheidenem Maße wurde das neuerrichtete Rokokoschlößchen auch repräsentativen Ansprüchen gerecht. Mögliche Besucher erreichten das ländliche Anwesen standesgemäß mit der Kutsche über die von Westen heranführende Allee. Hinter der steinernen Grabenbrücke befand sich rechter Hand das Zimmer des Pförtners, der den Ankömmling schon von weitem herannahen sah und das Tor zur Vorburg öffnete. Gegen bewaffnete Eindringlinge konnte die Toranlage jedoch keinen Schutz bieten, wie sich im Herbst des Jahres 1795 zeigte, als ein marodierender Trupp der französischen Armee einfach durch das eingeschlagene Fenster des Torhauses eindringen konnte.[150]

Die hufeisenförmig angelegte Vorburg mit Wirtschafts- und Verwaltungsgebäuden war zum Herrenhaus hin durch eine circa 80 cm hohe Mauer abgetrennt. Auf bewegtem Grundriß war die Einfriedung in eine abwechslungsreiche Form gebracht worden, deren vorgewölbte Mitte ein schmiedeeisernes Tor einnahm. Die gemauerten Torpfeiler waren von Vasen bekrönt. Mit dem anmutigen Durchlaß betonte der Architekt die raumgreifende Achse, mit der die Gesamtanlage des Rittersitzes in die umgebende Landschaft eingebunden war. Auch die Mittelachse des Herrenhauses lag in dieser Flucht, der sich möglichst alle Baukörper symmetrisch zuordnen sollten. Wenn, wie wir feststellen werden, in der Raumdisposition des Herrenhauses Abweichungen von der dogmatischen Strenge der Symmetriebildung vorkommen, so erscheint dies weniger als Zeichen von Inkonsequenz als von Vernunft. Schließlich sollte sich der Bauherr in seinem „Altersruhesitz" wohlfühlen.

Für Bequemlichkeit war gesorgt: Da man es in den „besseren Kreisen" des 18. Jahrhunderts vermied, die Küche in die Nähe der Wohn- oder Repräsentationsräume zu legen, verbannte man diesen arbeitsintensiven und wohl auch lauten Bereich entweder in Seitenflügel oder ins Kellergeschoß. So auch hier. Wegen des hohen Grundwasserstandes war für Morsbroich die Anlage eines Hochkellers mit der Möglichkeit zur Querlüftung eh' erforderlich. Der Zugang für Personal und Lieferanten erfolgte durch die Türe unter dem Plateau der Freitreppe. Vom Kellertrakt führte

Galante Küchenszene (Daniel v. Chodowiecki, um 1790)

eine Wendeltreppe nach oben, die im nördlichen Querflur des Erdgeschosses mündete. Mit Hilfe eines kleinen Aufzuges zog man die Gerichte nach oben und servierte sie in dem angrenzenden Speisezimmer (Raum Nr. 7 auf dem Erdgeschoß-Grundriß). Mögliche Gäste konnten das Speisezimmer vom Gartensaal (Raum Nr. 1) her erreichen. Ihnen blieb in der Regel der Zugang zu den nordwestlich gelegenen Räumen (Nr. 5 und 6) versperrt: In Raum Nr. 5 befand sich das Schlafzimmer des Hausherrn; Raum Nr. 6 hatte sein Kammerdiener inne.

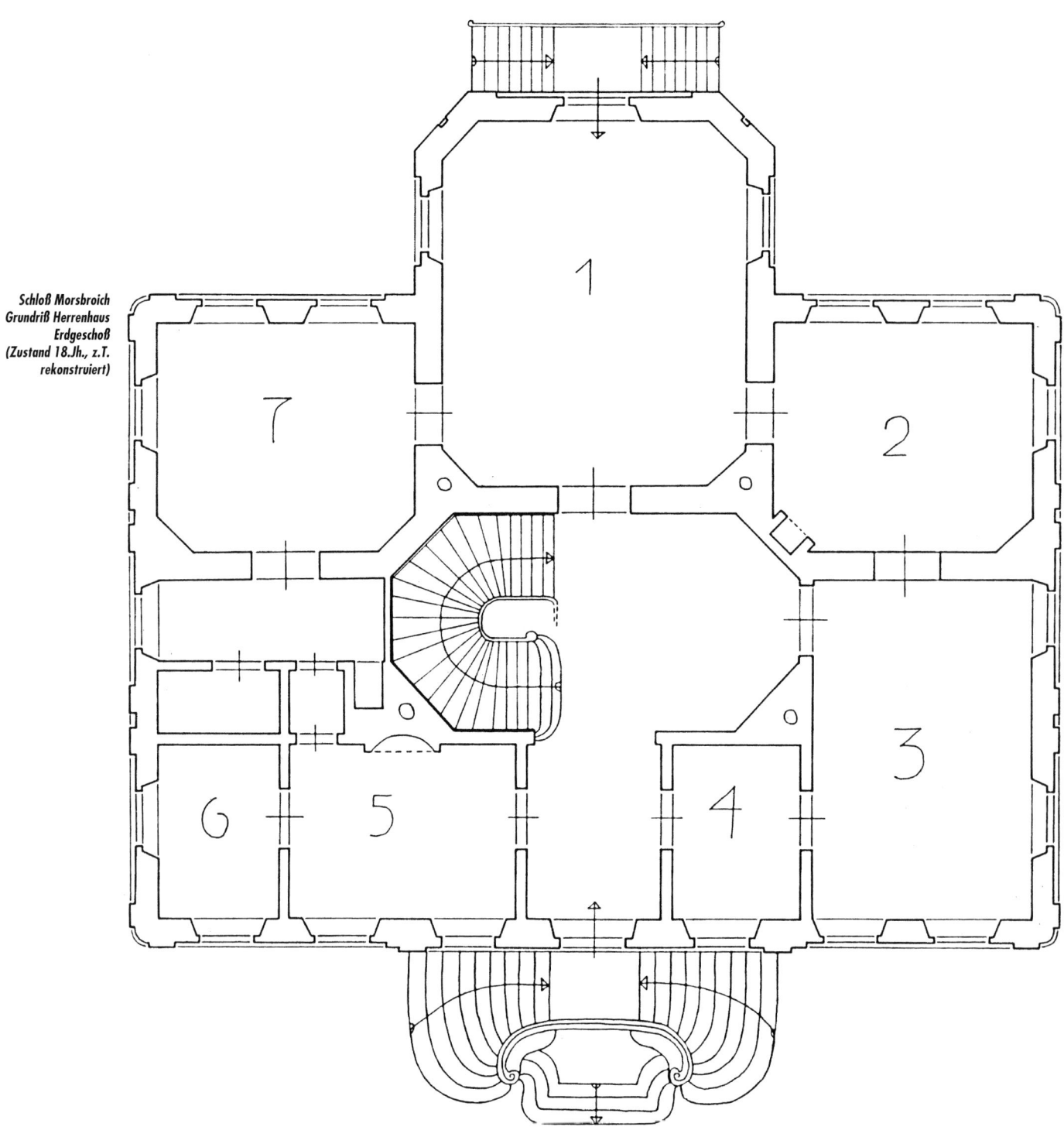

*Schloß Morsbroich
Grundriß Herrenhaus
Erdgeschoß
(Zustand 18.Jh., z.T.
rekonstruiert)*

Nach dem Inventar von 1804 befanden sich außer dem Bett und Schränken noch ein Schreibtisch mit Stühlen in dem Schlafraum; Gemälde schmückten die Wände. In der Nische an der östlichen Zimmerwand stand ein großer Ofen (vermutlich ein Fayenceofen). Wie man sieht, konnte der Raum auch für Wohnzwecke genutzt werden. Bei dem (fensterlosen) kleinen Raum zwischen dem Zimmer des Kammerdieners (Nr. 6) und dem Querflur handelt es sich um die Toilette, „Cabinetgen" genannt. Eine Steinbank mit zwei Stühlen, von denen einer als Nachtstuhl diente, entsprach unmittelbar dem Zweck der verschwiegenen Anlage, während ein Spiegel mit Commode, zwei Barometer und ein ausgestopfter Reiher eher unterhaltenden Charakter haben mochten.

Der Querflur war zum Vestibül hin mit einer Zwischentüre abgeschlossen, so daß der persönliche Intimbereich v. Rolls ungestört bleiben konnte.

Der normale Besucher des Landkomturs v. Roll, wurde nach Betreten der Eingangszone wohl zunächst auf ein Canape im Vestibül komplimentiert. Die Lebensweise v. Rolls in Morsbroich war einfach und vor allem durch die Jagd geprägt. So erklärt es sich, daß den Gast des ländlichen Anwesens bereits hier Vogelkäfige, Barometer und ein Tierbild auf die Interessen des Hausherrn einstimmten.

Das achteckige Vestibül im Zentrum des Hauses bot eine überraschende Raumwirkung. Die Holztreppe mit dem qualitätvollen schmiedeeisernen Gitter wies, wie noch darzulegen ist, Parallelen zu anderen Arbeiten Johann Georg Leydels auf. Leider mußte die Treppe bei dem Museumsumbau vor 1985 entfernt werden.[151] Ausgezeichnet durch seine Lage auf der Hauptachse des Gebäudes und zudem gartenwärts als Mittelrisalit aus der Bauflucht herausgehoben, bildete der „Große Schreibsaal" (Raum Nr.1) den der Repräsentation dienenden Raum. Die Funktion als Schreibsaal ist für die Salle du Jardin im Verständnis einer Maison de Plaisance völlig untypisch. Hier wird deutlich, daß es sich bei dem Hausherrn um einen im Zölibat lebenden geistlichen Ordensritter handelt, dessen einzige Leidenschaft die Jagd war. In der Regel fanden im Gartensaal eines Rokokobaues gesellschaftliche Ereignisse statt, bei denen Musik und Tanz einen markanten Stellenwert innehatten. Gleichwohl war der Gartensaal in Morsbroich keine karge Schreibstube. Im Zusammenhang mit den Plünderungen durch Angehörige der französischen Armee im Jahre 1795 erfahren wir aus dem Bericht von Sekretär Linden Erfreulicheres.[152]

Demnach war der Raum durch große Spiegel und fest mit der Wand verbundenen Porträtgemälden sowie Tapeten (wohl auf Leinwände gemalte Dekorationsstücke) belebt. Öfen (vermutlich Quintöfen aus Eisenguß)[153] sorgten für behaglich Wärme. Die Gemälde stellten Angehörige des Kaiserhauses dar (Maria Theresia u. Kaiser Joseph II.), den preußischen König Friedrich II., Angehörige der bayrischen Wittelsbacher sowie den Landkomtur Frhr. v. Droste.[154]

Gemälde zierten auch das Eßzimmer (Nr. 7) neben dem Gartensaal. Nachgewiesen sind Porträts des Landesherrn Karl Theodor von Pfalz-Neuburg und seiner Gattin. Über den beiden Türen befanden sich als Supraporten sogenannte „Küchenstücke" (vermutlich Wildbret Stilleben). Die Wände waren mit blauen und weißen Delfter Kacheln belegt – zweifellos eine Reminiszenz an Schloß Falkenlust oder Schloß Augustusburg in Brühl.[155]

Südlich vom Gartensaal lag, in symmetrischer Entsprechung zum Speiseraum, ein Kabinett (Nr. 2); die Wände waren mit Gemälden bestückt; Tischchen, Stühle und Canape luden zum Verweilen. Für das Kabinett ist ein Marmorkamin nachgewiesen, der sich bis in die neueste Zeit erhalten hat. Das stilistisch bemerkenswerte Objekt wird uns weiter unten noch beschäftigen.

Vom Kabinett aus gelangte man in das benachbarte große Spielzimmer (Nr. 3). Zwei mit Wachstuch überzogene Spieltische luden zum Zeitvertreib nach den Mahlzeiten oder an langen Winterabenden ein; der „Große Ofen" sowie ein Lüster, „von Muscheln gebildet", verweisen auf solch gesellige Abende.

Spieltische belegten auch das kleine Zimmer (Nr. 4) neben dem Entree. Hier mochte sich wohl ursprünglich die Loge des Sommeliers (= Beschließer) befunden haben, doch der in bescheidener Zurückgezogenheit lebende v. Roll beschränkte sich auf wenig Personal.

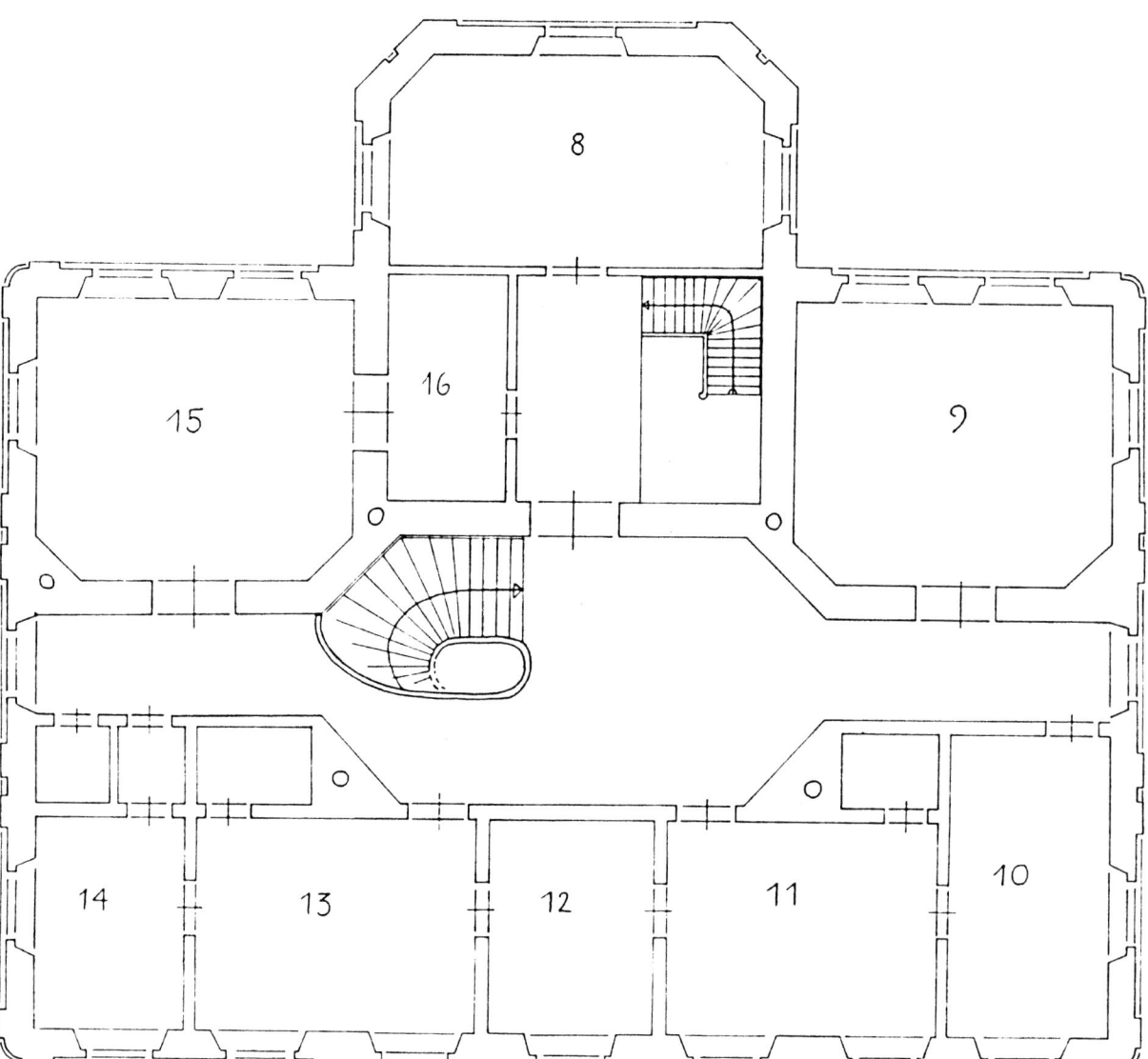

Sein Faible für die Jagd durchdrang das ganze Haus. So wundert man sich auch schon nicht mehr, daß im Inventar von 1804 für die beiden Spielzimmer (Nr. 3 u. 4) über 30 Glasvitrinen mit ausgestopften Vögeln aufgelistet werden.

Zur Unterbringung von Gästen bot das 1. Obergeschoß den nötigen Raum. Hofseitig bildeten die Räume Nr. 10/11 und Nr. 13/14 jeweils ein kleines Gästeappartement mit beheizbarem Wohnraum (Nr. 11 und 13) und danebenliegendem Schlafzimmer. Die fensterlosen kleinen Kammern dienten als Toiletten. Alle Zimmer waren mit Gemälden bestückt (Herrscherporträts, aber auch Jagdstücke und ländliche Genrebilder). Die Besonderheit der westlichen Zimmerflucht stellt der mittlere Raum dar (Nr. 12), der als „Hauskapelle" ausgewiesen ist. Der Altar mit Tabernakel und Kruzifix nahm die Wand zum Vestibül

hin ein, flankiert von zwei Ecktischchen. Zwei Kniebänke boten den Gästen und dem Hauspersonal Platz, während der geistliche Hausherr wohl die Messe las.

Bemerkenswert ist die Lage des Altars auf der zentralen Achse des Hauses. Der Raum (Nr. 8) in der Verlängerung dieser Achse nach Osten wies jedoch einen wesentlich profaneren Charakter auf: Hier befand sich das sogenannte „Billiardzimmer" mit Billardtisch und weiteren Accessoires, die den Aufenthalt angenehm gestalteten.

Der große südliche Eckraum (Nr. 9) wurde „Bayrisches Zimmer" genannt. Fayencen in den blau-weißen Farben der Wittelsbacher sowie neun Porträts dieser Familie, mit denen die v. Rolls seit Jahrzehnten freundschaftlich verbunden waren, machten die Namensgebung auch optisch deutlich. Die Reminiszenzen an die

Zeit am kurkölnischen Hofe in enger Verbindung zu dem Wittelsbacher Clemens August wurden hier durch den ehemaligen Obristfalkenmeister Ignaz Felix von Roll in einer Art Gedenkstätte konserviert. Dieses Faktum stützt die Hypothese, daß Schloß Morsbroich in einigen Formbeständen eine nostalgische Rückbesinnung auf kurkölnische Bauten der Schlaun-Ära darstellt.

Auf der Nordseite des 1. Obergeschosses lag, in symmetrischer Entsprechung zum „Bayrischen Zimmer", das sogenannte „Pferdszimmer" (Nr. 15). Der Name beruht nicht auf einer Variante der Kölner Richmodis-Sage,[156] vielmehr bildeten 16 Pferdedarstellungen die Ursache für die Bezeichnung. Pferde spielten im Leben des jagdversessenen Landkomturs zweifellos eine große Rolle. Die Parforcejagden im Kottenforst unter seiner Leitung wurden bereits erwähnt; ob v. Roll in seinen Morsbroicher Jagdrevieren ähnliche Hetzjagden veranstaltete, darf bezweifelt werden.

Doch zurück zur Raumdisposition des Herrenhauses: Wegen des kompakten Grundrisses hatte J. G. Leydel den Treppenaufgang zum Dachgeschoß aus der Hauptverkehrsfläche herausgezogen und in die Fläche über dem Gartensaal verlegt. Die schlichte Ausführung der Stiege war mit der Tatsache zu begründen, daß diese in der Regel nur vom Personal genutzt wurde.

Für das Dachgeschoß des Herrenhauses sind lediglich zwei Mägdezimmer nachgewiesen. Die übrigen Räume waren hier – mit Ausnahme eines Speicherraumes – auch noch als Gästezimmer mit Schlafgelegenheit und Schreibtisch vorgesehen. Wasserkanne und Waschschüssel sowie ein Nachtgeschirr (alles feinste Fayence-Arbeiten) ersparten den Gästen unbequeme nächtliche Wege in den 1. Stock. Außerdem verfügten diese Räume – im Gegensatz zu den Bedienstetenkammmern – noch über Ofenheizung. Der obere Verbindungsflur war mit Gemälden und Kupferstichen dekoriert (Motive: Jagdbilder und Englische Rennpferde).

Stilistische Wertung der Rokokoanlage

*Schloß Morsbroich
Eingang Herrenhaus*

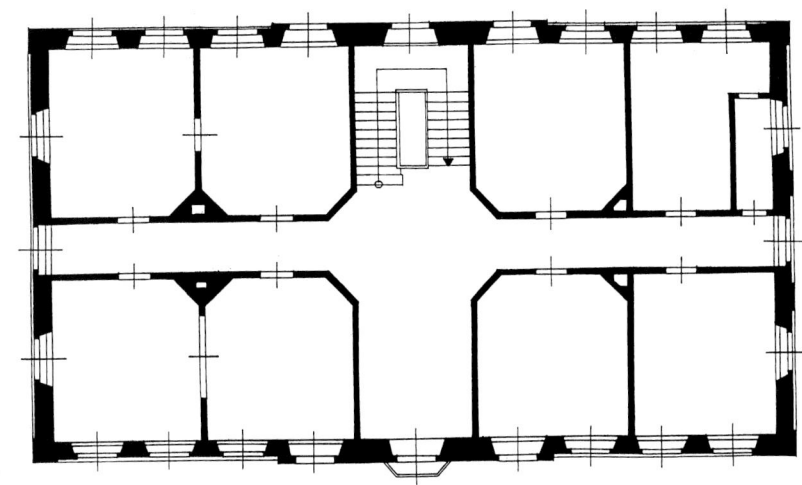

Die Raumdisposition des Herrenhauses von Morsbroich weist im Grundriß in der Tendenz eine strenge Symmetrie auf; abgewichen wird von dem Regelsystem nur da, wo es die commodité erfordert. Die ungewöhnliche Plazierung und Anordnung der persönlichen Zimmerflucht des Hausherrn im Erdgeschoß (Räume Nr. 5/6) sprengen das sorgfältig austarierte Gleichgewicht der Flächenaufteilung. Dennoch findet sich hier immerhin noch das Gestaltungsmerkmal der Enfilade (Folge von Fenster- und Türöffnungen in einer Achse). Die konsequenteste Einzellösung in dem zutage tretenden formalen Regelwerk bildet das achteckige Vestibül. Vorbilder für Bauten auf oktogonalem Grundriß finden sich in der Antike.[157] Achteckig sind auch seit alters in der Regel die Baptisterien (Taufkapellen), deren formale Symbolik über die mittelalterlichen Bauhütten in das Gedankengut der Freimaurer Zugang fand. Die Zahl Acht gilt bereits in den Frühkulturen als bedeutsam.[158] Baptisterien waren zumeist Johannes dem Täufer geweiht; er gilt seit Jahrhunderten als Schutzpatron der Steinmetzgilden und der ihnen angeschlossenen Bruderschaften wie den Freimaurern.[159] Für die Zeit von 1775 – 77 wird J. G. Leydel als Mitglied der Kölner Loge „Secret des trois Rois" aufgeführt.[160] Ob der Bauherr v. Roll dem Gedankengut der Freimaurer zuneigte, ist nicht belegt. Jedenfalls wendet der Architekt J. G. Leydel das Oktogon-Motiv um 1775 und später auch an anderen Objekten an. Hervorzuheben ist die Ev. Pfarrkirche in Bergisch-Gladbach (1776 – 1777) mit einem Betsaal aus acht gleichen Seiten.[161] Das queroblonge Achteck in Verbindung mit einem Querflur in der Längsachse von Wohnhausbauten finden wir im 1. Obergeschoß des katholischen Pfarrhauses zu Ahrweiler (1773 – 1774) [162] sowie im 1. Obergeschoß des Hauses Kölner Str. 23 in Solingen (um 1784) [163].

Diese spezielle Form der Gebäudeerschließung ist offenbar eine Invention J. G. Leydels, der in seinen Bauten der 1750er Jahre den Querflur noch ohne zentrales Oktogon einsetzt.[164] Wenn sich in einem ländlichen Adelssitz sowie in Bürgerhäusern vergleichbare Grundrißelemente von dem genannten architektonischen Stellenwert finden, so deutet dies auf einen Prozeß der Annäherung zwischen Adel und Bürgertum hin. Schloß Morsbroich befindet sich in bauhistorischer Hinsicht auf dem

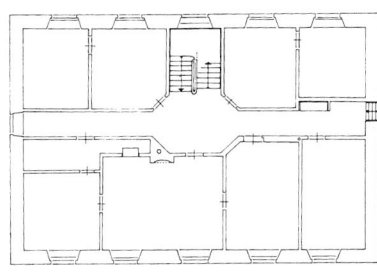
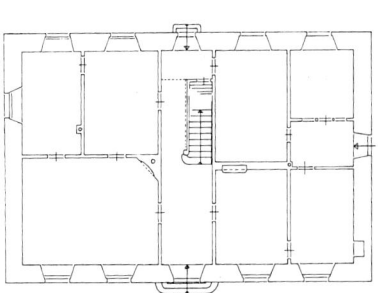

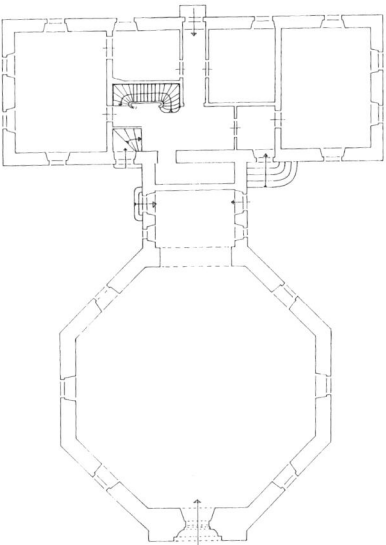

links:
Schloß Morsbroich
Marmorkamin (1774)

rechts:
Schloß Augustusburg,
Brühl,
Kamin vom
Sommerspeisesaal

Kaminentwurf
(wohl J.G. Leydel um
1745)

Wege zur bürgerlichen Villa. Obwohl das Vestibül durch seine Achteckform eine strenge Grundrißkonzeption aufweist, war der ursprüngliche Raumeindruck eher heiter. Die geschickt eingefügte Holztreppe wurde nämlich durch ein spielerisch leichtes Treppengitter aus Schmiedeeisen belebt. Das circa 74 cm hohe Gitter zeigte trotz Beschränkung auf C- und S-förmige Teilstücke großen Einfallsreichtum sowie einen flüssigen Formverlauf in aufsteigender (bzw. abfallender) Bewegungsrichtung.

J. G. Leydel hatte ein Faible für diese Kunstrichtung entwickelt. Er arbeitete mit Kunstschmieden zusammen, die an Bauten des kurkölnischen Hofes und seinem Einflußbereich geschult waren. Zu dem in Poppelsdorf bei Bonn lebenden Hofhandwerker Conradt Martin Marrer unterhielt J. G. Leydel persönliche und berufliche Kontakte.[165] Eine Zusammenarbeit seit den 1750er Jahren ist wahrscheinlich, jedoch lediglich für den Bau von Burg Miel in den Jahren 1769/70 nachgewiesen.[166] Die hier gefertigten Gitter der Hauptstiege und am Balkon haben sich glücklicherweise erhalten. In stilistischer Hinsicht stehen vor allem die schmiedeeisernen Gitter an einem Mülheimer Bürgerhaus denen von Schloß Morsbroich nahe. Angesprochen ist das um 1775 von Leydel für den Kaufmann Heinrich Theodor Schütte [167] errichtete Wohn-/Geschäftshaus Freiheit 119. Dieses parallel zu Morsbroich entstandene Bürgerhaus ist in etlichen Formbeständen vergleichbar. Das Treppenhausgitter ist formverwandt, die Fenstergitter sogar formidentisch (Abb. S. 64). Da bei den Fenstergittern auch die Größenverhältnisse gleich sind, kann man davon ausgehen, daß bei etlichen Gewerken der Leydel-Bauten Tendenzen zur Standardisierung angestrebt wurden. Von beachtlicher künstlerischer Souveränität zeugen die Gitter der Treppe am Herrenhaus von Morsbroich. Hier gelingt es J. G. Leydel, das vorgegebene Emblem im Mittelfeld (gemeint ist das Deutschordenskreuz mit den seitlich angeordneten Buchstaben R und L für Ignaz Liber (Baron de) Roll, d.h. Ignaz Freiherr von Roll, in eine sehr freie Komposition bei den aufsteigenden Feldern übergehen zu lassen. Für diese kalligraphisch-elegante Lösung eines Treppengitters sind weder direkte Vorbilder noch Parallelen bekannt.

Von der ehedem reichen Innenausstattung des Rokokobaues Schloß Morsbroich hat nicht sehr viel die Stürme der Zeiten überdauert. Eines der wenigen Relikte ist ein Marmorkamin aus dem Kabinett im Erdgeschoß (Raum Nr. 2).[168] Der Kamin weist eine einfache, fast schon klassizistische Formensprache auf. Charakteristisch ist der kräftig profilierte Korbbogen, der unmittelbar auf dem Kämpfergesims angesetzt und in zwei parallel geführten Wülsten den Feuerraum überspannt. Es besteht eine große stilistische Übereinstimmung mit einer undatierten Entwurfszeichnung aus dem 18. Jahrhundert, die sich im Besitz des Denkmalpflegeamtes befindet.[169] Eben diese Zeichnung muß auch dem „Marmelierer" vorgelegen haben, der den Kamin aus Lahnmarmor im ehemaligen Sommerspeisesaal von Schloß Augustusburg in Brühl fertigte (Abb. links oben). Kurfürst Clemens August pflegte hier in der warmen Jahreszeit mit Gefolge und Gästen seine Mahlzeiten einzunehmen. Als langjähriger Vertrauter des Kurfürsten hatte Ignaz Felix v. Roll hier häufig verweilt. Bei der um 1745 erfolgten Ausstattung des Raumes[170] scheint auch Joh. Georg Leydel zum Zuge gekommen zu sein, der zu dieser Zeit als Mitarbeiter Balthasar Neumanns nach Bonn gelangt war und zunächst als Bildhauer und Dessinateur arbeitete.[171] Die genannte Entwurfszeichnung, nach der die Kamine in Brühl und Morsbroich (mit jeweils leichten Formvariationen) gefertigt wurden, dürfte also um 1745 entstanden sein. Für die Urheberschaft J. G. Leydels spricht noch folgendes Faktum: Auf gleichem Blatt ist von derselben Hand ein Alternativentwurf gezeichnet, dem in Bleistiftschrift genaue Anweisungen zur Ausführung und Montage hinzugefügt sind. Dieser in deutscher Sprache hingesetzte Vermerk hat in seinem Schriftbild eine signifikante Übereinstimmung mit J. G. Leydels Handschrift.[172] Mit dem Rückgriff auf einen Entwurf der 1740er Jahre und das räumliche Ambiente der Sommerresidenz Augustusburg wird ein Hauch Nostalgie in das 30 Jahre später errichtete Schloß Morsbroich hinübergerettet. Wenn man das freundschaftliche Verhältnis zwischen Kurfürst Clemens August und Ignaz

Ahrweiler
Ehem. Stadtwache

Allersberg
Haus Gilardi
(Gabriel de Gabrieli
1723-28)

oben links:
Köln-Mülheim
Haus Freiheit 119
(Zustand vor 1943)

beide oben rechts:
Hs Freiheit 119
(Zustand 1994)

unten:
Schloß Morsbroich
Fenstergitter Erdgeschoß

Nürnberg kennengelernt, wo der aus Norditalien stammende Architekt Gabriel de Gabrieli tätig geworden war.[173]

Für J. G. Leydel hat dieses architektonische Motiv in Verbindung mit rahmenden Lisenen und einem Gurtgesims Bestand bis in seine klassizistische Phase. Die parallel zu Morsbroich errichtete ehemalige Stadtwache zu Ahrweiler (1774 – 75) zeigt dies recht deutlich (Abb. S. 63). [174] Selbst J. G. Leydels Sohn Michael (II), der in den Jahren 1767-70 an der Brüsseler Akademie eine klassizistische Schulung erfuhr,[175] verwendet noch gelegentlich dieses charakteristische Motiv.[176] Ein weiteres Leitmotiv für J. G. Leydels Architekturauffassung stellt die geschweifte Form von Fenster- und Türstürzen dar. Auch hier ergibt sich die gleiche Provenienz wie bei dem Motiv „abgerundete Ecke". Archivalisch für J. G. Leydel nachgewiesene Bauten mit diesem Formbestand sind:

Gartenhaus Andreae in Mülheim/Rhein (um 1760);[177]
Wohn-/Geschäftshaus Boullé in Zündorf (1762-65);[178]
Samt- und Seidenfabrik Andreae in Mülheim/Rhein (1765-66);[179]
Burg Miel (1768-70); Schloß Morsbroich (1773-75);
Hs. Freiheit 119, Mülheim/Rh. (um 1775);
Pfarrhaus der Ev. Pfarrkirche in Bergisch Gladbach (1776-77).

Am Herrenhaus von Morsbroich verblüfft bei den Fenstern der Formenwechsel von der Erdgeschoßzone zum 1. Obergeschoß. Während unten die tradierte Rokokoform mit dem geschweiften Sturz den Charakter der Fassadengestaltung bestimmt, zeigen sich oben nüchterne klassizistische Formen. Die direkte Verbindung vom Erdgeschoß zum Gartenparterre erklärt wohl die Verwendung jener beschwingteren Formen für Fenster und Portal, die in der Regel für Gartenhäuser und ländliche Bauten Verwendung fanden. An der Hofseite stört der mit dem Erweiterungsbau von 1885 angefügte Balkon die angestrebte Wirkung; im Aufgehenden der Gartenseite jedoch wird die künstlerische Absicht Leydels deutlich. Hier gelingt ihm der Einbezug von „Zitaten" tradierter Formbestände wie Mansarddach,

Felix v. Roll in diesen noch durchweg ungetrübten Jahren des Rokoko-Kleinstaates berücksichtigt, so wird v. Rolls liebevolle Aufnahme tradierter Stilformen für seinen „Altersruhesitz" verständlich. Gleichwohl sei wertend hervorgehoben, daß die klassizistische Note des Kamins wie auch andere bauliche Details einen stilistisch schlüssigen Gesamteindruck hervorrufen, der um 1775 auf der Höhe der Zeit liegt.

Auch im Außenbereich zeigen sich Formbestände, die z. T. eine Traditionslinie fortsetzen, z. T. jedoch eine Neufindung im Sinne des Frühklassizismus darstellen. Für J. G. Leydel ist diese Stilmischung charakteristisch und man darf feststellen, daß er zu schlüssigen Lösungen kommt. Als stilistische Merkmale seien z. B. die abgerundeten Ecken des Herrenhauses hervorgehoben. Dieses Motiv wurde in Italien entwickelt und später von Johann Conrad Schlaun in die rheinische und westfälische Architektur einbezogen. J. G. Leydel zeigt zwar eine starke Affinität zu Schlaun, hat das Motiv jedoch bereits in seiner Heimatregion bei

Schleppgaube, geschweifte Tür- und Fensterstürze in einen straffen klassizistischen Gesamtkontext.

Diese stilistische Intention verbindet Morsbroich mit dem Mülheimer Bürgerhaus Freiheit 119. Anordnung und Form der Fenster bis in die Dachzone sind identisch; wie bereits vermerkt, wurden sogar die gleichen Fenstergitter verwendet. Obwohl die Gebäude recht unterschiedliche Funktionen aufwiesen, ist die formale Annäherung in baulichen Details dennoch bemerkenswert. Es besteht offenbar gegen Ende des 18. Jahrhunderts die Tendenz, Wohnhäuser von Bürgern und Adligen einander anzugleichen.

*Porz-Zündorf
ehem. Haus Boullé
(Zustand um 1900)*

Gartenlust

Für einen ländlichen Adelssitz des 18. Jahrhunderts war eine hausnahe Gartenanlage eine Selbstverständlichkeit. Bei größeren wie kleineren Anlagen orientierte man sich an jenen Vorstellungen, die in Versailles auf einen unübertroffenen Stand gebracht worden waren. Hier hatte Ludwig XIV. als Roi soleil die Strahlen seiner Omnipotenz in die Umgebung des Schlosses entsandt und die ungezügelte Natur seinem Machtstreben unterworfen. Als Zentrum der beeindruckenden Raumachsen diente das Schlafzimmer des Potentaten in der Beletage.[180]

Auch in Morsbroich finden wir die Einbindung der Architektur in die Landschaft. Eine zentrale Achse bringt Gebäude und Außenräume zu strenger Symmetrie. Bauherr und Architekt von Morsbroich waren sich jedoch darin einig, in das Zentrum der Bezugsachsen nicht wie bei dem hybriden Sonnenkönig einen intimen Privatraum zu legen. Bezeichnenderweise steht in Schloß Morsbroich der Kapellenraum im Mittelpunkt, – für einen geistlichen Ordensritter als Hausherr zweifelsohne die schicklichere Lösung. Die Gartenanlage am Herrenhaus von Morsbroich war im Prinzip symmetrisch angelegt:[181] Die Cour d'honneur, nach Westen von dem Vorburghof abgetrennt, fand auch zum Garten hin einen Abschluß durch einen geschwungenen Mauerzug auf der Nord- und Südseite des Gebäudes. Den Zugang zum Garten ermöglichten zwei schmiedeeiserne Tore, die analog zum zentralen Zugang auf dem vorgelagerten Ehrenhof gestaltet waren. Insgesamt bildete das Gartengrundstück einen Halbkreis, den eine Buchenhecke über der Böschung des umlaufenden Wassergrabens markierte. Parallel dazu verlief ein Weg. Die übrigen Wege des offenbar plan angelegten Gartengeländes verliefen wohl nicht spiegelsymmetrisch zur mittleren Wegachse. Das Gartenparterre war vermutlich durch Broderien aufgelockert; möglicherweise wurden aber auch einige der von Wegen umsäumten Segmente als Rasenfläche angelegt. Die Eckpunkte wurden durch beschnittene Heister markiert (wahrscheinlich Taxus baccata und/oder Lorbeer), aber auch durch plastische Objekte auf Steinsockeln. Im südlichen Außenbereich vor dem Wassergraben befanden sich Heckenwände (analog zum Brühler Schloßpark z. B. wohl aus beschnittenen Buchen bestehend). Sie bildeten den Übergang zu dem Obst- und Gemüsegarten. Nicht auszuschließen, daß man mit den hohen

Buchenhecken gleichzeitig Wind- und Sichtschutz anstrebte. Die Anlage des Gartens ist wohl ein Gemeinschaftswerk von J. G. Leydel und Peter Joseph Lenné. Während Leydel für die Grundrißgestaltung, die Einfriedigungen wie die Gartenplastik verantwortlich zeichnete, war der kurkölnische Hofgärtner Lenné für die Anpflanzungen zuständig. Zwischen der Familie Leydel und den Familien der Hofgärtner Joseph Clemens Weyhe und Peter Joseph Lenné, die alle in Bonn-Poppelsdorf lebten, bestanden freundschaftliche Beziehungen, die über Jahrzehnte hinweg auch zu geschäftlichen Verbindungen beitrugen.[182] Vor Morsbroich hatte Lenné die Gärten von Burg Miel angelegt.[183] Etwa zehn, fünfzehn Jahre nach Vollendung der Morsbroicher Rokoko-Gartenanlage, die noch dem französischen Stil verpflichtet war, scheint es zu einer Neuorientierung gekommen zu sein. Nach dem Tode des Frhrn v. Roll (24. Juli 1795) erfahren wir im Herbst 1795 von den Arbeiten an einer „Cascade".[184] Die Kaskade, ein künstlicher Wasserfall in der Hauptachse der Gartenanlage, wurde vom Wasser des Mühlenbaches gespeist, der auf dem oberen Niveau in einem Teich aufgestaut wurde. Der Teich hatte sich im Jahre 1795 stark mit „Lett" (= feste lehmige oder tonhaltige Ablagerung) gefüllt, was auf eine jahrelange Nutzung hindeutet. Man schüttete den Stauweiher endgültig zu und bepflanzte ihn; daneben legte man einen neuen Stauweiher für die Kaskade an. Künstliche Wasserfälle galten als Merkmal von Landschaftsgärten nach englischem Vorbild, die als „naturnahe" Park- oder Gartengestaltung die reglementierte französische Auffassung ablösen. Ein weiterer Hinweis vom Februar des Jahres 1796 belegt, daß die Morsbroicher Rokokoanlage mittlerweile zu einem englischen Landschaftsgarten umgewandelt worden war. In einem Schreiben des Sekretärs Reiner Linden an den Landkomtur v. Forstmeister heißt es:[185] „Die Herren Andre und Bertoldi in Mülheim stehen an um einige entbehrliche Stauden und Blumengewächse aus Hochders[elben] englischen Garten...". Am 1. April berichtet Linden: „Die Herren Andre und Bertoldi werde ich, wegen den anverlangten Stauden und Pflanzen, auf ferneres Melden, zufolg gnädigen Auftrags verbescheiden. Herr Hofgärtner Weihen hat sich, um dieselben zu besichtigen, bisherzu noch nicht eingefunden." Joseph Clemens Weyhe war zunächst als kurkölnischer Hofgärtner an Schloß Clemensruh in Poppelsdorf tätig und ab 1786 in Brühl. Der Fabrikant Christoph Andreae und der Brückenpächter Karl Joseph Zacharias Bertoldi aus der bergischen Stadt Mülheim/Rhein gehörten zu den angesehensten und wohlhabendsten Bürgern des Herzogtums Jülich-Berg. Die Arbeiten von Joseph Clemens Weyhe und seinem Sohn Maximilian Friedrich für Bertoldi an den Gartenanlagen der Isenburg nach 1803 sind ausführlich belegt.[186] Neu für die Weyhe-Forschung sind die hier vermerkten früheren Kontakte, aus denen auch eine Urheberschaft Peter Joseph Lennés oder seines Schwagers Joseph Clemens Weyhe an der Umgestaltung der Morsbroicher Anlagen zum Landschaftsgarten gefolgert werden darf. Es handelt sich dabei um die Gartenfläche auf der Insel östlich vom Herrenhaus. Dies ergibt sich aus einer Liegenschaftskarte aus der Zeit um 1823; hier wird der entsprechende Geländekomplex als „Der englische Garten" bezeichnet.[187] Die Abgaben von Pflanzen aus den Morsbroicher Anlagen an die Mülheimer Großbürger erfolgte in einer Zeit, in der durch die Einfälle der Franzosen der Bestand der Deutschordenskommende Morsbroich als Wohnsitz des Komturs gefährdet erschien. Zweifelsohne spielten nun Ziergärten eine geringere Rolle als Nutzgärten. In diesem Sinne rodete man die Buchenhecke um den Hausgarten und forstete damit Waldflächen auf. An die Stelle der Hecke traten nun „hochstämmige junge tragbare Apfel- und Birnbäume".[188] Die Morsbroicher Gartenlust war damit zunächst an einen Endpunkt angelangt. Die Tatsache, daß bereits etliche Jahre vor 1795 der Hausgarten zu einem englischen Landschaftsgarten umgewandelt worden war, hat auch Folgen für die Datierung der Vedoute von Morsbroich, die noch die französische Gartenanlage zeigt. Die Zuordnung auf die Zeit um 1790 erscheint nicht mehr haltbar.[189] Man sollte in diesem Zusammenhang auch berücksichtigen, daß es für den Hausherrn v. Roll schließlich einen triftigen Grund gegeben haben muß, die aufwendige Zeichnung in Auftrag zu geben. Was liegt näher, als hierzu den Abschluß aller Arbeiten nach dem Jahre 1775 zugrundezulegen? Das Verhältnis des Hausherrn von Morsbroich zu seiner Gartenanlage scheint, kritisch gesehen, nicht gerade überschwenglich gewesen zu sein. Man vermißt Gartenhäuser oder verschwiegene „Gartenzimmer" aus Buchenhecken, die einer leichtfertigen Rokokogesellschaft als willkom-

mener Ort zu einem Rendezvous dienten. Es ehrt den geistlichen Ordenskomtur, daß er dieser Form der Gartenlust deutlich entsagte. Die Flächen des Ziergartens liegen vielmehr blank und offen vor aller Augen und verführten bestenfalls zum gemessenen Wandelgang. Die Leidenschaft des Freiherrn v. Roll galt denn auch weniger dem Gartenvergnügen als der Jagd. Von seiner topographischen Lage her eignete sich das Morsbroicher Revier hervorragend dazu. Der Wechsel von Hochwald, Buschwerk, Heide, Gewässer, Äcker und Weiden bot günstige Bedingungen, die dem passionierten Nimrod v. Roll zweifellos dazu bewogen hatten, hier seinen Alterssitz einzurichten. Auf einer Limitenbegehung (= Grenzbegehung) im Jahre 1719 wurde das Territorium der Morsbroicher Jagdgerechtigkeit in zwei Tagen mit ortsansässigen Zeugen abgeschritten.[190] Das Revier reichte, vereinfacht gesagt, im Westen bis zum Rhein und erstreckte sich hier von Stammheim bis zur Dünnmündung; die Dünn aufwärts waren Teile der Opladener Büsche einbezogen; im Osten war die Jagdherrlichkeit bei Fettehenne beendet. Der Verlauf der Grenze von hier nach Südwesten über das Dünntal durch den Königsforst bis zum Kloster Dünnwald war offenbar nicht so eindeutig, wie es uns der Limitengang glauben machen will. In diesem bedeutendsten Teile des Reviers prallten die Interessen der Jagdberechtigten von Burg Strauweiler bei Odenthal und Haus Haan (heute in Köln-Dünnwald) häufig genug aufeinander, zumal wenn das Wild sich bei der Bejagung nicht an die Grenzsteine halten wollte. Von Jagdstreitigkeiten zwischen dem Landkomtur Frhr v. Droste zu Morsbroich und Frhr. v. Wolff-Metternich zur Gracht, Besitzer von Burg Strauweiler, zeugt ein entsprechender Aktenbestand, auf den hier nicht näher eingegangen werden kann.[191] Der passionierte Waidmann v. Roll, von dessen jugendlichen Eskapaden auf diesem Gebiet bereits die Rede war, bevorzugte in Morsbroich offenbar eine geruhsamere Gangart. Symbolträchtig hatte Frhr v. Roll einen Teil der von J. G. Leydel umgebauten Vorburg mit dem Namen „Hubertusburg" belegt. Es handelt sich um die beiden südöstlichen Gebäudeeinheiten der Vorburg. Der Name „Hubertusburg" scheint einem Einfall v. Rolls entsprungen zu sein. Das Vorbild dazu könnte jenes berühmte Schloß Hubertusburg sein, in dem das Ende des Siebenjährigen Krieges zwischen Österreich, Sachsen

*Schloß Miel
Wandbild im Gartensaal
(Ausschnitt)*

und Preußen im Jahre 1763 besiegelt wurde. In einem 1757 herausgegebenen Lexikon wird das Schloß wie folgt beschrieben:[192]

„Hubertusburg, ein prächtiges Lust- und Jagd-Haus im Meißnischen Kreise, fünf Meilen von Leipzig und acht Meilen von Dresden. Jetzt regierende Königliche Majestät von Polen haben solches noch als Königlicher Printz erbauen, und durch den daran gelegenen Wald angenehme Alleen durchhauen lassen, finden auch noch jetzo Belieben, sich zum öfteren allda mit der Jagd zu erlustigen. Das Dorf hat sonst Wernsdorf geheißen."

Von Belang für die Namensgebung wird auch die Verehrung des Hl. Hubertus gewesen sein. Dieser erste Bischof von Lüttich (ab 716) wurde durch seine Missionstätigkeit in den wildreichen Wäldern der Ardennen bekannt. In Darstellungen des Spätmittelalters bis zum 18. Jahrhundert wird er gerne als Jäger mit Hifthorn, Hirschfänger und Schwert, von Hunden umgeben, dargestellt. Er kniet dabei vor einem Hirsch, dem, Wunder Gottes -, im Geweih ein Kruzifix erwächst.[193] Frhr. v. Roll war in seiner Kurkölner Zeit Mitglied des „Jagdordens von der Gütigkeit" geworden. Sitz dieser ritterlichen Gemeinschaft wurde die im Jahre 1740 eingeweihte Kapelle von Röttgen im Kottenforst bei Bonn.[194] Diese heute noch bestehende Kapelle war den Jagdheiligen Venantius und Hubertus geweiht. Ganz in der Nähe befindet sich das 1746 durch Ignaz Felix v. Roll gestiftete Jagdkreuz. Eine „Hubertusburg" befand sich auch bei Schloß Augustusburg in Brühl. Um 1740 hatte Kurfürst Clemens August nordwestlich der Wirtschaftsgebäude einen zweigeschossigen Winkelbau errichten lassen, der dem Jagdpersonal Unterkunft bot und als Magazin für Jagd- und Fischereigeräte diente.[194a] In stilistischer Hinsicht gibt es zu den Vorburggebäuden von Morsbroich jedoch keine Parallelen; lediglich die Nutzung ist vergleichbar. Wie man sieht, gab es mehrere Anlässe für den geistlichen Jäger, einen Gebäudeteil seiner Morsbroicher Besitzung mit dem Namen „Hubertusburg" zu belegen. Die Nutzung dieses Vorburgkomplexes war recht simpel und pragmatisch: Im Inventar vom Jahre 1804 finden wir die Auflistung der Zimmerfolge mit der jeweiligen Ausstattung.[195] Bei dem vorderen fünfachsigen Eckbau handelt es sich um einen Neubau aus der Zeit um 1774. Er war unterkellert und wies einen symmetrischen Grundriß mit vier Zimmern auf. In einem Raum lebte und arbeitete der Sekretär Reiner Linden. Neben dem Bett standen Schreibpult und Tisch, in der Ecke befand sich ein sogennanter Quintofen (Eisenofen auf Füßen, mit einem Rohr versehen). Fünf kleine Stilleben „mit darauf gemahltem Obst" bildete den einzigen Zimmerschmuck in der gesamten „Hubertusburg". Im gleichen Gebäude lebte ein Bediensteter und der Jäger Bernhard. Im danebenliegenden Gebäude lag u. a. das Wohn-/Schlafzimmer des Gärtners. Alle Räume waren nur mit dem Nötigsten ausgestattet (Bett, einfacher Schrank, Tischchen, evtl. noch Schreibpult und Quintofen). Die Bettladen waren aus Eichenholz, die sonstigen Möbel aus Tannenholz geschreinert und in der Regel farbig gefaßt. Als Beispiel einer Zimmerausstattung sei aufgeführt:

„Ein grün angestrichene eichene Bettlade, ein tannenes braun angestrichenes Schreibpult mit drei Auszügen, und mit einem Aufsatz – beschädigt. Ein dito blau angestrichenes hohes Schank mit zwei Thüren. Ein Quintofen mit eisernem Fuß und Pfeife."

69

Anekdotisches

Hirschjagd

Über die alltäglichen Lebensverhältnisse des Freiherrn Ignaz Felix v. Roll während seiner letzten 20 Lebensjahre auf Schloß Morsbroich ist kaum etwas bekannt. Um so üppiger mochte die Phantasie der Landbewohner wuchern, wenn man sich in Spinnstuben oder Wirtshäusern von tatsächlichen oder erfundenen Jagdabenteuern berichtete. Als Grundherr und Jagdliebhaber war v. Roll bei den Bauern im Umkreis von Morsbroich schon wegen der Wildschäden oder Brüchtenstrafen für Holzdiebstahl unbeliebt. Um so ätzender der Spott in den Dönkes der Dörfler bei Bier und Branntwein, die man sich über den geistlichen Herrn erzählte. Die Gebrüder Vincenz und Wilhelm von Zuccalmaglio haben einige dem Volksmund abgelauscht und in eine literarische Form gegossen[196]. Im Folgenden werden zwei dieser sarkastischen Anekdoten wiedergegeben:

„Von dem Deutschordens-Comthur Freiherrn von Roll zu Morsbruch wurden früher gar viele spaßhafte Andecdoten erzählt. Er war der Ordensmeister der Balley Coblenz, zu welcher Strunden, die Grafschaft Morsbruch und auf dem linken Rheinufer unter anderm auch die Herrschaft Elsen gehörte. Herr von Roll hatte früher auf dem Schlosse Elsen gewohnt, weil ihm dies aber zu düster und alterthümlich geworden, auch die Umgegend seiner Jagdlust keine so manichfaltige Beute darbot, wie die herrliche Waldlandschaft auf dem rechten Rheinufer, so hatte er sich zu Morsbruch ein gar feines Schloß in neuerem Baustyl errichtet, dessen Umgebung mit schönen Parken, Gärten und Wasserkünsten nach dem Muster der brühler Schloßanlagen geschmückt, und lebte in seiner Weise herrlich und in Freuden. Wie alle Ritter des Deutschordens war er ein geistlicher Herr, unvermählt und ohne alle andere Obliegenheit, als täglich eine Messe zu lesen und einige Gebete zu sprechen. Ursprünglich hatte der Orden einen kriegerischen Zweck, die Bekämpfung der Feinde der Christenheit, die Befreiung des heiligen Grabes und die gewaltsame Bekehrung der Heiden im Norden von Deutschland mit Feuer und Schwert. Das war aber durch veränderte Zeitverhältnisse außer Uebung gekommen, und die Ordensritter hatten gar nichts mehr zu thun, als ihrer Würde zu leben

und die reichen Pfründen auf die ihnen meist zusagende Weise zu verzehren. Der Herr von Roll hatte große Baulust, und als er damit fertig war, wußte er die Langeweile durch Feste und Besuche, durch Jagd und allerlei Schnurren zu vertreiben. Was nun nach seiner Ansicht Merkwürdiges und Spaßhaftes in seiner Umgebung vorfiel, das ließ er in seinem neuen Schlosse zu Morsbruch an die Wand malen, und alle Säle und Wohnstuben wurden damit geschmückt, womit denn viele Jahre hindurch die Maler beschäftigt waren. Die von ihm aufgeführten Späße und Witze waren eigner Art. So hatte er unter anderm häufigen Besuch von Bettelmönchen, die seiner reichbesetzten Tafel und seinem vortrefflichen Weinkeller tapfer zusprachen, was ihm für die Dauer lästig wurde. Um diese ihn langweilenden Herren los zu werden, ließ er einen Esel schlachten und auf alle mögliche Weise als Hirsch-, Reh- und Rinderbraten zubereiten. Als sich die leckeren Mönche daran weidlich gütlich gethan, auch der Flasche, wie sie gewohnt waren, tapfer zugesprochen hatten, da gab er ihnen zu rathen auf, von welchem Geschöpfe die genossenen Fleischspeisen gewesen. Da riethen die Herren auf Reh und Rind, auf Hirsch und Hammel. Da ließ er aber den langohrigen Kopf und die Haut des geschlachteten Esels ihnen vorbringen und war boshaft genug, ihnen zu sagen, daß sie mit dem Esel ihres Gleichen verzehrt. Da hatte der Herr von Roll seine Freude an der Verlegenheit, am Ekel und Aerger der Mönche, und hatte seinen Zweck damit erreicht, daß ihr kostspieliger Besuch ihn nie wieder belästigte. Die Begebenheit wurde auch auf die Wand gemalt neben dem Jagdabenteuer des Herrn von Welter in Köln, der mit ihm auf der Hirschjagd im Isholze einen angeschossenen Hirsch abfangen wollte, wobei aber der Gewehrriemen des Jägers sich in das Geweih des nur betäubt aufspringenden Thieres verwickelte, das mit der Jagdflinte fortlief, so daß Herr von Welter das traurige Nachsehen hatte und für lange Zeit die Zielscheibe des Spottes blieb, was denn im Bilde auf der Wand zu sehen war.

Der Komthur hielt eine große Menge Hunde von allen Arten: Dachshunde, Hühnerhunde, Bracken und große

Geflügeljagd
(Michael Willmann)

Schweißhunde zu Dutzenden. Diese wurden gar gut gefüttert und vorzüglich dressirt. Bei der Abrichtung war das Eigenthümliche, daß der Komthur es mit der Hetzpeitsche unnachsichtlich und nachdrücklich bestrafte, wenn einem Hunde ein Leibeswind hörbar entfahren. War dann bei Vernehmung des Schalles der Thäter nicht zu ermitteln, so wurde die ganze Meute sofort fürchterlich durchgeprügelt, bis alle mit Geheul davon liefen ins Freie. Gewöhnlich lagen die Hunde im Vorzimmer, wenn der Herr zu Hause in seinem Prunkgemache sich befand.

Da kam auch einmal ein Herr von Dingskirchen, ein vornehmer, wohlbeleibter Herr nach Morsbruch, wo er dem Herrn Komthur seine Aufwartung machen wollte. Er wurde angemeldet, mußte aber in dem Vorzimmer noch eine Weile warten. Dort lagen einige Dutzend große und kleine Hunde hinter dem Ofen und unter den Tischen umher in träger Ruhe. Der dicke besuchende Herr hatte sich unter ihnen auf einem Sessel niedergelassen, als ein ihm Ton entfuhr, den in anständiger Gesellschaft hören zu lassen oder auch nur mit Namen zu nennen für höchst unschicklich gilt.

Der Herr Dingskirchen aber beachtete die Gesellschaft der Hunde nicht und wurde dafür in nicht geahnter Weise bestraft. Jeder Hund meinte, seinem Mithunde sei der knallende Ton entfahren und alle wollten in's Freie, da sie in strenger Dressur sonst der gründlichsten Durchprügelung

gewöhnt waren. Weil aber die Thüren und Fenster geschlossen, so sprangen ein paar Dachshunde durch die Fensterscheiben, daß das klirrende Glas umherflog. Die größeren Hunde sprangen nach, vermochten jedoch die Rahmen der kleinen Scheiben nicht zu durchbrechen und kollerten von Glassplittern verwundet blutend zurück. Da begann in der Stube ein Durcheinander, ein Geheul und Getöse mit Umherrennen, Aufspringen und Untereinanderbeißen, als ob der jüngste Tag angebrochen. Der Herr Veranlasser des Tumultes, mit dessen Ursache unbekannt, entfärbt sich vor Schrecken, glaubt, die Hunde seien plötzlich alle rasend geworden, will auf einen Tisch springen, der durch sein Umschlagen den Lärm vermehrt. Da geht die Thüre auf und der Herr von Roll genießt einer Augenweide, die so recht nach seinem Geschmacke. Er wußte sich den ganzen Hergang ohne Nachfrage zu erklären und hatte nichts Eiligeres zu thun, als den Maler herbeizurufen, daß er Ansicht nahm von dem Helden des Tages, auf daß derselbe zum Wandschmucke verwandt würde."

Schwere Zeiten für Schloß Morsbroich

Karikatur zur
Franzosenherrschaft
(1796)

In seinen Taten malt sich der Mensch, und welche Gestalt ist es, die sich in dem Drama der jetzigen Zeit abbildet! Hier Verwilderung, dort Erschlaffung: die zwei Äußersten des menschlichen Verfalls, und beide in einem Zeitraum vereinigt!

In den niedern und zahlreichern Klassen stellen sich uns rohe gesetzlose Triebe dar, die sich nach aufgelöstem Band der bürgerlichen Ordnung entfesseln und mit unlenksamer Wut zu ihrer tierischen Befriedigung eilen (...)

Auf der andern Seite geben uns die zivilisierten Klassen den noch widrigern Anblick der Schlaffheit und einer Depravation des Charakters, die desto mehr empört, weil die Kultur selbst ihre Quelle ist (...)".

Dieses Zitat aus Schillers Briefen „Über die ästhetische Erziehung des Menschen" wurde im Jahre 1793 formuliert und faßt in geraffter Form seine Wertung der Ereignisse im Zuge der französischen Revolution zusammen.[197]

Das Völkerschachspiel europäischer Potentaten – Auslöser auch schon für den Siebenjährigen Krieg – prallte auf wachsendes Selbstbewußtsein der Verwalteten. Als Beispiel seien die Österreichischen Niederlande, das spätere Belgien, angeführt. Zunächst erwog man in Wien, die fernen Besitzungen an Frankreich abzutreten, um sich dafür mit der Angliederung Bayerns an Österreich zu salvieren. Als man nach Aufgabe dieses Revirements im Jahre 1787 in der unruhigen Provinz die alte Verfassung aufhob und ein sogenanntes Generalgouvernement errichtete, bereitete man den Boden zu Unzufriedenheiten, die schließlich zu offenem Aufruhr führten.[198] Die Ereignisse der französischen Revolution von 1789 verstärkten die Unabhängigkeitsbestrebungen. Der Sturz der französischen Monarchie löste bei einigen europäischen Staaten den Versuch aus, die monarchischen Interessen zu schützen, so daß es zu wechselnden Koalitionen kam. Am 20. April 1792 erfolgte die Kriegserklärung der französischen Nationalversammlung an die Adresse Wiens. Auch für das republikanische Frankreich schien es verlockend, die Landesgrenze, analog zu früheren Vorstellungen, bis an die Rheinlinie vorzutreiben. Nach einigen Rückschlägen gelang dies auch im Oktober 1794.

Die Ereignisse auf regionaler Ebene wurden im linkrheinischen Bereich recht detailliert von dem in Dormagen lebenden Zeitzeugen Peter Delhoven geschildert.[199]

Noch zugespitzter war die Dramatik der Kriegsereignisse in den Jahren 1795/96 auf rechtsrheinischem Gebiet. Hierzu fanden sich in der Vergangenheit nur verstreute Berichte. Einen hervorragenden Überblick liefert dazu die vor wenigen Jahren publizierte Studie von Gebhard Aders.[200] Die Morsbroich direkt betreffenden Situationsberichte fließen allerdings nicht in die Darstellung von Aders ein.

Hier war es der Sekretär Reiner Linden, der (weitgehend) als Augenzeuge die Turbulenzen der Kriegsmonate im Herbst 1795 niedergeschrieben hat.[201]

Landkomtur Frhr. Ignaz Felix v. Roll war am 24. Juli 1795 in Morsbroich einem Schlaganfall erlegen. Sein Nachfolger wurde Frhr. v. Forstmeister, der bereits seit 1792 die Geschäfte übernommen hatte.[202] An ihn sind die Berichte Lindens gerichtet, die wegen ihrer Authentizität und ihres lebhaften Kolorits im Folgenden ungekürzt wiedergegeben werden.

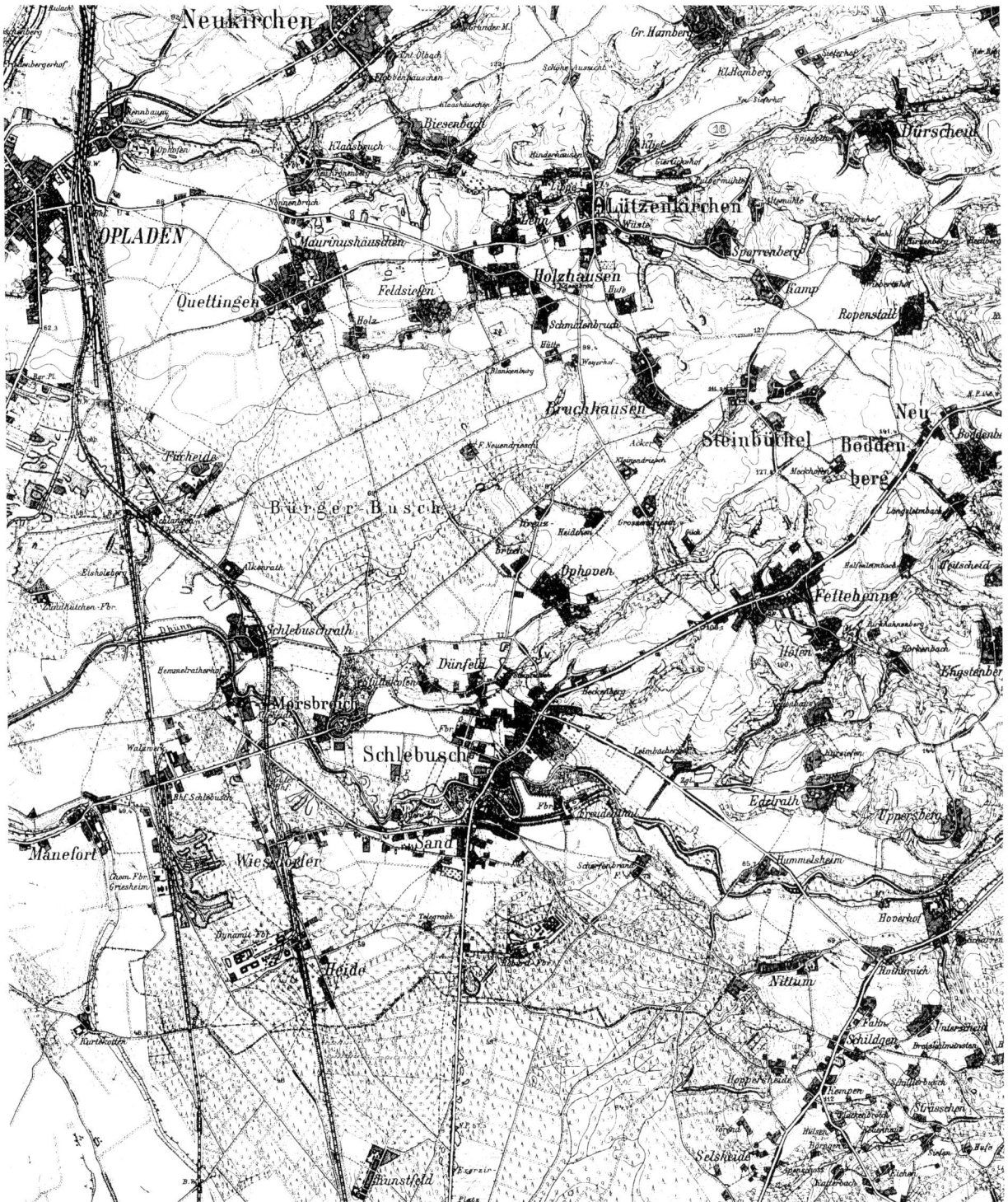

*Meßtischblatt Burscheid
(Ausgabe 1899)*

Hochwürdig=Hochwohlgeborener Freiherr
Insonderst Hochzuverehrendester Herr Landkommenthur
Mein gnädiger Herr!

Euer Hochwürden Exzellenz hab ich zwarn schon
unterm 9ten dieses [Monats] die traurige Nachricht mitge-
teilet, daß und welchergestalten in der Nacht vom 5ten auf
den 6ten die französische Armee den Rhein passiret sein;
da ich aber zweifle, daß Hochdemselben mein Schreiben
zu hohen Händen gekommen seyn werde, so wiederhole
ich hiemit kürzlich den Inhalt desselben. Am vorigen Sonn-
tag gegen 9 Uhren streute das Gerücht aus: die Franken
seien um Mitternacht, etwan 250 Mann stark, mit 8 Schif-
fen im Hamm oberhalb Düsseldorff den Rhein passiret, hät-
ten die k. k. [=kaiserlich-königlichen=österreichischen]
Vorposten schlafend errascht, eine Companie v. Kinski im
Busch eingeschlossen und zu Gefangenen gemacht,
6 Kanonen erbeutet, und wirklich auf dieser Seite Posto
gefaßt. So unglaublich nun auch diese Nachricht gleich
anfangs schiene, weilen der Übergang zwischen beiden
k. k. Lagern geschehen seyn sollte, so wahrscheinlicher
wurde sie, als nachmittags Herr Kettner von Opladen wirk-
lich mit einem Wagen und Hr. Gerichtsschreiber Steffens
zu Pferde sich hierhin flüchteten, um bei zunehmender
Gefahr derselben desto sicherer entgehen zu können.
1terer ritte wieder zurück, um sich über die Lage der Sache
genauer zu erkundigen, und wollte, im Fall der Gefahr,
noch nehmlichen Abend retourieren und mich evisiren;
letzterer aber machte sich mit beiden Hn (Herren)
Hofrathen Schüller und von Welter samt Sohn auf die
Flucht nacher Arensberg [=Arnsberg]. Ich ließ sodann auch
Vorsichts halber das beste Leinewand und das Silberwerk
einpacken, und ich selbst beschäftigte mich sofort mit Ein-
packung der hiesigen Registratur. Da Hr. Kettner des
Abends nicht retourierte, so glaubte man, daß die Forcht
eitel gewesen seie. Allein dieser kame des Nachts gegen
11 Uhren, ließe sich seinen Wagen gleich einspannen,
machte die Gefahr sehr groß, und gab sich auf die Flucht.
Ich ließe nun auch die eingepackten Sachen ohnverzüglich
aufladen. Während deme aber kame schon die jedoch

unwahre Nachricht, daß die Franzosen wirklich aufm
Schlangenhecker Hofe arriviret wären. Es bliebe nun nichts
weiter übrig, als die bereits aufgeladenen Sachen, mit
denen zwei Schecken und einem dazu bestellten Pferde
des Schlangenhecker Halfens sogleich zum Thor hinaus,
und zwaren ins Preußische abzuschicken. So gerne ich nun
auch noch ein Mehreres, z. B. die Kirchen Paramenten von
Köln samt einem Verschlag mit Rechnungen, dem Bechen-
garn und den Gewehren mitabgeschickt hätte; so ware mir
dies jedoch teils aus gegründeter Forcht, daß das eine mit
dem anderen den Franzosen unterwegs in die Hände fallen
mögte, teils daß noch gar die retirirenden Kaiserlichen :wie
leider schon zu oft geschehen: eine Plünderung vorneh-
men, oder doch die Pferde ausspannen und mitnehmen
würden, allzu bedenklich und gefährlich. Man erwartet
nun zaghaft von Stund zu Stunde die Ankunft der Franken,
der 7te und 8te gingen vorbei, ohne daß was anders gesch-
ahe, als daß die Kaiserlichen in schönster Ordnung mit
Sack und Pack retirirten. Am 9ten gegen 9 Uhren morgens
finge zwischen Langenfeld und Opladen unter einem
anhaltenden Mousqueten Feuer und einigen Canonen-
schüssen die erbärmliche Bataille an, diese währte bis
gegen 7 Uhren abends, wo die Kaiserlichen schon bis über
die Dünnen Brück am Küppersteg zurückgedruckt waren;
und so viel man wissen will, von beiden Seiten ein Mann
geblieben seyn soll. General Erbach, der mit etlichen
20000 Mann im Lager bei Kaiserswerth gestanden, unter-
halb welchem die Franken, und zwarn bei den k[öniglich]
preußischen Vorposten mit ihrer Hauptmacht um die näm-
liche Stunde in der Nacht vom 5ten auf den 6ten den
Rhein passiret waren, hat seinen Rückweg durch die Gebir-
ge längs der preußischen Grenze genommen. Prinz von
Würtemberg aber :der beim Einzug der Franzosen noch in
Mülheim ware: wird directè nach Frankfurt marschiren.

Der 10te dieses [Monats] :o des gräulichen Anden-
kens!: , ware der Tag, welcher Plünderung und Verhee-
rung, Schrecken und Todes Angst, ja der Tod selbst über
uns und unsere Nachbaren verbreitete. Um halb 6 Uhr
morgens kamen zuerst 2 französ. Dragoner vor mein Fen-

*Meßtischblatt Burscheid
(Ausgabe 1963)*

ster geritten und forderten 30 Carolins, die ganz geschwind sollten herbeigeschafft werden, ich erwiderte ihnen, daß ein solches eine pure Unmöglichkeit seie. Sie stiegen sogleich von ihren Pferden, wo inmittels noch ein dritter hinzukame mit Pistolen und Säbelen in den Händen traten sie in mein Zimmer, der eine nahme mir 4 Kronthaler, womit ich sie abspeisen wollte, aus den Händen, der andere erwischte meine Sackuhr nebst 8 Carolins in Gold, die ich, unglücklicher Weise in der Uhrtasche verborgen hatte, der dritte nahm die Schuh mit den silbernen Schnallen, ein Paar neuer Stieflen, und 10 Rthlr 52 Stbr, die ich vor den Fleischhacker beisammengemacht, und ins Bett verborgen hatte, dem Frisens und Niclas die Uhren und einiges Geld, sodann noch dem Simon einen Beutel mit Geld. Mit diesem Frühstück machten sich diese fort. Gleich drauf waren schon wieder andere da, und forderten Wein und Essen; ich ließ ihnen geben, was ich hatte; indessen kame ein Officier mit einem Trupp Infanterie, nebst einigen Husaren, und nun gings über Keller, Küch und Spinde her, was nicht im Hause verzehret wurde, wurde mitgeschleppt. Den Officier, den ich noch für ziemlich ehrlich ansahe, bate ich um ferneren Unordnungen vorzubeugen, sodann um eine Sauvegarde; er wies mich zum Generale, der in Dünnwald seyn sollte. Ich schickte auf der Stelle den Frisens dahin, allein der General ware noch nicht angekommen. Indessen würden auch bei solchen Unmenschen und in einem solchen Hause :wie das hiesige, dessen Inhaber man als emigrirt betrachtet: keine Sauvegarden etwas gefrüchtet, vielmehr das Übel noch vergrößert haben. Nun folgte eine Cartouchen- und Räuberbande der anderen nach. 5 Husaren erwischten mich auf dem Vorhofe, 2 davon hielten mir die Pistolen auf die Brust, ein anderer griff mich bei den Haaren. Geld und Pferde sollte ich herbeischaffen. Unter lauter Todesängsten mußte ich nun auch noch meinen Geldbeutel, worinnen noch etwa 2 Kronen (-thaler) und einige Münzen waren, samt allem, was ich sonst bei mir hatte, hergeben. Nun wurde ich zum Halfens Hause geschleppt, um die Pferde beizuschaffen, allein das Haus ware leer samt dem Pferde-

Rheinübergang der französischen Armee bei Neuwied (1796)

stall. Inmittels hatte schon eine Räuberhorde sich aufs herrschaftliche Haus gemacht, jene Thüren, Commoden, und Schränke, die sich nicht gleich eröffneten, wurden mit bei sich führenden allerhand Instrumenten erbrochen, und was nur anständig war, mitgenommen. Dies zügellose Verfahren dauerte bis gegen Abend, eine Bande folgte der andern.. – Vom herrschaflichen Hause gings auf die Hubertusburg los, wo die nämliche Plünderung, Bosheit und Muthwille getrieben wurde; 2 mal mußte ich mich durch den Hausweier und die Dünne, in der größten Lebensgefahr, ins Gebüsch flüchten. Gegen Mittag kame ein Adjutant eines sichern Generals Duvignot, sobald dieser impertinente Kerl mich erblickte, befahl er mir, jene 2 Schecken, die ich von hier hatte wegführen lassen, auf der Stelle herbeizuschaffen; ich erwiderte ihm, daß ein solches nicht möglich, weilen nicht wüßte, wo sie wären :er ware also schon unterrichtet: . Hierüber ganz rasend, versetzte er mir 2 tüchtige Stöße auf die Brust, und ich mußte ihm versprechen, einen Expressen zu Aufsuchung der Pferde abzuschicken. Er marschierte nun weg. Gegen Abend kam der General selbst, bedauerte tückisch unser Schicksal und offerirte mir gleich eine Sauvegarde. Dies selbst eigene Anerbieten kame mir schon verdächtig vor. Er ging aufs Haus, durchschnaufte alles, und fand unter anderen auf dem Speicher die zerbrochene Kiste mit dem Pferdsgeschirr des Hrn Landkommenthurs v. Zweyer. Da er sich das beste hievon aussuchte, sagte sein Reitknecht, ein biederer Deutscher, zu mir: Die kleinen Diebe sind fort, nun kommen auch die großen. Und er hatte ganz recht. Dann, da Hr General das Pferdsgeschirr weggenommen hatte, mußt ich mit ihm in die Remise. Er fragte sodann, was ich für den Wagen des Hrn Landkommenthurs v. Zweyer haben wollte, ich erwiderte ihm, keine Ordres zu haben, dahier etwas zu verkaufen. Ich gebe Ihnen, sagte er, 750 Livres in Assignaten; ich antwortete ihm, daß ich den Wagen weder in Papier noch in klingendem Geld verkaufen würde, und das 750 Livres dermalen nur 1 Conventionsthaler ausmachten. Der er mit dem Verkauf nicht zurecht kommen konnte, reiste er wieder ab, ließ jedoch die Sauvegarde hier, zweifelsohne in der Absicht, daß der Wagen keinem anderen zuteil werden sollte. Folgenden Tages kame sein Adjutant wieder hierhin, rieffe mich auf ein Zimmer allein, nahme noch einen Bedienten mit, und befragte mich, ob ich wirklich jemand zum Aufsuchen und Abholen der Schecken weggeschickt hätte. Ich mußte „Ja" sagen. Wannmehr er retourniren würde? R[espondi=ich habe geantwortet]: Wüßte ich nicht, weilen ich nicht wüßte, wo die Pferde wären. Warum ich dem Hrn General den Wagen nicht wollte verkaufen? Weilen ich nicht dörfte. Mit diesen Antworten ritte er wieder weg. Gestern fand sich der General selbst wieder ein und wollte nochmal, daß ich ihm den Wagen verkaufen sollte, wo nicht, würde er ihn doch nehmen. Ich bestande auf meinen Worten, mit dem Bedeuten, daß ich gegen seine Gewalt nichts machen könnte. Inmittelst daß ich mit dem General sprache, wurde von desselben 2 Bedienten mein Zimmer wiederholter erbrochen, und das, was die vorigen mir noch rückgelassen, sogar das Papier und Schreibfedern mitgenommen. Heute morgen schickte der General 2 Abgesandten zu Pferde, samt einem Halfenknecht mit 2 losen Pferden, um den Wagen abzuholen. Ich mußte also denselben geduldig verabfolgen lassen. Der General schickte mir zugleich die 750 Livres in Papier, nebst einem von ihm unterschriebenen Schein, daß er vor sotanes Papier den Wagen von mir erkauft hätte, und noch einem anderen von mir zu unterschreibenden Schein, daß

ich ihme denselben für diese Summe verkauft hätte. Ich schickte ihm eins mit dem anderen obrück und ließ ihm sagen, daß gestern seine eigenen Bedienten, bloß an Papier, ohne das übrige vor mehr dann 750 Livres mir entwendet hätten. Bei Hrn Reckum, wo er im Quartier ist, wird er auch einen dem Hrn Geuenich zugehörigen Wagen mitnehmen. Seit Vorgestern sind 2 Officiers mit 3 Bedienten dahier im Quartier gewesen, haben mit dem wenigen Essen und Trinken, was ich ihnen noch geben konnte, vorlieb genommen, und sind heut früh mit den übrigen in hiesiger Gegend gelegenen Truppen der Armee nacher Siegburg nachgereist. Heute glaubt man nun, nach überlebten 3 ewig unvergeßlichen Tagen und Nächten, an denen man schier nichts als Hülfschreien hörte, wiederum ein wenig frei zu athmen. Gott weiß wie lang es dauern wird. Nur Augenzeugen können sich die Greuel, Schandtaten, Plünderungen und Gotteslästerungen vorstellen, womit die meist besoffenen Wüteriche die armen Bewohner des Bergischen Landes zu grunde gerichtet, die Kirchen mit Gewalt eröffnet, die heiligen Gefäße zusammengeschlagen und gestohlen, ja Gott selbst auf die schändlichste Art verunehrt, die mehrsten Geistlichen fast nackend ausgezogen, Weiber und Mädchens, sogar 4jährige Kinder öffentlich geschändet und genotzüchtiget, die halbtodten Kranken aus ihren Betten, und die Kinder aus den Wiegen herausgeschmissen und nicht einmal den ärmsten Bettler geschonet haben.

Der Schade, welcher Euer Exzellenz durch die Plünderung erlitten haben, ist in Betracht verschiedener herrschaftlicher – sowohl als privat Häuser noch sehr leidentlich. Hauptsächlich bestehet derselbe in entwendetem schwarzen Leinewand, wüllenen und franzleinernen Bettdecken, Bett- und Matratzen Überzug; einer stehenden Uhr un zwarn jener, welche aufm Speissaal neben Laudon- (Landon ?) Portrait gestanden, einigem Porcellain, Messing – übersilberten Leuchteren, abgerissenen Bett – Cordinen (Gardinen ?) und Tapeten, zerbrochenen Commoden, 7 schlechten Gewehren mit den Säbelen :Die besten Gewehre sind in Sicherheit: etc, sodann an baarem Geld nebst

Jourdan.

obigen 4 französischen Kronthlrn(?) und 10 Rthlr 52 Stbr,
in 15 brab[anter] Kron[thaler], deren ich 28 auf meinen
Zimmeren hie und da verborgen hatte, wovon den Räube-
ren besagte 15 in die Hände gefallen, die übrige 13 aber
nicht vorgefunden haben. Ich könnte also bis herzu den
ganzen Schaden nicht über 500 Rthlr angeben, allein der
Verlust, welchen ich und die übrige hiesige Dienerschaft
:den Bedienten Joseph Deisel und den Stallknecht Jakob
ausgenommen, welche mit den Schecken nach dem
Preußischen sind: erlitten haben, kann wenigstens zu 2000
Rthlr taxiret werden. Noch heute werd ich es wagen, nach
Köln zu kommen, um einen Paß zu erwirken, mittels wes-
sen ich das glücklich gerettete Verschlag mit Kirchen Paramenten, nebst jenen mit den Commenden-Rechnungen
und dem Berchengarn (=Garn zum Siegeln) beide jedoch
erbrochen worden: mehrerer Sicherheit halber so
geschwind als möglich, von hier weg – und nacher Köln
transportiren kann.

Soeben kommt der Bediente Joseph und referirt mir, daß
die geflüchteten Sachen mit den 2 Schecken zu Lünscheid
[=Lüdenscheid] im Preußischen bei sicherem Hrn von
Kessel, in Salvo seien, und derselbe versprochen habe, bei
allenfallsiger Gefahr, solche mit seinen eigenen Sachen ferner transportiren zu wollen. Ich werde nun auch sorgen,
daß ein Paß ausgefertigt werden, womit die 2 Schecken
von Lünscheid nacher Elsen gebracht werden können.

Zu hohen Gnaden empfehle ich mich übrigens und
ersterbe in tiefster Hochverehrung
Euer Hochwürden Exzellenz
am 16. 7bris 1795 unterthänigtreu gehorsamster

Hochwürdig = Hochwohlgeborener Freiherr
Insonders Hochzuverehrendster Herr Landkommenthur
Hochgebietend gnädiger Herr!
In der Vermuthung, daß Euer Hochwürden Exzellenz
mein untges [untengenanntes] Schreiben vom 13ten dieses
:welches nach Aussage der Post-Expedition ohnfehlbar
richtig eintreffen würde: werden erhalten haben, hab ich
die Gnade anmit ferner zu berichten, daß ich am 16ten
dieses [Monats] mittels eines zu Köln erhaltenen Passes,
und einer Sauvegarde die 3 Verschläge, nämlich jenes mit
den Kirchen Paramenten, mit den Commenden-Rechnun-
gen und dem Berchengarn glücklich nacher Köln gebracht,
und einsweilen bei den Discabenten (?) habe abladen
laßen, von wo aus Hr Rentmeister Dechen soche ferner in
Sicherheit zu bringen übernommen hat.

Auch hatte ich nämlichen Tags, den Bedienten Joseph
zu Abholung deren Schecken aus dem Preußischen, mit
einem Passe von hier abgeschickt, sodann dem Hrn Vogten
Oeppen hierüber des Ends benachrichtiget, um solche
dahier baldthunlichst abnehmen und nacher Elsen bringen
zu lassen.

Bei meiner Anwesenheit in Köln vernahme ich, daß der
Wagen des Herrn Landkomthurs Hrn. v. Zweyer noch wirk-
lich daselbst und zwarn bei Hrn. Herstadt auf der Sandkau-
le stehen sollte; ich ging gleich hin und fand ihn wirklich
noch da, samt der Gemahlin des Genrals Duvignot.
Hr. Herstadt eröffnete mir, daß der Wagen vermutlich noch
nämlichen Tages würde weggeführt werden; ich eilte zu
Hrn. Syndicus Dolleschall und bate denselben, bei dem
Volks Repräsentanten einen Arrest zu erwirken.
Hr. Sindicus schickte mich diesfalls zum Stadtkommandant
Schelhammer; dieser, nachdem ich ihme die Geschicht
erzählet hatte, verwies mich wieder zu Meynard. Durch
Verwendung des Hrn Sindici wurde endlich die Sache
soweit gebracht, daß auf ein von mir übergebenes Petitum
der Wagen arretiret, und dem Hrn Graln [=General] aufge-
geben worden ist, zu probiren, daß er den Wagen von mir
erkauft habe. Da ihme dieses nicht möglich ist, so bleibt für
die Rettung des Wagens noch einige Hoffnung übrig.

Am 19ten kame der Bediente Joseph und der Stallknecht Jacob mit beiden Schecken dahier wieder an. Am 20ten fande sich Hr. Prenngruber in Gesellschaft des Hrn. Sindicus Dolleschall, Hrn. Vogt Oeppen, Hrn. Dechen, des Commendante vo Mülheim und eines andern Officiers hier ein, um im Namen der Nation die besten Meubles zu mehrerer Sicherheit zu consigniren, wie dann auch nach dem Mittagessen und nachdem die besten Sachen auf ein Zimmer gebracht waren, sodann Consignation [= Hinterlegung] vor sich gegangen und noch nämlichen Tags die 4sitzige Birutsch durch die 2 Schecken nachher Köln geführet worden ist.

Am 21ten des abends erhielt ich durch sichern Notar aus Köln N. [nomine? – namens] Engelberti das kopeilich [=als Kopie] beiliegende Schreiben des Hrn Sindici. In gefolg dessen sind also am 22ten, 23ten und 24ten, alle dahier nicht höchst nötigen Meubles :die an den Wänden eingeschraubte Spieglen, die Portraits, so nagelfest gemacht, und die Öfens ausgenommen: respective eingepackter nacher Wistorff gefahren, daselbst ins Schiff geladen, und mit den von Köln hierhingekommen 2 losen Pferden, der 4sitzige geschlossene Wagen samt dem Cabriolet Chaisgen nacher Köln geführet worden. Die hierüber sowohl als über die noch rückgebliebenen Meubles verfertigten Inventarien, nebst einem deren unterm 25ten dieses dahier eingeloffenen Landtagsbriefen, wird Hr. Sindicus an Euer Exzellenz einzuschicken die Gnade gehabt haben.

Seit dem 13ten ist das hiesige Haus Einquartierung frei geblieben bis den 24ten, an welchem Tage 4 Chasseurs zu Pferd, nämlich 1 Officier und 1 Corporal mit 2 Gemeinen hier einkehrten. Die beiden Letztere samt 1 Pferden beköstigt der Halfen. Die 2 erstere aber, ein paar eingezogener Leute nehmen mit unserem Tisch vorlieb und sind dem Hause mehr nützlich als schädlich, denn sie kehren alles ab, was nur kommt und dahier einquartiert seyn will. Indessen ergibt sich bei der jetzigen Lage der Dinge die Frage: Ob die gänzliche Abschaffung der hiesigen Haushaltung oder die Beibehaltung derselben dermalen am vortheilhaftesten seie. Da es denen Franzosen an allem man-

gelt und die Einquartierten weder Fleisch noch Brot, weder Fourage mitbringen, so ist allerdings die Beibehaltung derselben bei fortdaurenden und sich vielleicht noch vermehrenden Einquartierungen ein kostspieliges Wesen. Wird aber dieselbe ganz aufgehoben, so dürfte andererseits, wenn man den Einquartierten nichts hergeben wird, allerhand Unfug und noch wohl gar der Ruin des Hauses zu beförchten seye. Euer Exzellenz hohen Einsicht muß ich die gnädige Entscheidung dieser Frage untertänigst anheimgeben, und wünschte übrigens, daß Hochdieselben, wegen Hochdero weiten Entfernung von hier und dem unrichtigen Postenlauf den Hrn Sindicus Dolleschall bei jetzigen Umstände zu Abhelfung deren jetzt vielfach vorkommen werdenden Angelegenheiten zu bevollmächtigen die Freude haben mögten.

Requisitionen allerlei Gattungen haben schon ihren Anfang genommen, und die Contribution wird bald nachfolgen und das bei einer so unmenschlichen Plünderung, dergleichen wohl wenige werden aufzuweisen seyn. Das Elend ist unübersehbar. Die Saatzeit ist da, und wie wird man die Frücht unter die Erde bringen können, da fast keine Pferde mehr vorhanden sind? Die meisten Halbwinner :den einzigen Morsbroicher ausgenommen, der 3 Pferde ins Preußische geflüchtet und eins in hiesigen Holzschoppen verborgen hatte und alle 4 glücklich gerettet hat: haben ihre Pferde schier alle verloren und und fangen wirklich an, die Kühe an die Pflüge zu spannen. O Elend!

In voriger Woche wurde durch ein Regierungsbefehl von Düsseldorf aus befohlen, daß jede Haushaltung den durch Plünderung erlittenen Schaden einbringen sollte. Da der Schade, welchen Euer Exzellenz erlitten, minder beträchtlich, so truge ich Bedenken, solchen anzugeben. Auf Anraten des Hrn Sindici Dolleschall hab ich jedoch denselben, und zwarn zu 2500 Rthlr für hiesiges Haus :der Halfen hat den seinigen separirter angezeigt: directi an des Hrn Ministers v. Hompesch Exzellenz eingeschickt. Allein, wer wird was vergüten?

Dem Vernehmen nach haben in hiesigen Gegenden am meisten gelitten Hr Oberamtmann Frhr v. Lüzerode und

*Schloß Morsbroich
Einfahrt (Zustand 1994)*

*Hr v. Zutwig. Hr v. Wyhe zu Reuschenberg und
Hr Reckum aufm Haus Hahn :welche letzterer mit seiner
schönen Tochter Josepha an der Dysenterie [= Ruhr, infek-
tiöse Magen-Darm-Erkrankung] tödlich darnieder liegt: sollen noch ziemlich gnädig davon gekommen seyn. Hr Richter Schall schätzt seinen Schaden auf 100 Carolins. Das
Kloster Dünwald hat mit 40 Ohmen Wein :eine kostbare
Sauvegarde: die Plünderung viel abgehalten, dessen
Büschen aber sind wirklich durch das daran gestandene
französische Lager sehr stark beschädigt worden. Die hiesigen Waldungen sind bis herzu noch in Salvo [=heil geblie-
ben].*

*Mit untertänigster Anhoffung Euer Hochwürden
Exzellenz fortdauernden hohen Wohlseyens,
erstirbt in tiefster Hochverehrung
Euer Hochwürden Exzellenz
und getreu gehorsamster Diener
Am 27ten 7bris 1795
[27. September 1795]
Linden*

*P: Stum   [= post scriptum]
Auch Hochgebietend gnädiger Herr!*

*Hab Euer Hochwürden Exzellenz, ich hiemit untertänigst
anzeigen sollen, wie ich so eben einem dahiesigen Holz-
händler N. Busch, sechs deren in meinem gestrig-
untgen[annten] Berichte angezogenen Weidenbäume per
Stück zu 7 Kronthaler, als einem Hochdero Interesse ganz
angemessenen Preise verkäuflich überlassen habe.*

*Ohnerachtet die Bauren dahier von den Patrioten so hart
sind hergenommen worden, so hat doch wirklich viele derselben der Patriotismus und Freiheit inficiret, und eben
diese sind es, die den Büschen jetzt am meisten schaden
wollen, um so kühner, als sie wissen, daß man ohne
Gewehr ausgehen müsse. Heut frühe ertappte ich deren 2,
die mit Abhauen eines Heisters sich beschäftigten; anstatt,
daß sie die Axe sollten ablegen, kamen sie damit frech auf
mich los. Zum Glück hatte ich meine Pistole im Sack,
womit ich nicht allein mich rettete, sondern auch des Bei-*

*les habhaft wurde und auch noch oben drauf einen davon
tüchtigt abschmierte. Der Jäger ware hingegen gestern
nicht so glücklich. Er erwischte auch einen Bauren, der
Holz stehlen wollte. Dieser hatte ebenfalls das Beil nicht
abgeben, vielmehr dem Jäger den Kopf damit spalten wollen. Ich werde indessen diesen Schurken noch heute vor
Gericht laden lassen.*

*Da die Fangzeit der Krametsvögel vorhanden ist, und ich
unter der Hand erfahre, daß einige Fängern, unter dem
Vorwand, daß ihnen die Vögel von der Franzosen weggenommen worden, die Pachtvögel hernach nicht abliefern
würden, so ließe ich sämtliche ansagen, daß für dieses Jahr
die Pacht in Geld und nicht in Vögeln, deren sonst von
jedem Herd nur 10 Gebund, das Gebund zu 6 Stüber
gerechnet, und sagte mir rund heraus, daß er widrigenfalls
mit den übrigen patriotisch werden, und ohne Pacht fangen würden. Elende Patrioten, indessen sieht man hieraus,
wie der Baur wirklich benebelt ist.*

*Die Schnepfen werden diese Saison einen glücklichen
Strich haben, weilen niemand, auch kein Franzos, auf Jagd
geht.*

*Die Einquartierung im Hause dahier ist noch die nämli-
che, wie ich sie unterm 27ten jüngsthin untergebenst ein-
berichtete. In hiesigen Gegenden sind wenig Franzosen
dermalen jene Ortschaften, wo keine Fourage zu haben,
sind meistens frei davon. Man ist übrigens mit dem Betra-
gen der Einquartierten fast allenthalben, besser wie mit
jenen der Kaiserlichen zufrieden. Nur das ist dabei sehr
hart, daß man Menschen und Pferde füttern muß, und die
Franzosen auch keine Victualien von der anderen Seite auf
die hiesige passieren lassen. Hingegen kann man von*

dieser Seite auf die andere alles transportieren, was mas
man nur hat. Ihre Fourage, Brot und Fleisch verkaufen sie,
um ein Stübergeld zu bekommen. Ordnung und Mannes-
zucht treten nun doch bei Ihnen wieder ein, zu deren
Beobachtung ihnen wirklich die strengsten Befehle erteilt
sind. Ein Curassier und 1 Dragoner, so bei einen Kaufmann
dahier in der Nähe einige Stoffen umsonst kaufen wollten,
wurden von den Bauren rechtschaffen abgeschmiert, und
dann auf Befehl des hier logierenden Lieutenants, zur
gebührenden Bestrafung dem Gralen [=Generalen] nacher
Bensberg zugeschickt.

In hiesigen Gegenden, besonders aber in Düsseldorf,
Ratingen und umliegenden Örteren, sowie auch auf der
anderen Seite des Rheins wütet die Dysenterie ganz
erstaunlich. Hr Reckum und seine Tochter Josepha sind
heut dem Tod sehr nahe.

Ich erbitte mir übrigens, so wie unterm 27ten 7bris
schon geschehen, in Betreff der Beibehalt- oder Abschaffung der hiesigen Haushaltung, Hochdero gnädigste Ent-
schließung, so wie die sonstige gnädigsten gefälligen Ver-
haltungsbefehle ganz untertänigst und ersterbe ut in litt [ut
in litteris, wie in meinem Brief]
Morsbroich, den 4ten 8bris 1795
Linden

Auch Hochgebietend-Gnädiger Herr!
Muß Euer Hochwürden Exzellenz hiemit leider! die
unangenehme Nachricht mitteilen, daß der 7te und 8te
sodann der 22te und 23te vorigen (!) Monats, für die hiesigen unglücklichen Gegenden und derselben Bewohner
abermalen sehr verderbliche und schröckbare Täge waren.
An beiden erstern nämlich, da man schon einige Täge hindurch keine französischen Truppen mehr angenommen,
auch alle von Düsseldorf kommenden Nachrichten dahin
übereinstimmten, daß daselbst nur noch ein paar hundert
Mann sich befänden, rückte plötzlich und gegen alles Ver-
muthen, eine 20-bis 21000 Mann starke Armee unter
Commando des Generals Le Febre wieder vor gegen die
Sieg zu.

Ein zwischen Mülheim und Buchheim gestandenes Kai-
serliches Regiment von 130 Mann Barcoscher Husaren
[= Husaren des Regiments Frhr. v. Barco] wurde schon
morgens frühe beim Aufstehen von etlichen hundert französischen Husaren und Chasseurs abgeschnitten und
umzingelt, fochte sich jedoch mit der entschlossensten
Tapferkeit durch und verlore nur 5 Mann, die zu Gefangenen gemacht wurden. Zum Unglück für hiesiges Haus
lagerte die Armee sowohl beim Avancieren als Retirieren in
hiesiger Nachbarschaft, und zwarn zuerst auf der Bürri-
cher- und hernach auf der Schlebuscher Heide.

Haufenweis, nicht nur mit hunderten, sondern mit tau-
senden strömten nun die unbändigen Räuberhorden auf
Morbroich los, Tag und Nacht wurden dazu gebraucht um
alle Hüttger auf- und durchzusuchen, sogar die Gebünder
[=Dielenbretter, H.M.] aufm Haus- und Haberspeicher
:unter welchen besonders die hiesigen Hausgenossen noch
verschiedene Sachen verborgen hatten: wurden, vielleicht
durch Verrätherei, erbrochen und den Räubern alles zur
Beute. Da ich von den dahier noch vorräthigen Bettungen
die besten noch eiligst in der Nacht teils in hiesiger Nachbarschaft bei einem Bauren, teils auf einer Karrig :welcher
sich miteins die beiden Simon und Niclas bedienten: nachher Mülheim bringen, auch noch verschiedenes Zinn und
Kupferwerk hatte auf Seite bringen lassen, mithin die

Räuber mit den noch vorgefundenen wenigen Meubles ihre Raubsucht nicht hinlänglich stillen konnten, so fingen sie an, ihre Bosheit an den Spiegelen und Portraits auszugießen. Erstere wurden, außer dreien, alle in Stücken zerschlagen. Der letzteren wurden 9 :worunter die Kaiserin Maria Theresia, der letztverstorbene König von Preußen, Kaiser Franz-Joseph, Ihre jetzt regierende Hoch- und Deutschmeister Kurfürstl. Durchlaucht, der hochverehrlichte Hr. Landkomthur Frhr von Droste, die verwittibte Churfürstin von Bayern, der baierschen Kaiserin Schwester und die Herzogin Clementine: durch Hiebe und Stiche beschädiget, die beiden erstere sind am schlimmsten zugerüstet. Nicht einmal das unschuldige Viehe wurde geschont. Das noch vorrätige Federviehe als Pfauen, Fasanen, welsche und gemeine Hühner und Enten wurden geköpft und zerhauen, sogar kein einziges Vögelchen wurde geschonet. Wer kann sich wohl was Absurderes denken: der hiesige Halfen, welcher schon seit 4 Wochen mit seiner ganzen Haushaltung, außer ein paar Dienstboten, auf der Flucht befindet, mußte auch 9 Stück Rindviehe, die er dahier zurückgelassen hatte, einbüßen; diese wurden auf einmal geschlachtet. So erging es fast allem Viehe, welches der Baursmann, in der Hoffnung daß nichts mehr zu beförchten seie, sich wieder angeschafft hatte, und wegen der unvermutheten so plötzlichen Rückkehr der französischen Armee nicht mehr auf Seit bringen konnte. Ein französischer Officier hat wohl die Wahrheit gesprochen, da er mir ohnlängst zu verstehen gabe, daß das Bergische Land völlig zugrunde gerichtet werden sollte und würde; denn wirklich heißt es schon wieder, daß eine neue Contributions-Forderung, die die vorige noch übersteigen solle, unter der Presse seie.

Das Elend ist platterdings unbeschreiblich, ohne des grausamen Schreckens zu gedenken, den man noch dabei auszustehen hat. Die arme Freiheit und Gleichheit sieht man abends aus den Augen der Reichen und des Armen, des Bürgers wie des Landmannes ohne Ausnahme hervorleuchten. Bei der traurigen Lage, worin mich das Schicksal versetzte, muß ich nun auch noch das Unheil haben, daß der

qs [=besagte] Wagen-General Duvignot, der jetzt in Köln Commandierender ist, zufolg eines von demselben an Hrn Sindicus Dolleschall abgefertigten und von diesem mir vorgezeigten Schreibens, mich, aus Ursach der von mir geschehener Arretierung des Wagens, allenthalben aufsuchen, nacher Köln führen, auf eine delicate Art bestrafen somit belehren wolle, was es seie : einen General von so einer erhabenen Nation zu attaquiren : das sind seine eigenen Ausdrücke. Starke Drohungen! Erhabene Nation!

Die Maas- und Sambre-Armée hat nun zwarn das diesseitige Rheinufer verlassen, ist bei Düsseldorff den Rhein passirt und will den Arméen deren Generals Pichegrie und Jourdan zu Hilfe eilen. Hingegen ist auch wirklich von der Nord-Armée eine Division von 10 bis 11000 Mann an die Stelle der erstern bei Düsseldorf eingerückt, die Vorposten stehen zu Benrath. Die Patrouillen kommen fast täglich bis Opladen, Schlebuschrath, Küpperstech [sic!] und Wisdorf. Auch die kaiserlichen Patrouillen reiten täglich bis Mülheim, Schlebusch, auch wohl bisweilen bis Opladen, und nachdem sie diese Gegenden recognoscirt haben, machen sie sich wieder in ihre Standquartire zu Eil und Urbach. Gestern wurde eine kaiserliche Patrouille von 5 Mann Barcoscher Husaren, nämlich 1 Corporal und 4 Gemeine, beim Oplader Busch von 28 französischen Dragonern erwischt. Mehr als heldenmäßig fochten die erstern und kamen glücklich durch, außer dem Corporal, welcher, nachdem er einem Officier die vorderen 3 Finger abgehauen und noch 5 Gemeine stark blessirt hatte, durch einen Hieb in die rechte Hand so lädiert wurde, daß er seine Säbel mußte im Stich lassen, und dann erst, wehrlos zum Gefangenen gemacht wurde. Heute werden die kaiserlichen 2 Brücken über die Acher [=Agger] fertig bringen, und dann soll, wie es heißt, eine ziemlich beträchtliche Armée gegen Düsseldorf vorrücken. Vix credo [=lat.: ich mags kaum glauben, H.M.]. Noch immer schwebt man also zwischen Hangen und Würgen. Die Rhein-Passage ist wieder gehemmt. Der schwarze Brand [=Steinkohle] ist auf dieser Seite garnicht zu haben, ein Glück, daß der Winter bis herzu so leidentlich ist. Ich werde mit dem Einheizen

so zu menagiren [= sparen] suchen, daß ich mit dem von vorigem Jahr noch vorrätigen schwarzen Brand und mit dem Spelterholz :welches ich dem Hrn Emmerick noch geschwind weggefuscht und verborgen hatte: beinahe durchkommen werde.

Hr Dinger Schall, der mit seiner Familie schon 4 Wochen lang emigrirt, und noch nicht rückgekommen ist, hat bei dem jüngern Retiriren der Armee auch wieder vieles eingebüßt; zwei bis dahin noch unversehrt gebliebene Verbergnisse, worinne Geld, Silber und die besten Kleidungen gewesen seyn sollen, wurden entdeckt, auch fast alle übrigen Effecten in Stücke zerschlagen. Die Fenstern bei dasigem Hause haben auch ziemlich herhalten müssen.

In der Pfarrkirche daselbst wurden auch viele darinne geflüchteten Meubles von den Räubern entdeckt und die Altäre so ruinirt, daß binnen 3 Wochen keine Messe daselbst gelesen worden. Der Himmel ändere doch diese traurigen Zeiten!

Ich ersterbe uti in litt. Morsbroich
den 13ten Xbris [13.Dezember] 1795
untertänigst-treu gehorsamster
Linden

Auch Hochgebietender Gnädiger Herr!

Verbreitete sich schon vor etwa 14 Tägen das Gerücht: die Franzosen seien in drobigen Gegenden bei Mannheim, Kassel und Ehrenbreitstein von den Kaiserlichen tüchtig geschlagen worden, ihre Armée sei ganz in Unordnung gerathen und wirklich im Rückzuge begriffen. Das tägliche Wegbringen des unter Mülheim gestandenen sehr vielen Geschützes und Munitionswägen auf die andere Rheinseite machte diese Nachricht sehr wahrscheinlich. Am 17ten in der Nacht kame an die seit dem 24ten 7bris [=24.September 1795] dahier einquartierten 2 Officiere die Ordre zum Abmarsche. Beim Weggehen gestunden sie es mir, daß ihre Truppen eine große Niederlage erlitten hätten und zweifelsohne über den Rhein retiriren würden. Am 18ten wurde schon an die Bürgerschaft in Mülheim der Befehl erteilt, das dortige Magazin um so gewisser noch nämlichen Tags über den Rhein zu schaffen, als ansonsten solches in Brand gesteckt werden sollte. Ganz Mülheim mußte nun Hand ans Werk legen, und das Magazin wurde auch mit Nachen glücklich hinübergebracht.-

Am 19ten marschirten wirklich viele Truppen über die zu Köln befindlichen stehend- und fliegende Brücken, und man glaubte, um sicher zu seyn, daß die Hauptstücke der französischen Armée daselbst über den Rhein gehen würde. Seit dem 17ten waren die hiesigen Gegenden von Truppen ganz entblößt, und am 20ten verbreitete sich auf einmal die fröhliche Nachricht, daß in Zeit 24 Stunden die Preußen dahier einrücken und das Bergische Land in Schutz nehmen würden. 2 vorgebliche preußische Quartiermeisters :vermutlich französische Spionen: hatten dahier im Amte sowohl als in mehreren anderen, die Quartier für einige 100 Mann Preußen wirklich angekündigt, und noch am selbigen abends ließe mir der Vorstand zu Schlebusch bedeuten, daß anderten morgens 8 Uhren ein preußischer Officier mit 2 Gemeinen anhero würden einquartiret werden. Allein, wir sahen uns bald getäuscht; anstatt deren Preußen lagerte sich schon gegen Mittag die französische Armee bei Deutz und Mülheim, Buchheim und Merheim und extendirte [=dehnte sich aus, H.M.] sich am späten Abend noch bis Dünwald, sogar in Schlebusch waren an die 200 Cavalleristen einquartirt. Morsbroich bliebe indessen diese Nacht frei von Einquartirung. Das dahier noch befindliche Bettzeuch, Leinen, Zinn und Kupfer ließe ich noch in der Nacht an ein verborgenes Ort dahier im Hause, so gut es mir möglich ware, in Verwahr bringen. Von einem Augenblicke zum andern in der Nacht glaubte man die Mordbrenner schon am Thor zu hören; diese ging doch noch einmal so ziemlich ruhig vorbei. Beim anbrechenden Tage wollte ich eilends noch einige Sachen in den Busch verbergen, dies gelang mir auch noch. Ich war kaum wieder aus dem Busch an der Cascade, als ich auf einmal 5 rother Husaren in vollem Galoppe auf mich lossprengen sahe: entkommen konnte ich ihnen, menschlicherweise, nicht. Ein guter Schutzengel rettete mich. Ich sprang nur um die Ecke des Busches und stürzte mich in den darumb gehenden Graben. Kaum lag ich, so waren sie schon bei mir und ritten mir so nahe vorbei, daß ich bei jedem Tritte glaubte, die Pferde hätten mir Kopf und Leib zertretten. 4mal ritten sie auf und ab, fluchten unaufhörlich und waren umso verbitterter, als sie mich in dem Augenblicke sahen, wo ich ihnen entwischte; diese Kerls haben mir in der That den Todtsschweiß recht ausgetrieben und ich werd gewiß diese Stunde und den 10ten 7ber nie vergessen. Da die Schurken mich nicht fanden, ritten sie auf Morsbroich zu; sie fanden aber das Thor geschlossen, und da es ihnen schon zu lang dauerte, ehe solches geöffnet wurde, schlugen sie die am Pfortestübgen befindliche Fenster in Stücken und stiegen da hinein; inmittels vermehrte sich ihre Anzahl, sie gingen aufs Haus, Hubertiburg und allenthalben, durchwühlten alles, fanden aber wenig, was ihnen anständig ware. Ein paar Bettlaken samt eines Küssenziech (?) [=Kissenbezug?] von des Simons Bette, eine wüllne Scharze und ein Altartuch, sodann die silbern-übergoldete Kuppe des zur Gezelinikapelle gehörigen Kelchs :dessen unterer Theil nebst der von Composition gemachten Monstranz hernechst in des Halfen Schweinsstall vorgefunden worden: wurden ihnen zur Beute. Dem Simon und Niclas wurden sogar ihre am

Leib tragenden Hembder ausgezogen, was diese beiden am 10ten 7ber noch übrig behalten und sich wieder angeschafft hatten, wurde ihnen diesmal noch mitgenommen. Bei dieser Retirade ist aufm Lande niemand, nicht einmal der Bettler verschonet worden. Hauptsächlich wurden diejenigen, welche bei der Ankunft der Franken wenig gelitten, diesmal um desto härter hergenommen. Auch Hr von Wyhe zu Reuschenberg büßte seinen Patriotismus theuer; nebst einer ansehnlichen Summe Geldes verlor er auch alle seine Pferde und viele Meubles. Hr Richter Schall wurde noch härter als vorhin betroffen. Ich will ihm wenigsten den Schaden mit 2000 Gulden nicht ersetzen, er hätte sich tags zuvor mit seiner ganzen Famille weggemacht und alles im Stich gelassen. Dem Hrn Vogt Aschenbroich zu Monheim, der bei der Ankunft der Carmagnols [= Jakobinerjacken] unverletzt davon gekommen; gings bei der Retirade um desto schlimmer; nur noch einen alten Rock und ein Hembd behielt er. Auch die Contributionssumme von 3000 Rthlr, so bei ihme erlegt ware und durch die Sauvegarden selbst verraten wurde, wurde ihnen zur Beute. In Mülheim hatten die Schurken auch schon beim Abziehen der Armée mit Plündern angefangen, als gleich dem General Laballe nachgeeilet wurde, derselbe auch zurückkame und einen der Räuber auf der Stelle erstach, zween ander so zusammen hieb, daß sie nie mehr rauben werden. Es blieb indessen leider an diesem Tage nicht bloß beim Plündern, sonder es mußte auch brennen.

Mit eigenen Augen sahe ich in einer Stunde 3 Höfe und 4 Baurenhäusger in Flammen. Unter den Höfen sind 2 Rittergüter, ohnweit Opladen gelegen, eines das Haus Dückenburg genannt, dem Herrn von Spies zugehörig, das andre den Velbruckischen Erben gehörig; an diesem :das Haus Vorst genannt: ware ein hoher Thurn, worauf viele Leute und Effecten geflüchtet waren. Da die Mordbrenner den Thurn nicht ersteigen konnten, so legten sie Feuer an. Die armen Leute mußten also aus den Fenstern dieses sehr hohen Thurns, um ihr Leben wenigst in etwa zu retten, hinausspringen; ein Mann und alle Meublen wurden ein Raub der Flammen. Nach 12 Uhren sah man keinen Franzosen mehr. Die Armée marschierte bis in die Gegend von Düsseldorff, wo sie noch bis diese Stunde ist. Ihre Vorposten gehen bis Benrath. Wehe Düsseldorf und der dasigen Gegend, denn es scheint, daß sie sich dort noch halten wollen; sie haben sich sehr verschanzt, die schönsten Bäume abgehauen und die Wege damit verrammelt, und fangen wirklich an, alle nur wegzuführenden Sachen über den Rhein zu transportiren; fast unbegreiflich ist der Rückzug der französ. Armée, ohne vom Feind im mindesten verfolgt zu werden. Erst am 25ten sah man eine Division von Barco Husaren, etwa 150 Mann stark, hier vorbei nacher Opladen marschiren. Dies machte nun zwarn wieder ein wenig guten Muths, allein, nach 2 Stunden kamen sie schon wieder zurück.

Ich befragte die Officiers, um die Ursache derselben. Sie antworteten :ohne jedoch, daß mit dem Feinde etwas Widriges vorgefallen sei: contre ordres erhalten hätten und nach Mülheim müßten. Eine Sauvegarde, so Hr Schall in seinem Hause hatte, wurde auch gleich hernach einberufen. Nun fing des Heulens, Jammer und Elend erst recht an. Alles machte sich schon gleich zur Flucht bereit; sogar diejenigen, die nicht manchen Kreuzer zu verlieren hätten, machten sich aus dem Staube. Niemand glaubte sich beim nochmaligen Vorrücken der Franzosen, seines Lebens mehr sicher, und zwar aus der ganz gegründeten Ursache, weilen bei der Retirade in verschiedenen Dorfschaftenn, mancher Frank des Bauren Wuth hat unterliegen und sein Leben einbüßen müssen.

Ganze Familien, alte Greise und Kinder sah man die ganze Nacht hindurch und des anderen morgens dahier passiren, sogar halb toten Menschen ließen sich auf Karrigen wegführen. Die jüngsthin noch übrig gebliebenen wenigen Pferde, Hornvieh, Schaaf und Schweine, überhaupt alles, wurde eiligst weggetrieben. In allen zwischen Benrath und Mülheim liegenden Dorfschaften und Höfen sind gewiß keine 50 Menschen und keine 10 Stücke Vieh rückgeblieben. Auch die hiesigen Hausgenossen machten sich frühzeitig aus dem Staube, und es ist in der That auch niemandem zu verargen, denn man hat nichts Gewissres

zu erwarten, als daß man zuerst ganz nackend ausgezogen und dann auch noch mißhandelt oder gar ums Leben gebracht wird.

Sogar die 2 alten Krüppel Simon und Niclas :für welche ich eine Karrich nicht beischaffen konnte: flüchteten sich zu Fuß, und zwarn Letzterer auf Dünnwald und 1terer nach Schlebusch. Gott! Welch ein Zustand: Ich ware noch alleine hier nebst der Frau des Schreiners, und wartete nun schon zum drittenmal die Ungeheuer ab; sie blieben aber :Gott lob: aus, und ich erhielt gegen Mittag ein Schreiben aus Opladen, daß die französ. Vorposten noch bei Benrath stünden und sich weiter noch nicht hätten sehen lassen. – Am 27ten wagte sich eine kaiserliche Patrouille von etwa 30 Mann bis durch Opladen. Sie waren kaum da, so wurden sie von einer französischen Patrouille von etlichen 40 Mann bis auf die Schlebuscher Heide zurückgetrieben. Drei deren französ. Husaren kamen hier ans Thor, forderten Wein, Bier und Brandewein; ich konnte ihnen aber mit keinem Theile andienen, sie ritten also, jedoch ohne Exzessen zu machen, wieder weg. Seitdem hat sich zwarn kein Frank mehr dahier sehen lassen, indessen ist man doch weder bei Tag noch bei der Nacht vor neue Überfälle, neue Plünderungen und vor sein Leben selbst nicht sicher gestellt. Die kaiserlichen Patrouillen, die meistens aus Husaren von Büssy und Rohan bestehen, lassen den Franzosen im Rauben und Stehlen wenig nach; sie verstehens, sogar am hellen Tage und auf öffentlichen Straßen, schier eben so meisterlich wie jene. Aus Düsseldorff und der dasigen Gegend lassen die Franzosen alle nur wegzubringenden Sachen über den Rhein transportiren; ihre dagestandene Cavallerie ist gestern die Neußer Straß hinauf zu, vermutlich gegen Mainz marschirt, woselbst General Clairfait die Carmagnols aus ihren Verschanzungen getrieben, auch jene zu Neuwied per Capitulation eingenommen haben solle. Sollte sich diese Nachricht bestätigen und die k[aiserlichen] Waffen ihre Siege so fortsetzen, so dörften wohl beide Rheinufer von den Carmagnols in Kurzem wieder gesäubert seyn, widrigenfalls werden wir wohl auf dieser Seite, wohl bald wieder in dem nämlichen Stande uns

befinden, in welchem wir vor 2 Monaten noch waren. Der Himmel wolle doch endlich einmal uns Unglücklichen wieder eine ruhige Stunde geben, denn bei einer solchen Lage, wie die jetzige zeithero gewesen und noch wirklich ist, muß auch der Stärkste seine Geistes- und Leibs-kräfte verlieren und vor Elend verschmachten. Nie werden alle die Gräuel, Mord- und Schandthaten, welche die Unmenschen nebst dem unerhörten Rauben und Plündern in dem armen Bergischen Lande ausüben, hinlänglich geschildert werden. Ich selbst bin schon 2mal Augenzeug davon, daß sie ein Weibsbild auf öffentlicher Straße nothzüchtigten. Sollte die Räuber-Armée noch einmal, wie sehr zu beförchten ist, wieder avanciren, so förchte ich, mehr wie jemal, für das ganze Bergische, wo sie nur hinkommen wird, besonders fürs Sengen, Morden und Brennen. Morsbroich und die übrigen in hiesiger Nachbarschaft gelegenen Hochdero Häuser und Büschen, sind bis herzu noch in suo esse [= in ihrem Stand]. Der liebe Gott wird sie hoffentlich auch noch ferner mildväterlich erhalten. Ich ersterbe ut in litt.*
Morsbroich, den 3ten 9bris 1795 untertänigst
treugehorsamster
Linden

Am 3. Oktober 1795 schreibt Sekretär Linden, daß die Diener, deren Entlassung bevorsteht, nicht mehr zu Arbeiten an der Kaskade zu bewegen sind. Über die Schäden an der Gezelinuskapelle im Weichbild des Schlosses, deren Unterhalt dem Deutschordenskomtur oblag, berichtet er wie folgt:

„Nicht einmal der arme Gezelinus ist von den Carmagnols geschonet worden. Man hat ihm sein Haab und Gut genommen und noch oben drauf, samt seinen Bundsgenossen zerstümmelt und zerfetzt. Von solchen Schurken errette uns o Herr."

Zwei Monate später (2.12.95) zieht Linden Bilanz:

„Den ganzen Verlust, welchen Morsbroich durch die bisherigen Plünderungen erlitten hat, können die Büschen, wenn solche noch ferner salvirt bleiben, binnen kurzem wieder ersetzen, um so mehr, als das Haus selbst mit seinen übrigen Gebäuden, außer einigen geringen Beschädigungen der Thüren und Schlösseren, fort zerbrochenen 27 Glas Scheiben noch ganz unverletzt dasteht. Der liebe Gott wolle uns nur bald wieder die süße Ruhe angedeihen lassen. Zur Zeit der in etwa hergestellten Ruhe werde ich sotane Kleinigkeiten durch den Schreiner wieder repariren, sofort mit der mir gnädig befohlenen, durch die beständigen Unruhen aber immer unterbrochenen Arbeit mit Abänderung des Cascade Weyers und im Garten fortfahren lassen, wegen den im Hause abgerissenen Tapeten aber, Euer Hochwürden Excellenz Gnädigen Befehlen entgegen sehen..."

Nach einem mehrmonatigen Waffenstillstand flammten Ende Mai 1796 die Kämpfe auf rechtsrheinischem Gebiet zwischen Wupper und Sieg wieder auf. Noch Jahre zogen sich die kriegerischen Auseinandersetzungen im Wechsel mit Phasen der Waffenruhe hin, bis schließlich im Frieden von Luneville im Jahre 1801 ein Ende gesetzt wurde.

Die Grafschaft Morsbroich

700.000.- francs und ein Mordskandal

Jean Antoine
Michel Agar
Comte de Mosbourg

Das Herzogtum Jülich-Berg war im Jahre 1742 an den Kurfürsten Carl Theodor von der Pfalz aus der Sulzbacher Linie gekommen. Im Jahre 1777 war diesem auch Bayern zugefallen. Nach seinem Tode im Jahre 1799 folgte ihm sein Vetter Maximilian Joseph als Pfalzgraf bei Rhein, Herzog von Ober- und Niederbayern und als Herzog zu Jülich, Cleve und Berg. Am 30. November 1803 übertrug dieser seinem Neffen, Herzog Wilhelm von Bayern, die Regierung von Berg. Als Maximilian Joseph im Frieden zu Preßburg (26. Dezember 1805) zum König von Bayern erhoben wurde, mußte er an den Friedensstifter Napoleon das Herzogtum Berg abtreten.[203]

Als nächster Herrscher in diesen ereignisreichen Jahren folgte General Joachim Murat, den Napoleon mit seiner Schwester verheiratete und als Herzog von Berg angemessen alimentierte. Murat hielt diese Position von 1806 bis 1808. Vom 31. Juli 1808 an nahm Napoleon die Oberhoheit über das Großherzogtum wieder selbst in die Hand, bis am 3. März 1809 sein erst fünfjähriger Neffe Napoleon Ludwig „Landesherr" wurde. Die Regierungsgeschäfte führte Gouverneur Justus Gruner aus.

Im Oktober/November 1813 flüchtete die geschlagene Armee Napoleons über den Rhein. Vom 5. April 1815 an kam das ehemalige Herzogtum Berg an das Königreich Preußen.

Bei diesen politischen Umwälzungen war Schloß Morsbroich nur ein Spielball im Gewinnschacher der jeweils Herrschenden. Zwar glaubte Deutschordenskomtur Frhr. von Forstmeister noch im Jahre 1804 an eine Wiedereinrichtung des Schlosses als Sitz eines Landkomturs,[204] doch mit der Friedensregelung von 1805 fiel Haus Morsbroich an Maximilian Joseph von Bayern.

Ihm folgte Joachim Murat, der im Jahre 1807 seinem Finanzminister eine großzügige Schenkung machte. Schloß Morsbroich, angereichert um etliche Anwesen in der näheren Umgebung, wurde nun als Grafschaft Morsbroich von Jean Antoine Michel Agar de Merçuez gehalten. Offizier der Ehrenlegion und Finanzminister Agar aus Merçuez, Canton und Arrondissement Cahor, Departement de Lot, hatte am 23. September 1807 in Paris mit Alexandrine Andrien de Soulomes vor Notar Masse einen Ehevertrag abgeschlossen. Wenig später wurde nach der Ziviltrauung noch der göttliche Segen in der Kirche Notre Dame de Laurette zu Paris hinzugefügt.

Finanziell abgefedert wurde die Heirat durch General Murat, der dem jungen Paar gönnerhaft am 14. November 1807 in Fontainbleau durch Schenkung die Grafschaft Morsbroich antrug. Als die französische Herrschaft zusammenbrach, wurde Morsbroich zunächst einem Konkursverwalter unterstellt; wenige Monate später wurde Michel Agar jedoch „vermög Allerhöchsten Cabinets-Befehl seiner Königlichen Majestät des Königs von Preußen Friedrich Wilhelm de dato Berlin, den 31. December 1816, wieder in den ungestörten Besitz und Genuß derselben zurückgesetzt, und der auf sämmtliche Güter angelegte Sequester wieder aufgehoben".[204]

Der ehemalige Finanzminister Michel Agar, der sich seine fernere Lebenssituation offenbar nicht als preußischer Landjunker vorstellen konnte, suchte nun die Morsbroicher Liegenschaften zu veräußern. Hinzu kam, daß die Jahre 1816/1817 äußerst schlechte Ertragsjahre für die Landwirtschaft waren.[205] In Kommerzienrat Johann Abraham Anton Schaaffhausen aus Köln fand Agar einen potenten Käufer. Bereits zum 9. Dezember 1817 kommt es vor Notar Carl Windeck mit Amtssitz Deutz zu einem Kaufvertrag.[206] Dieser notarielle Akt erschien bislang als unproblematischer Besitzerwechsel; doch in Verbindung mit einem Folgevertrag[207] vom 2. Mai 1818, zeigt sich das scheinbar glatte Geschäft in einem völlig anderen Licht.

Auf Michael Agar de Merçuez, den honorigen Offizier der Ehrenlegion, fällt ein dunkler Schatten.

Doch der Reihe nach: Im Kaufvertrag mit Abraham Schaaffhausen vom 9. Dezember 1817 wird als Kaufpreis für Morsbroich der beachtliche Betrag von 700.000.- francs festgelegt. Davon erhält Agar sofort 300.000.- frs „in Wechseln auf Paris", die verbleibenden 400.000.- frs sollen in zwei Raten nach drei bzw. sechs Monaten nach Vertragsabschluß transferiert werden. Die Zahlung der beiden 200.000er Tranchen unterliegt jedoch einer Klausel: In der Schenkungsurkunde vom 14. November 1807 war nämlich festgelegt worden, daß Agar und seine Gattin je zur Hälfte Eigentümer werden und „daß der letztlebende von beiden, im Falle keine Kinder vorhanden seyn sollten, das Ganze mit allen seinen An- und Zubehörungen eigenthümlich besitzen..." solle.

Von dem hohen Verkaufspreis geblendet, begehrte Agar nun nichts mehr, als den vollen Betrag. Da er den Alleinbesitz der Grafschaft vorgab, wurde er von seinem Vertragspartner zu entsprechenden Beweisen aufgefordert. Man verpflichtete ihn im Notariatsvertrag vom 9. Dezember 1817 *„zur Erweisung seines alleinigen Eigenthums nicht allein den Todtenschein über das Ableben seiner Frau Ehegattin der Dame Alexandrine Andrien des Soulomes und zwar vor Ablauf des letzten Zahlungstermins von zweimal hunderttausend Francen beyzubringen, sondern auch alsdenn förmlich nachzuweisen, daß keine Kinder aus dieser Ehe mehr vorhanden sind“.*

Wenn man diese Passagen des Kaufvertrages arglos zur Kenntnis nimmt, möchte man zunächst einräumen, der mittlerweile verwitwete und zudem kinderlose Agar habe noch nicht die erforderlichen Papiere auftreiben können. Listigerweise läßt er sich am 22. Dezember 1817 von seinem jüngeren Bruder Anton Agar, der in der Heimatgemeinde Merçuez als Notar tätig war, allen Ernstes beglaubigen, daß er, *„Joan Michel Anton Agar de Merçuez Graf von Morsbroch im Wittwenstande geblieben, und ihn keine Kinder weder männlichen noch weiblichen Geschlechts überlebt haben“.* Bis dahin hatte der geldgierige „Graf von Morsbroich" mit Hilfe seines korrupten Bruders lediglich minderschwere Delikte auf sich geladen. Immerhin lebte zu diesem Zeitpunkt seine Frau mit den Kindern Achille Letitia, Joachim und Caroline unbehelligt und wohl nichtsahnend in Neapel.

Joachim Murat, der Gönner von Michel Agar und seiner Frau, war im Jahr 1808 König von Napoleons Gnaden in Neapel geworden. Sein Versuch, bei der Rückkehr Napoleons aus Elba im Jahre 1815 ein gesamtitalienisches Königreich zu schaffen, scheiterte.[208] Murat wurde erschossen.

Vermutlich befand sich die Gattin Michel Agars mit ihren Kindern als enge Vertraute Murats in einer nicht ungefährlichen Lage. In Michel Agar, der endlich in den vollen Genuß des Verkaufserlöses für Morsbroich kommen wollte, keimte zur Jahreswende 1817/18 ein teuflischer Plan. Einzelheiten sind nicht bekannt. Er fand jedenfalls Mittel und Wege, zwischen Januar und Mai 1818 seine Frau und die drei Kinder in Neapel zu töten bzw. töten zu lassen. Wegen der politischen Wirren glaubte er,

die Verbrechen vertuschen zu können. Die Morde kamen noch rechtzeitig, um den Verkauf von Morsbroich „ordnungsgemäß" abwickeln zu können. In der Notariatsurkunde vom 2. Mai 1818 vor Notar Windeck heißt es ganz wertfrei:

> *„Vor unterschriebenem Notar zwischen seinem Herrn Mandanten und dem Herrn Banquier und Commerzien-Rath Abraham Schaaffhausen wohnhaft in Cöln über die Güter der ganzen Grafschaft Morsbroich gethätigten und ausgefertigten Kaufakt verbindlich gemacht über das Ableben der Frau Gräfin von Morsbroch geborene Alexandrine Andrien de Soulomes seine Frau Gemalin als auch über den Tod aller mit besagter seiner Frau Gemalin erzeugten Kindern benennlich Achille Letitia - Joachim - und Caroline die gehörige Bescheinigung beizubringen - dieser Verbindlichkeit zufolg übergiebt Herr Comparent 1.) einen zu Neapel den 24. Januar 1818 über das Ableben der Dame Alexandrine Andrien de Soulomes Gräfin von Morsbroch ausgefertigten legalen Todten-Schein, 2.) einen Todtenschein von Neapel vom zweiten May 1818 über das Ableben der Gräfin Achille Letitia, 3.) einen Todtenschein aus Neapel vom 22. Januar 1818 über das Ableben des Grafen Joachim, 4.) einen Todtenschein aus Neapel vom 6. May 1818 über das Ableben der Gräfin Caroline."*

Wenn schon nicht die ungewöhnliche Folge der Todesfälle Anlaß zum Mißtrauen gab, so hätte die zum gleichen Zeitpunkt vorgelegte Bescheinigung vom 22. Dezember 1817 Klarheit geben müssen. Hier hatte der Bruder von Michel Agar bereits den Tod der hinderlichen Mitbesitzer an der Grafschaft Morsbroich notariell beglaubigt.

Wenn Notar Windeck und Kommerzienrat Schaaffhausen den offensichtlichen Mordskandal geschäftsmäßig abwickelten und das Familiendrama in ihren Akten begruben, so ist dies nur aus einem einzigen Grunde zu verstehen: Der Kauf von Morsbroich mußte regelrecht und sachlich unanfechtbar zum Abschluß gebracht werden.

Um den Preis von 700.000 francs und vier Tote hatte die „Grafschaft Morsbroich" ihren Besitzer gewechselt.

gemeinde mergues, Herrn Anton adjoint de la mai-
-agar dann jüngern und größ- -rie et communal
-tigten act de Notorreté, de merguis, en
deß Herrn Joan michel anton dat de Vingt deux
Agar de merguis Graf von decembre, mil huit sent dix sept, et
morsbroch in Millionsfeind zu portant, que monsieur jean michel
Plisbarg und ihr dainn kinder wie- antoine Agar de merguis Comte
-dre einunlichen nochweiblichen de morsbroch est demeuré en etat
Geschlecht über land gebau. de Venvage, et qu'il ne lui a Sur-
-veu aucun Enfant ni de l'un, ni
Endlich übergiebt der Herr Comparent de l'autre Sexe
einen der fünf und zwanzigsten
May useldgzu Grün und uselgzä- Enfin le Sieur Comparent remet
zu merguis Canton und arrondif- une Procuration passée devant
-sement Cahors, Departement de Lot jean Louis aimable Journié No-
Von dem Herrn Joan Ludwig ama- taire, domicilié à Cahors le Vingt
-ble Journié Notaire wohnhaft zu Six mars mil huit Cent dix huit
Cahors Von dem Herrn Joan An- à merguis, Canton et arrondissement
-drien Proprietärn, und Ihrer de Cahors, departement de Lot, par
Frau Christine Rose Sambats le Sieur Jean Andrieu proprie-
mit ihm Comparenten und gefor Ihm -taire, et Son Epouse Rose Sam-
Vollmacht, krafft welcher le Namen -bats, en Vertu de la quelle Pro-
-feinen Ihr bauernden Constituan- -curation le dit Comparant de-
-ten erklärt, daß die Selbe, Ihm fin -clare au Nom de Ses dits Com-
zu and durch den Tod ihrer Enkelin -mettans, qu'iceux, quoique par
Caroline Gräfin von morsbroch le Decés de leur petite fille
mit dem Herrn Graufen Joan michel Caroline Comtesse de mors-
anton Agar de merguis, gres von -broch devenus Coheritiers de
morsbroch, Mitschbam der fallen- leur dite petite fille, avec mon-
zu verdant feinn, Indoyfeinfallen -sieur le Comte jean michel

Morsbroich in Bankbesitz

Abraham Schaaffhausen
(1757-1824)

Als Abraham Schaaffhausen das landtagsfähige Gut Morsbroich erwarb, war er bereits 61 Jahre alt.[209] Er wurde in Köln am 22. Juni 1756 geboren und verstarb dort am 13. Januar 1824.

Von 1782 bis 1796 war er Ratsherr mit verschiedenen Funktionen, zu denen auch die eines Fiscalrichters gehörte. Als Napoleon ihn im Jahre 1801 zum Maire der Stadt Köln erkor, lehnte er dankend ab. Stattdessen übernahm er das Amt des Präsidenten des Handelsgerichts. Er gehörte zu der kleinen erlesenen Schar Kölner Bürger, die berechtigt waren, zwei Landtagsabgeordnete und ihre Vertreter zu wählen.[210] Mit der Begründung des A. Schaaffhausen'schen Bankvereins schuf er die erste deutsche Aktienkreditbank. Der legendäre Wohlstand Schaaffhausens gründet noch im Köln des Ancien régime. Sein Wohnhaus Trankgasse 25 im Schatten des Domes (Nordseite) wurde zwischen 1790 und 1798 auf einen Wert von 18000 frs geschätzt und gehörte damit zu den wertvollsten privaten Liegenschaften in der Stadt Köln.[211] Auf dem Grundstück des mittelalterlichen Hauses „Drachenfels" hatte Graf Franz Ernst v. Salm-Reifferscheidt im Jahre 1721 einen Neubau errichtet, dem A. Schaaffhausen 1775 eine neue Ausstattung zukommen ließ. Um 1830 ließ die Familie an gleicher Stelle ein neues Wohngebäude errichten, in dem auch das Bankhaus untergebracht war. Der Bankier Abraham Schaaffhausen sammelte Herrensitze wie sein Zeitgenosse Franz Wallraf Kunstwerke. In der wirtschaftlichen und politischen Umbruchphase nach 1800 eignete er sich Schloß Falkenlust bei Brühl und den Auerhof bei Mehlem an. Im Westen Kölns, an der Landstraße nach Düren, lag in erholsamer Umgebung das Wasserschlößchen Kitschburg; seit 1715 bot das ländliche Anwesen dem Kölner Priesterseminar Abwechslung und Entspannung. Nach Verstaatlichung des geistlichen Besitzes in napoleonischer Zeit erwarb es Schaaffhausen und richtete es zu seinem stadtnahen Tusculum her. Der Düsseldorfer Architekturprofessor Carl Schaeffer erbaute eine klassizistische Maison de plaisance, die 1814 vollendet war.[212] Nach 1894 wurde das großzügig bemessene Gelände zum „Stadtwald" umgewandelt. Der ehemalige Sommersitz Schaaffhausen's wurde das bekannte Stadtwaldrestaurant, das jedoch dem Zweiten Weltkrieg zum Opfer fiel und dessen Replik einem modernen Hotelbau weichen mußte.

Eine bemerkenswerte Baugruppe bildet die „Villa Schaaffhausen" in Bad Honnef, Stadtteil Rommersdorf.[213] Es handelt sich um eine burgartige Baulösung mit Turm, Treppengiebeln, Erkern im Stil der englischen Romantik (Neo-Tudor).[214] Der Baukomplex soll sukzessive zwischen 1844 und 1870 entstanden sein. Wann A. Schaaffhausen das Grundstück erwarb, ist nicht bekannt.

Das Interesse Schaaffhausens an Morsbroich gründet sich wohl auf folgende Überlegungen: Erstens handelte es sich bei der Veräußerung durch Michel Agar um eine Art Notverkauf, bei dem der wahre Wert keine große Bedeutung mehr hatte; zweitens fügte A. Schaaffhausen dem Sortiment seiner Immobiliensammlung eine wertvolle Ergänzung hinzu, die bislang fehlte. Wie schon den Freiherrn Ignaz Felix v. Roll reizte ihn wohl nicht zuletzt die Möglichkeit, in den Wäldern um Morsbroich der Jagd nachzugehen.

Anton Wilhelm v. Zuccalmaglio, der unter dem Pseudonym Wilhelm v. Waldbrühl publizierte,[215] gibt in seinen Lebenserinnerungen eine Jagdepisode im Morsbroicher Revier zum besten:

„Der Förster der Besitzung Morsbroich hatte meinen Vater und mich zu einem Treibjagen eingeladen, das sich durch Forsten des Dhünntales hinzog. Gegen Nachmittag hörten wir stromaufwärts Lärmen anderer Treiber. Wir verfügten uns hin, und ich sah, wie der Förster, der uns anführte, einem Jäger der anderen Partei ein Gewehr entriß und eben einen zweiten Versuch machen wollte. Aber es entwickelte sich nun eine ehrfurchtgebietende Reihe von Schützen aus dem Walde und stellte sich auf dem Rasen auf, wo der Auftritt statt gefunden hatte. Der Förster hieß denen, die im Gefolge waren, die gegenüberstehenden anzugreifen, allein diese hatten sich wohl veranlaßt gefunden, zu ihrem Spaße Hasen zu erlegen, spürten aber keinen Beruf für den morsbroicher Förster, einen unheilbringenden Kampf zu bestehen. Mein Vater erblickte zum Glück den Rentmeister des Grafen Metternich von Strauweiler, Heinen, ließ sich mit demselben auf Unterhandlung ein und so erfuhr man denn, daß der Besitzer von Strauweiler Graf Metternich auf eben dieser Strecke so gut das

Jagdrecht beanspruchte wie der Erbe des Deutschen Ordens, der Kaufherr Schafhausen in Köln. Der darauf von meinem Vater gemachte Vorschlag, sich von beiden Seiten hier der Jagd zu enthalten und das Eigenthum des Jagdrechtes durch die betreffende Rechtsbehörde zu ermitteln, fanden sich beide Parteien zufrieden, bis auf den streitlustigen Förster, der seinen Angriff gescheitert sah und sich nur wie ein Hund knurrend zurückzog. Ich hatte auf diessem Jagdzuge beinahe das Unglück, Jemanden zu verletzen. Ich hatte schon eine wilde Katze erlegt, wollte auch einen Vogel erlegen, den ich auf der Spitze eines Baumes sitzen sah. Ich drückte los, aber das Pulver brannte von der Pfanne, der Vogel entflog. Ich nahm das Gewehr aus dem Anschlage, aber nun erst donnerte der Schuß los, der in der Nähe eines Schützen durch einen Busch fuhr. Dieser Vorfall setzte meiner Jagdlust einen bedeutenden Dämpfer auf, ich entsagte allem Tande mit Feuerwaffen, bin nur später ausnahms weise, der Gesellschaft wegen, auf die Jagd gegangen, habe nie mehr gegen Thiere Gewehre losgedrückt, hielt es für unmännliche Eitelkeit, mit der Erlegung eines Hasen oder eines Rebhuhnes zu prahlen."

In seinen Jugenderinnerungen aus der Umgebung von Schlebusch berichtet A. W. v. Zuccalmaglio auch von dem jährlichen Fest bei der zu Morsbroich gehörigen Gezelinuskapelle[216]:

"Neben diesen allgemeinen Festen hatten wir in der Nachbarschaft ein besonderes Fest, das jährlich acht Tage währte und eine große Volksmenge zusammen schaarte. Im Wald bei dem Deutschordensschloße Morsbroich lag eine Kapelle, in welcher der heilige Gezelin verehrt wurde. Ich glaube in Gelen gelesen zu haben, daß im Kloster Altenberg ein alter Marmorstein aufbewahrt wurde, der auf dem Altenberger Gute Alkenrade bei Schlebusch gefunden sein sollte. Seine Inschrift lautete: Matronobus Gesalenis. Unfern der Stelle sprang im Walde ein Born, dessen Wasser von Bauersleuten gegen Augenübel wie gegen Kinderkrankheiten gebraucht wurde. Im vorigen Jahrhundert ließ ein Kompthur des Ordens die Kapelle, die dort im vier-

zehnten Jahrhundert erbaut worden sein mag, vergrößern und einem belgischen Heiligen, dem Schäfer Gezelin, weihen. Im August fanden nach dieser Kapelle wie nach dem Brunnen zahlreiche Wallfahrten statt, fanden sich dann mit den frommen Pilgern viele lustige Gäste, füllte sich der Wald mit Schenkbuden, Kramläden, schaarten sich Gaukler, Kunstreiter, Taschenspieler, Schaustellungen, Leiermänner, Bettler und Krüppel, Zigeuner und Wahrsager in erstaunlicher Menge. Das bunte Leben brachte immerhin etwas Neues, bot Stoff der Unterhaltung für lange Zeit und war, wenn es auch Gelegenheit zu Raufereien, zur Unmäßigkeit bot, auf der anderen Seite wieder in manchen Richtungen belehrend – freilich nicht in der religiösen, trotz der Ketzerpredigten, die abgehalten wurden."

Die sagenumwobene Gezelinusquelle, die, wie im Volk überliefert wurde, in einer Dürrezeit durch den Stab des heiligen Schäfers entstand, war auch Gegenstand eines kritischen Artikels in der Elberfelder Zeitung Nr. 89 vom 31. März 1859. Sprachstil und Intention des anonym verfassten Beitrages verweisen auf Anton Wilhelm v. Zuccamaglio, der durch seine zahlreichen Wanderungen eine hohe Sensibilität für Natur und Umweltfragen entwickelt hatte.[217]

"Rheinland-Westfalen
Von der unteren Wupper, vom 28. März.
Die Wälder, welche früher sich so herrlich in unserer Gegend breiteten, welche auch die Ufer des Dhünnflüßchens umzogen, sind bereits gefallen, oder fallen noch in diesen Tagen der unbarmherzigen Axt des Raders. Der Flächenraum, den sie ehedem eingenommen, gestaltet sich zu Ackerland und Wiesen. Leider fangen darüber die schönen klaren Bäche zu versiegen an, ist sogar der Quell des heiligen Gezelin, der früher in den heißesten Sommertagen unverkümmert fort sprudelte, unter der neuen Kultur zu einem dünnen Wasserfaden eingeschrumpft, der bald ganz einzugehen droht. Wenn man nun dem Privatmann nicht versagen kann, daß er seinen Grundbesitz in der hochmöglichsten Weise verwerthet, so sollte doch ein Gesetz ange-

bahnt werden, durch welches die Gemeinden gezwungen würden, Haiden, die für den Ackerbau keinen günstigen Boden bieten, in Wälder zu verwandeln, sollten vor allem die bergischen Höhen, auf welchen so viele Quellen entspringen, die Lebensadern für unsern Gewerbefleiß sind, und bleiben, die jetzt nur noch mit unbedeutenden Gesträuchern bepflanzt sind, in ordentliche Wälder verwandelt werden. Der Einzelne kann hier der brennenden Frage, welche die allgemeine Gesundheit , den allgemeinen Nutzen betrifft, keine Rechnung tragen, deshalb ist es an der Zeit, daß der Staat hier eintrete."

Zu diesem Zeitpunkt (1859) befand sich Morsbroich bereits in der Hand der Familie v. Diergardt.

Nach dem Tod von Abraham Schaffhausen hatte zunächst die Familie den Besitz weitergeführt. Hier ragte Wilhelm Deichmann heraus,[218] der seit 1830 als Schwiegersohn Schaaffhausens auch die Geschicke des Bankhauses leitete. Deichmann wurde am 3. August 1798 in Rodenberg/Deister geboren und verstarb am 23. November 1876 in Mehlem. Der Geheime Kommerzienrat, der seit 1848 als Direktor des A. Schaaffhausen'schen Bankvereins fungierte, löste das verwaltungsaufwendige Rittergut Morsbroich aus dem Familienbesitz und unterstellte es dem Bankverein.

Der erfolgreiche Kölner Bankier W. L. Deichmann, – er war zu einem späteren Zeitpunkt Begründer des Bankhauses Deichmann & Co. und Mitbegründer der Deutschen Bank, ließ sich in der Trankgasse Nr. 7-9 ein Palais errichten, das zu den bedeutendsten Privatbauten Kölns im 19. Jahrhundert zu rechnen ist. Das 1867/68 vollendete Bauwerk wurde von Architekt Hermann Otto Pflaume erbaut, dem nach 1885 auch der Erweiterungsbau von Schloß Morsbroich zu verdanken ist.

v. Diergardt: Familienbande

*Schloß Morsbroich
Frhr. Friedrich Daniel
v. Diergardt (1850-1907)
im sogen. Jagdzimmer*

Eines der bedeutendsten Denkmäler des 19. Jahrhunderts in Köln wurde im Jahre 1878 auf dem Heumarkt enthüllt. Es handelte sich um ein Reiterstandbild des preußischen Königs Friedrich Wilhelm III., der von 1770 bis 1840 lebte. Am 5. April 1815 nahm der 1797 inthronisierte Hohenzollernsproß offiziell Besitz von der sogenannten Rheinprovinz, die von Emmerich bis Saarbrücken reichte. Das Denkmal wurde seit 1855 geplant und sollte an die 50jährige Vereinigung der Rheinlande mit Preußen erinnern[219]. Im 2. Weltkrieg wurde das Monument z. T. beschädigt; man demontierte das künstlerisch gering eingeschätzte Bronzewerk, wobei wohl etliche Teile zum Schrotthändler wanderten. Als das Interesse an der Kunst des 19. Jahrhunderts wieder aufkam, arrangierte man die verbliebenen Reste an anderer Stelle des Heumarktes auf einem Betonsockel. Ein Nachguß des Pferdes ermöglichte die Rekonstruktion der ursprünglichen Silhouette; glücklicherweise sind außer den meisten Großfiguren der Sockelzone auch jene Relieffelder erhalten, auf denen preußische Kultur und Gewerbefleiß in der Regierungszeit Friedrich Wilhelm III. dokumentiert werden. Hier nun finden wir eine Szene mit dem Berliner Industriellen Borsig, der an Plänen für eine Lokomotive grübelt, während gleich nebenan seine Arbeiter die erforderlichen Werkstücke schmieden. Im Hintergrund, hinter Borsig stehend, ist der Textilfabrikant Friedrich Diergardt dargestellt, der gerade ein Webstück kritisch prüfend in den Händen hält.

Wer war dieser Friedrich Diergardt, den man für würdig erachtete, das Textilgewerbe im Preußen der ersten Jahrhunderthälfte zu repräsentieren? W. Crecelius charakterisiert den erfolgreichen Unternehmer anhand von Angaben aus dem Familienkreise[220]:

Köln. Reiterstandbild
Friedrich Wilhelm III.
(Zustand 1994)

„Friedrich Freiherr v. Diergardt, geb. zu Moers am 25. März 1795 als Sohn des Pfarrers Johann Heinrich Diergardt (geb. zu Langenberg 1759, Prediger in Viersen, dann zu Beek, später zu Moers und Consistorialpräsident, in welcher Eigenschaft er der Krönung Napoleon's als Deputirter beiwohnte), erhielt seinen Schulunterricht in Moers und Düsseldorf und bestand alsdann seine Lehre in dem Fabrikgeschäft seines späteren Schwiegervaters in Süch-

Köln. Relief am Denkmal Friedr. Wilhelm III.; Szene mit Borsig und Diergardt

teln. Am 1. Januar 1813 gründete er in Gemeinschaft mit seinem Schwager Th. Küntzeler zu St. Thönis bei Crefeld ein Fabrikgeschäft in Sammt und Sammtband unter der Firma „Küntzeler & Co", welches schon in demselben Jahre nach Süchteln und im November 1816 nach Viersen verlegt wurde.

Nach dem Tode seines Compagnon übernahm Diergardt das Geschäft allein und setzte es seit Ende 1821 unter seinem eigenen Namen fort. Als er am 1.Januar 1863 das 50jährige Jubiläum der Gründung feierte (er stiftete dabei ein Capital von 10000 Thlrn. zur Unterstützung alter Arbeiter), zählte die Fabrik ungefähr 1000 Webstühle für Stücksammt und 750 Stühle für Sammtband und beschäftigte im ganzen 3000-3200 Arbeiter und Arbeiterinnen als Weber, Wirker, Winder, Appreteure, Haspelerinnen u. dgl. Die Arbeitsstätten waren vertheilt in 43 Flecken und Dörfern der Regierungsbezirke Aachen und Düsseldorf. Durchschnittlich arbeiteten Vater und Kinder gemeinschaftlich in

denselben Werkstätten und genügten zum Betrieb von 3 - 6 Webstühlen, eine Einrichtung, wodurch ein besonders günstiger Einfluß auf das Familienleben ausgeübt wurde. Mit Beginn des Jahres 1869 legte Diergardt die Leitung des Geschäftes nieder und zog sich ganz aus demselben zurück, um den Rest seines Lebens in wohlverdienter Ruhe zu genießen. Diese war ihm aber nicht lange beschieden, da er schon am 3. Mai 1869 starb. Seinen Wünschen entsprechend, setzte der Sohn 148500 Thlr. für Stiftungen und Schenkungen zu wohlthätigen Zwecken aus. - Daß Diergardt für das commercielle Leben der Rheinprovinz und der Monarchie überhaupt die vielseitigste Thätigkeit entwickelte und persönliche Opfer an Zeit und Mühwaltung brachte, ist selbstverständlich; aber am Staatsleben überhaupt nahm er regen Antheil, er war wiederholt Mitglied de rheinischen Provinziallandtages, 1847 des vereinigten preußischen Landtages, später des preußischen Abgeordnetenhauses, seit 1860 lebenslängliches Mitglied

des Herrenhauses. Seit 1. Juli 1819 war er mit Julie, der Tochter des Fabrikanten Friedrich Wilhelm Deußen in Süchteln, verheirathet, aus welcher Ehe als einziges Kind Friedrich Heinrich (geb. 27. December 1820) hervorging. Durch Cabinetsordre vom 7. Januar 1860 wurde der Vater nebst seinem Sohne und dessen beiden ältesten Söhnen Friedrich Daniel(geb. 1850) und Daniel Heinrich (geb. 1852) in den mit dem Besitz der beiden Fideicommisse Morsbroich (Kr. Solingen) und Dünnwald(Kr. Mülheim am Rhein)vererblichen Freiherrnstand erhoben. Am 26. Juni 1867 wurde diese Erhebung auch auf die weiteren Kinder des Freiherrn Friedrich Heinrich Diergardt nämlich Bertha Julie (geb.1854) und Johannes (geb. 1859) ausgedehnt und bei der Descendenz des letzteren an den Besitz des Fideicommisses Vinkenhorst (Kr.Geldern) geknüpft."

Das preußische Ministerium für Handel, Gewerbe und Öffentliche Arbeiten wurde schon bald auf den Textilverleger aufmerksam, der seine zahlreichen Weber mit innovativen Verfahren und einer zeitgemäßen Produktpalette durch turbulente Konjunkturgewässer zu lotsen verstand. Eine silberne Medaille auf der Industrieausstellung im Jahre 1827 in der preußischen Metropole war ihm hinreichender Lohn[221]. Den Adlerorden 3. Klasse verlieh ihm Friedrich Wilhelm III. nicht zuletzt für sein soziales Engagement. Als gläubiger Christ sah sich der Pfarrerssohn vor allem seinen Arbeitern verpflichtet. Vorsorge für den Krankheitsfall, unverschuldete Notlagen und die finanzielle Absicherung des Alters wurden ihm zum Herzensanliegen. Durch großzügige Stiftungen, aber auch mit Erziehungsmaßnahmen zur Selbstbeteiligung und Selbsthilfe schuf der patriarchalisch eingestellte Unternehmer ein regionales Sozialsystem von Modellcharakter. Es nimmt nicht Wunder, wenn die preußischen Könige wohlwollend nach Viersen blickten, wo Lösungen für die brennenden sozialen Fragen der Zeit gefunden schienen.

Soziales Engagement zeigte auch Daniel von der Heydt aus Elberfeld, Rohseidenhändler und Teilhaber des Bankhauses von der Heydt, Kersten & Söhne. Er war einer der Initiatoren des Elberfelder Armenpflege-Systems[222].

Wir wissen nicht, auf welche Weise die Viersener Familie Diergardt zu Daniel v.d.Heydt in persönlichen Kontakt geriet; jedenfalls hatte Friedrich Heinrich Diergardt, einziger Sohn des Textilunternehmers, im Hause des Daniel v.d.Heydt am Elberfelder Laurentiusplatz eine denkwürdige Begegnung. Der 28jährige Fritz Diergardt hatte die acht Jahre jüngere Bertha v. d. Heydt kennen und schätzen gelernt. Nach einem Heiratsantrag – an die Eltern, versteht sich – kommt von Elberfeld freudig-überraschte Rückantwort. Unterm 7. Dezember 1848 schreibt der zukünftige Schwiegervater[223]:

> *„Mein sehr geehrter Herr Diergardt!*
>
> *Ich vermag nicht, Ihnen auszusprechen, was mein Herz bewegte, als Sie vorgestern Abend mir die hochwichtige Mitteilung machten! Ich theilte am gleichen Abend meiner lieben Frau Ihren Wunsch mit, und Sie begreifen sehr gut, wie tief das Mutterherz ergriffen war, zumal wir seit dem Montag früh ein für unsere Familie so wichtiges Ereignis, nämlich den Eintritt meines Bruders August in das Ministerium ahnten, — wir waren schon in großer Spannung, Ihre Angelegenheit aber nahm nun in den innigsten Beziehungen alle unsere Gedanken in Anspruch.*
>
> *Wir haben, mein sehr lieber Herr Diergardt, ernst – und reiflich erwogen, ob wir von Ihrem Wunsch schon gleich unserer lieben Tochter Bertha Kenntnis geben sollten; und meine liebe Frau, auf dem Grund vieler eigener Erfahrungen, meint daß es besser sey, sie zunächst nicht damit bekannt zu machen; sie werde unbefangen, freier seyn, wenn sie etwan Sie wiedersehen möchte, aber meine Frau glaubt, daß das Herz unseres Kindes frei und nicht etwa von einer anderen Neigung eingenommen seye. Ich glaube das Nehmliche und schließe mich auch der Ansicht meiner lieben Frau in Betreff einer Mitteilung an unsere Tochter an.*
>
> *Hiernach aber bleibt mir denn nur übrig Ihnen zu sagen, daß Ihre lieben Besuche uns zu jeder Zeit angenehm und willkommen seyn werden. Gott leite dann die Sache zu dem Ihm wohlgefälligen Ende; wir vertrauen Seiner Fügung mit gerührtem Herzen (...)"*

Wie aus dem Brief ferner hervorgeht, war Daniel v.d.Heydt von der Berufung seines Bruders August zum Preußischen Minister für Handel, Gewerbe und Öffentliche Arbeiten[224] so begeistert, daß er umgehend eine Reise nach Berlin antrat, um August zu beglückwünschen.

Wenn man Fritz Diergardt lediglich Berechnung und Geschäftstüchtigkeit unterstellen würde, müßte man zugeben, daß sein Werben um Bertha v. d. Heydt in terminlicher Hinsicht äußerst geschickt plaziert war. Die spätere Entwicklung der harmonisch geführten Ehe wie auch das liebevolle Verhältnis der Ehegatten, das aus etlichen Briefen immer wieder ungekünstelt herausschimmert, relativiert diese rein merkantilen Motive. Man kann jedoch am vorliegenden Beispiel klar erkennen, daß die Oberschicht des Bürgertums zu dieser Zeit noch ausschließlich untereinander Ehen stiftete. Bereits Daniel v. d. Heydt hatte mit Bertha Rosalie Wülfing eine Tochter aus einer der wohlhabendsten Familien Elberfelds geehelicht. Johann Friedrich Wülfing bestritt als Kaufmann und Großgrundbesitzer seinen Lebensunterhalt[225]. Er war darüberhinaus in der Lage, wie ein Bankier größere Summen für Wohnhausbauten oder Fabrikanlagen zu kreditieren. Daß Mutter Bertha, wie Daniel v. d. Heydt in dem Brief an Fritz Diergardt ausplaudert, über große Erfahrung im Hinblick auf Heiratsanträge verfügte, nimmt angesichts der guten finanziellen Lage des Elternhauses nicht Wunder. Über die Bonität des Hauses Diergardt herrschte hingegen kein Zweifel, so daß es nur noch der liebenden Zuneigung beider Partner bedurfte, um die klassische Geldheirat auch emotional anzureichern. Geheiratet wurde bereits am 25. Februar 1849 in Elberfeld.

Von den fünf Geschwistern der Braut interessiert hier vor allem das Lebensschicksal von Alwine v.d.Heydt, der jüngeren Schwester Berthas. Sie wurde am 8. Januar 1831 in Elberfeld geboren und heiratete am 15. Januar 1854 den Regierungsrat Karl Emil Lischke aus Stettin. Der Jurist mit der preußischen Beamtenkarriere war im Jahre 1850 zum Oberbürgermeister von Elberfeld gewählt worden[226]. Neben seiner aufreibenden Tätigkeit zum Wohle der Stadt Elberfeld hatte sich Emil Lischke auch noch einen Ruf als Naturwissenschaftler erworben. Wegen seiner Arbeiten über Japanische Meeres-Conchylien (Muscheln und Schnecken) erhielt er von der Universität Bonn die Ehrendoktorwürde. Im Jahre 1874/75 tritt Emil Lischke mit seinem Neffen Friedrich Daniel v. Diergardt (ältestes Kind der Eheleute Friedrich Heinrich und Bertha v. Diergardt) eine Reise nach Indien an. Consul Eduard v.d.Heydt, Berlin, übermittelt praktische Reisetips zu Paßformalitäten etc. In den Familienpapieren haben sich Empfehlungsschreiben für die Reisenden erhalten[227].

„We beg to introduce Dr. Lischke, German Privy Councellor et Baron von Diergardt, who have just arrived from
Europe, with the intention of exploring this Island et shall
feel obliged by anything you may be able to do for them..."
J. J. van der Spar, Point de Calle, Ceylon

Man findet auch den launigen Hinweis:
„The Baron ist in search of sport"
In einem weiteren Reisebillet wird die Empfehlung wie folgt
eingeleitet:

„Privy Councellor Lischke from Elberfeld and Baron Fred. von
Diergardt from Bonn...travelling through India on pleasure..."

Eine Enkelin von Emil Lischke, nämlich Alwine Emilie
(genannt Emmy, geb. 13. November 1860 Elberfeld, gest. 15.
April 1919 München) wurde eine bekannte Malerin. In dieser
Generation war der Umgang mit Kunst schon nicht mehr tabui-
siert wie noch bei Daniel v. d. Heydt, der im Sinne der strengen
Niederländisch-reformierten Glaubensrichtung allen leichtfertigen Künsten abhold war.

Unproblematisch hingegen war die Zuwendung zur Baukunst,
die für die Familie von der Heydt/Diergardt in zunehmendem
Maße Bedeutung erlangte.

v. Diergardt: Wohnsitze und Architekten

Burg Bornheim
(Zustand um 1880)

Daniel von der Heydt erwarb im Jahre 1836 in Elberfeld an der Königstraße zusammen mit seinem Bruder August ein Doppelgrundstück. Sein Haus mit Blick auf die katholische Laurentiuskirche, wurde 1842 bezugsfertig.[228] Ausgeschmückt waren die Räume u.a. mit Darstellungen von italienischen Landschaften als Erinnerung an entsprechende Reisen. Als Architekt des Bauwerks, in dem sich heute die „Engel-Apotheke" befindet, möchte man Christian Heyden aus Unterbarmen in Anspruch nehmen. Es war in den Jahren 1825 bis 1860 wohl der bedeutendste einheimische Architekt der Wupperstädte. Nach seinen Plänen führte Engelbert Matthey aus Ronsdorf im Jahre 1836 für Eduard von Carnap in Elberfeld auf der Wallstraße ein repräsentatives Haus im klassizistischen Stile aus.[229]

Bescheidener als Daniel von der Heydt wohnte die Familie Diergardt in Viersen. Ihre Wohnhaus am Alten Markt war ein einfacher zweigeschossiger Putzbau,[230] der sich kaum von anderen Bürgerhausbauten in Viersen unterscheiden mochte.

Erst im Jahre 1854/55 plante Friedrich Diergardt junior, der mit seiner Frau Bertha und drei Kindern[231] auch noch das elterliche Haus bewohnte, einen Erweiterungsbau.[232] Friedrich Diergardt beauftragte dafür den Düsseldorfer Architekten Anton Schnitzler, der wie Christian Heyden vom Klassizismus des Adolph von Vagedes beeinflußt war.[233]

Von Anton Schnitzler war kurz vor dem Viersener Projekt das Elberfelder Waisenhaus errichtet worden. Bertha Diergardt war selbst bei den Einweihungsfeierlichkeiten am 22. April 1854 zugegen und berichtete in einem Brief an ihren Mann.[234] Bertha war wohl ihremVater zuliebe angereist, denn Daniel von der Heydt hatte als Präses der Baukommission das gottgefällige Werk betreut. Auf diesem Hintergrunde ist es erklärlich, daß der Düsseldorfer Baumeister im entfernten Viersen einen relativ geringfügigen Auftrag ausführte und dabei sogar die Bauaufsicht übernahm. Möglicherweise sind Anton Schnitzler noch weitere Arbeiten für die Familien von der Heydt/Diergardt zuzuschreiben.

Trotz des Umbaues war das Zusammenleben in Viersen nicht mehr von langer Dauer. Im Jahre 1858 oder 1859 zog Fritz Diergardt mit seiner Frau Bertha und den drei Kindern nach Bonn. Hier wurde am 13. September 1859 das letzte Kind der Eheleute, Johannes, geboren. Möglicherweise hatte man zu diesem Zeitpunkt bereits das Haus in der Poppeldorfer Allee bezogen – die beste Adresse, die sich in Bonn finden ließ. Der standesgemäße Ortswechsel paßte zur Nobilitierung der Textilunternehmer, die am 7. Januar 1860 in den erblichen Freiherrnstand erhoben wurden.

In einem Schreiben vom 3. Januar 1862 gratuliert Daniel von der Heydt seinem Schwiegersohn Fritz zum Umzug in das neue Haus:[235]

„Die Annehmlichkeit dieses schönen Hauses hat meine Erwartungen weit übertroffen und auch die Lage ist für Euch bequem und mit der offenen Empfangsstube vor der Hausthüre sogar italiänisch; ich glaube aber, daß Bertha diese Offenheit doch noch etwas bedeckt (...)."

Der Hinweis auf die Bequemlichkeit bezog sich auch auf die Lage des Büros der von Diergardt'schen Verwaltung, die in der nahegelegenen Baumschul Allee Nr. 1 1/2 untergebracht war.

Friedrich Heinrich Freiherr v. Diergardt erhöhte den Reiz des Bonner Familienwohnsitzes noch durch den Erwerb eines stadtnahen Sommersitzes, den er in Burg Bornheim fand. Das Anwesen, das nach 1826 in den Besitz des Gerhard Freiherr von Carnap aus Elberfeld gelangte (Folgebesitzer ab 1859 Wenzel Graf v. Boos-Waldeck) wurde im Jahre 1872 durch Kommerzienrat v. Diergardt erworben.[236]

Bei dem Herrenhaus handelt es sich um einen zweigeschossigen Putzbau mit neun Achsen, leicht vorgezogenem Mittelrisalit mit klassizistischem Dreiecksgiebel. Die Zuschreibung an Johann Conrad Schlaun für die Zeit 1728 bis 1732 erscheint mehr als fraglich.Das Gebäude wurde in klassizistischer Formensprache zumindest stark überarbeitet und zwar in der Zeit zwischen 1830 und 1840. Infrage kommt der Bonner Universitätsarchitekt Peter Joseph Leydel (1798 - 1845).[237]

Von 1873 bis 1877 finden sich Nachrichten über Ausstattungsarbeiten am Herrenhaus und Baumaßnahmen, die sich wohl auf Nebengebäude beziehen. Als Architekt tritt Baumeister A. Dietrich aus Bonn in Erscheinung.[238] Die bekannte Kölner Firma Heinrich Pallenberg stellt am 8. Februar 1877 für

Haus Roland

Schreinerarbeiten und Möbellieferungen den stattlichen Betrag
von 21.026,45 Mark in Rechnung.[239]

Ein exzellenter Stellenwert kommt der Neugestaltung der
Gartenanlage zu. Es gelingt v. Diergardt, Julius Niepraschk, den
Gartendirektor der Kölner Gartenbaugesellschaft „Flora", für
seine Umgestaltungsvorhaben zu gewinnen. Am 1. März 1873
wird ein Plan mit entsprechender Kommentierung zugesandt.[240]
In der Folge werden von Köln zahlreiche Pflanzen geliefert
*(u. a. „100 schöne 5-8 Fuß hohe Roth- und ebensolche
Weißtannen in gleicher Zahl").*

Im Jahre 1875/76 scheint ein größeres Palmenhaus errichtet
worden zu sein, da Obergärtner H. Koller, der bei Herrn
Wilhelm Loeschigk zu Bonn beschäftigt ist, eine zu groß gewordene Fächerpalme von 16-18 Fuß Höhe und Breite anbietet:[241]
„Die Pflanze würde Ihr großes Palmenhaus in Bornheim gewiß
sehr zieren". Für dieses Palmenhaus könnte auch die Lieferung
eines Heizkessels am 26. Juli 1876 durch die „Kölnische Maschi-
nenbau Actiengesellschaft in Bayenthal" gedacht sein.[242]

Die hier angeführten Details verdienen deswegen Beachtung,
weil entsprechende Unterlagen zur Gartengestaltung von Schloß
Morsbroich völlig fehlen und auch Einzelheiten zur Umbauphase 1885 bis 1887 nur mühsam zu recherchieren sind (darüber
wird weiter unten noch zu berichten sein). Im Umkehrschluß

darf man folgern, daß Firmen und Einzelpersonen die z. B. bei
Burg Bornheim tätig wurden, möglicherweise auch in
Morsbroich anzutreffen sind.

Die größte Neubaumaßnahme vor dem Erweiterungsbau von
Schloß Morsbroich betrifft die v. Diergardt'sche Besitzung Haus
Roland bei Düsseldorf.[243] Freiherr Friedrich Heinrich
v. Diergardt hatte das Anwesen mit weiteren Gütern im Jahre
1872 von den Erben des Aurel Stommel erworben. Eine der
Vorbesitzerfamilien (bis 1834) war übrigens die Elberfelder Kauf-
mannsfamilie Kamp gewesen.[244] Für die Neubauplanung wird
von Freiherr v. Diergardt der königlich-hannoversche Baurat
Edwin Oppler angesprochen. Oppler wurde am 18. Juni 1831
im Städtchen Oels bei Breslau geboren. Sein Vater war der jüdi-
sche Weinkaufmann Saloh Oppler. Das Studium der Architektur
absolvierte er in Hannover – hauptsächlich bei Conrad Wilhelm
Hase, woraus Opplers Zuwendung zur Neugotik verständlich
wird. Die Mitglieder der Familie v. Diergardt hatten genügend
Gelegenheit, im Umkreis von Bonn oder in den Wupperstädten
Villenbauten von Oppler zu goutieren. In Plittersdorf in der
Rheinaue bei Bonn entstand in den Jahren 1867-1872 die Villa
Cahn;[245] bei Königswinter errichtete Oppler für den Fabrikanten
Caron aus Rauenthal bei Barmen in den Jahren 1871/72 einen
repräsentativen Landsitz. Oppler wurde auch zu etlichen Bauvorhaben in Barmen und Elberfeld hinzugezogen. Bei Haus
Roland wich Oppler von der favorisierten gotischen Stilauffas-
sung ab. Wohl auf Wunsch der Bauherrenfamilie wurde bei der
Planung von 1879 ein Entwurf in der Formensprache der französischen Renaissance vorgelegt. Haus Roland sollte Opplers letz-
tes Werk werden: Als bei dem Herrenhaus gerade die Funda-
mente angelegt waren, erlag der vielbeschäftigte Architekt am
6. September 1880 einem plötzlich aufgetretenen Herzleiden.[246]

Sein Compagnon Ferdinand Schorbach führte das Bauvorhaben zuende. Im November 1882 ging es bereits um die Innenausstattung. In einem internen Schreiben der v. Diergardt'schen
Verwaltung[247] heißt es zum 9. November 1882:

> *„Also die jungen Eheleute sind jetzt auf Roland mit der
> Einrichtung des Hauses beschäftigt; es scheint demnach,
> daß der Einzug in nicht ferner Zeit vor sich gehen sollte."*

Bei dem jungen Paar, das hier sein standesgemäßes Nest bestellt, handelt es sich um Daniel Heinrich Frhr. v. Diergardt und Agnes v. Klitzing, die am 8. Februar 1882 geheiratet hatten.[248]

Im Sommer dieses Jahres waren auch die Arbeiten an den Gartenanlagen von Haus Roland soweit fortgeschritten, daß die v. Diergardt'sche Verwaltung an den Düsseldorfer Gartenarchitekt F. Rosorius zwei größere Abschlagszahlungen überweisen konnte.[249]

Mit der Fertigstellung von Haus Roland waren alle Wohnsitze der Freiherrn v. Diergardt – mit Ausnahme von Schloß Morsbroich – modernisiert bzw. neuerrichtet worden. Um den Erweiterungsbau des Morsbroicher Herrenhauses durch den Architekten H. O. Pflaume in seinem architekturhistorischen und künstlerischen Stellenwert richtig einschätzen zu können, sollen zunächst Leben und Werk von Baurat Pflaume vorgestellt werden.

Der Architekt Hermann Otto Pflaume (1830 -1901)

*Köln, Friedhof Melaten
Grabmal Hermann Pflaume
mit Porträtdarstellung
(nach 1901, Zustand 1994)*

Obwohl Hermann Otto Pflaume zu den bedeutendsten rheinischen Architekten des 19. Jahrhunderts auf dem Gebiet des Profanbaues gehört, gibt es über sein Leben und Werk bislang keine zusammenhängende Publikation. Die hier vorgebrachten Hinweise stammen infolgedessen aus ganz unterschiedlichen Quellen. Geboren wurde Hermann Otto Pflaume am 26. Januar 1830 im thüringischen Aschersleben.[250] Der Vater Ludwig Wilhelm Pflaume war Actuar und Kanzlei-Inspektor; die Mutter, Dorothee Charlotte Christiane geb. Stuenkel, war als Hausfrau tätig. Nach dem Abitur besuchte Hermann Otto Pflaume von Ostern 1850 an die Königliche Bau-Akademie zu Berlin. Er beendete das Studium im Jahre 1857 mit den Examina als Baumeister für das Hochbauwesen sowie für den Wasser- und Eisenbahnbau.[251] Bereits während des Studiums tat sich Pflaume bei Wettbewerben hervor und erhielt z. B. die Schinkel-Gedenkmünze für seinen Entwurf zu einem Königsschloß.[252] Gleich nach dem Abschlußexamen belohnte sich Pflaume mit einer Italienreise, bei der er vor allem Renaissancebauten studierte.[253]

Für eine berufliche Orientierung war die flaue Baukonjunktur jener Jahre in den preußischen Provinzen nicht besonders günstig; lediglich in Köln waren größere Bauvorhaben anhängig. Hier drängte man auf einen zügigen Bau des „Central-Personen-Bahnhofs" an der Nordseite des Domes. Pflaume stürzte sich noch im Jahre 1857 in die Arbeit. In Kooperation mit dem Ingenieur Rocholl bewältigte er – trotz schwieriger Grundrißprobleme, diese erste selbständige Aufgabe in bemerkenswert kurzer Zeit. Bereits am 5. Dezember 1859 konnte die Rheinische Eisenbahngesellschaft als Auftraggeber den Kölner Centralbahnhof in einem feierlichen Einweihungsakt dem Publikumsverkehr übergeben.[254]

Wenn man das positive Image von Bahnhofsbauten im 19. Jahrhundert zugrundelegt, konnte das stilistisch gelungene Empfangsgebäude in exponierter Lage Kölns als erstklassige Werbemaßnahme für den Architekt Pflaume gelten.

Der nächste große Auftrag ließ denn auch nicht lange auf sich warten: Direktor Deichmann vom Schaaffhausen'schen Bankverein ließ auf einem größeren Grundstück der Straße Unter Sachsenhausen von Pflaume einen repräsentativen Bankpalast errichten.[255] Der elffachsige Bau mit zwei seitlich angeordneten Risaliten wies im Mittelteil über der Erdgeschoßzone eine Kolossalordnung von korinthischen Säulen auf. Der Ziegelrohbau war außen verblendet mit Heilbronner Sandstein; die figürliche Werkplastik hatte Prof. Christian Mohr erstellt.[256] Im Innern wurde der durch zwei Geschosse gehende Tanzsaal gerühmt, den der Düsseldorfer Maler Theodor Mintrop (1814 - 1870) ausgemalt hatte.

Das in den Jahren 1860 bis 1863 aufgeführte Bankgebäude gehörte noch für Jahrzehnte zu den bedeutendsten Privatbauten in der Stadt Köln. Für die Straße Unter Sachsenhausen wurde mit diesem Bau die Entwicklung zum Kölner Bankenviertel eingeleitet. Ob für die Nachfolgebauten Tanzsäle zum obligatorischen Raumangebot gehörten, darf allerdings bezweifelt werden.

Nach Abschluß seiner Arbeiten für den Bankverein trat Pflaume im Jahre 1863 in den Staatsdienst. Im Auftrage der königlichen Regierung arbeitete er als Garnisonsbaumeister an Militärbauten in Köln und Bonn. Am 4. Juli 1865 wurde er in dieser Funktion zum Königlichen Landbaumeister ernannt.[257] Gleichzeitig unterhielt Pflaume in Köln ein privates Architekturbüro,[258] um die wachsenden Aufträge abwickeln zu können.

Im Jahre 1865 begann Pflaume mit dem Bau eines Privathauses für den Bankier Wilhelm Ludwig Deichmann an der Trankgasse Nr. 7 A. Da er 1866 zum Militärdienst eingezogen wurde, kam der Bau nicht zügig zum Abschluß. Im Mai 1867 war erst der Rohbau fertiggestellt.[259] Vollendet wurde das aufwendige Gebäude im Stil florentinischer Stadtpalais' wohl im Winter 1867/68. Die ursprünglich vorgesehene Fassadengestaltung mit aufgequaderten Flächen, erschien Deichmann, einem „Herrn von freundlichem liebenswürdigem Wesen ... als zu düster und zu trotzig"[260] Gleichwohl erregte das Ergebnis in der Fachwelt Aufmerksamkeit. Im Wochenblatt des Architektenvereins zu Berlin (Nr. 20 vom 18. Mai 1867) erfährt der Leser in einem Bericht über die baulichen Aktivitäten in Köln:

**Köln,
Palais Deichmann**

„Bezüglich der Privatbautätigkeit kann nur von der Klasse von Gebäuden die Rede sein, die dem schematischen Dreifenster-System untreu, eine größere Frontentwicklung und Architektur zeigen. Bei diesen größeren Privatbauten, der Creme der hiesigen Finanzwelt gehörend, ist es vor allem das herrliche rheinische Material der Facaden, welches uns Berlinern in die Augen sticht und Putz und Stuckarchitektur vollständig verbannt. – Das Deichmann'sche Palais, von Pflaume, im Äusseren fertig, zeigt die Anwendung dieses Materials in bester Durchführung. Die Plinthe (= Basis, Sockel, H.M.), hergestellt von der unverwüstlichen Basaltlava und von Trachyt, die Facadenquadern, Gesimse und Fenstereinfassungen von Trier'schem Sandstein, die ornamentalen Sachen aus dem bildsamen und doch so festen Tuffstein..."

Das gerühmte Bauwerk in herausragender Lage Kölns hatte nur eine begrenzte Lebensdauer: Im Jahre 1912 wurde das Gebäude abgebrochen, um einer wirtschaftlich einträglicheren Baulösung Platz zu machen. Bis zum Jahre 1914 errichtete hier auf vergrößerter Grundstücksfläche der Architekt Joh. Heinrich Müller-Erkelenz[261] das heute noch bestehende „Deichmannhaus". Das die Ecke Trankgasse/Bahnhofsvorplatz beherrschende Monumentalgebäude in bedrohlich wirkendem Frühbarock ist wohl jedem Besucher Kölns bekannt.

Die erfolgreiche Tätigkeit Hermann Otto Pflaumes für Wilhelm Ludwig Deichmann und den Schaaffhausen'schen Bankverein verhalf dem erst 37jährigen Architekten zu einer kontinuierlichen Folge lukrativer Aufträge. Köln's Oberschicht bemühte sich um Pläne aus seiner Hand. Gleichzeitig schätzte man seine Zuverlässigkeit bei der Bauführung.

Innovativ für die Domstadt, in der bis dato der gotisierende Baustil auch den Profanbau beherrscht hatte, war Pflaume's konsequente Zuwendung zur Renaissance italienischer und französischer Provenienz. Auf Studienreisen nach Italien und Frankreich hatte er sich entsprechend geschult; darüberhinaus waren ihm Belgien, die Niederlande und natürlich Berlin vertraut.[262]

Als das Palais Deichmann gerade erst im Rohbau erstellt war, hatte Pflaume bereits das Folgeprojekt begonnen. Es handelte sich um ein palaisartiges Wohnhaus für den Geheimen Kommerzienrat Dr. Gustav von Mevissen[263] mit der späteren Adresse Zeughausstraße 2 A. Der Bau wurde in unmittelbarer Nähe (d. h. östlich) vom Amtssitz der königlichen Regierung errichtet. Die relativ lange Hauptbauzeit von 1868 bis 1872 erklärt sich durch eine kriegsbedingte Unterbrechung. Hermann Otto Pflaume wurde nämlich im Zuge des Deutsch-französischen Krieges einberufen. Laut Nekrolog (vom 14. August 1901) finden wir ihn im Range eines Landwehrhauptmannes „vor den Mauern von Straßburg und Belfort".

Auf einem problematischen Grundstück der in stumpfem Winkel abknickenden Apernstraße konzipierte Hermann Otto Pflaume ein repräsentatives Wohnhaus für Mumm von Schwarzenstein (Apernstraße 75). Wie bei einem Eckgrundstück wurde der in die Straße vorspringende Grundstücksteil durch einen zentralen Rundbau betont.[264] Das in den Jahren 1874/75 errichtete Bauwerk war in der Fassadenverkleidung üppig mit französischem Kalkstein aus dem Pariser Becken bzw. den Vogesen bestückt worden, dessen Beschaffung preiswert geworden war. Deutsche Steinbrucharbeiter, die hier vor dem Krieg ihrer Tätigkeit nachgekommen waren, hatten mit der Ausweisung „ins Reich" die speziellen Kenntnisse und Arbeitsverfahren mitgebracht. Im Köln der Gründerjahre gab es infolgedessen einen Kalksteinboom.[265]

Die zeitliche Lücke von 1872 bis 1874, die als Zäsur zwischen den beiden Kölner Palaisbauten für Gustav von Mevissen und Mumm von Schwarzenstein liegt, wurde u. a. für auswärtige Tätigkeiten genutzt.

Durch Vermittlung von Johann Andreae aus der bekannten (Köln-) Mülheimer Fabrikantenfamilie,[266] kam es zu einem Kontakt zwischen Hermann Otto Pflaume und der Fabrikantin Maria Zanders aus Bergisch Gladbach. Maria Zanders, geb. Johanny,[267] hatte im Jahre 1870 ihren Gatten, den Papierfabrikanten Richard Zanders, durch ein Krebsleiden verloren. Die tat-

Köln,
Friedhof Melatan
Grabstätte der Familie
Deichmann
(nach Entwürfen von
H. O. Pflaume)

kräftige Unternehmergattin nahm in der Folge die Geschicke der traditionsreichen Firma in die Hand. Glücklicherweise brachte das Kriegsende (1871) einen Konjunkturaufschwung, so daß die Geschäfte florierten.

Mit Pflaume wurden 1872 erste Pläne für einen zeitgemäßen Wohnhausbau erwogen. Die Bauherrin nahm u. a. starken Einfluß auf die Raumdisposition, so daß z. B. eine Planänderung nach Reiseeindrücken aus Schottland und England erforderlich schien: Das Motiv der englischen Halle mit der raumgreifenden Treppe hatte es Maria Zanders angetan.[268] Für die Auffassung Pflaumes war die erzielte Raumwirkung wohl eher ungewöhnlich. Als eigentliche Bauzeit sind die Jahre 1873/74 anzusehen. Durch einen Umbau in 1910/11 resultierten Veränderungen: Das ursprüngliche Treppenhaus wie der „maurische Wintergarten" wurden durch Neubauten ersetzt.[269] Von 1985 bis 1992 erfolgte eine gründliche Sanierung und die Umgestaltung der Villa zu einem Kunstausstellungsgebäude. Die Institution hat sich als „Städtische Galerie Villa Zanders" bereits einen überre-

Bergisch Gladbach,
Villa Zanders

gionalen Namen gemacht (Museumsleiter Dr. Wolfgang Vomm). Zweifellos zeigt sich in dieser Entwicklung eine deutliche Parallele zum Vorbild Schloß Morsbroich. Rein äußerlich beruht die Gemeinsamkeit auf der größtenteils gut erhaltenen Ausstattung und dekorativen Gestaltung der historischen Innenräume. Da von Hermann Otto Pflaume's reichem Werk leider kaum etwas die Zeitläufte überdauert hat, bilden die Originalbestände von Schloß Morsbroich und der Villa Zanders wertvolle Dokumente seiner Architektur- und Dekorationsvorstellungen. Bei der tradierten Innenausstattung von Haus Zanders ist gleichwohl Vorsicht geboten: Es liegen keine Entwurfszeichnungen oder ähnliche Dokumente des Architekten vor. Da Maria Zanders ausdrücklich als recht bestimmend bei der ästhetischen Konzeption ihres Wohnhauses bezeichnet wird und sie sich zudem auch anderwärts Rat suchte – z. B. bei dem Düsseldorfer Bildhauer August Wittig und dem Maler und Konservator Johannes Niessen am Kölner Wallraf Richartz Museum,[270] läßt sich ohne eine dezidierte Formanalyse keine gültige Aussage machen. Die

Baugeschichte der Villa Zanders bedarf einer eigenständigen Untersuchung und kann somit im Rahmen der vorliegenden Arbeit leider nur tangiert werden.

Die Kontakte zwischen Bauherrin und Architekt blieben offenbar auf einer freundschaftlichen Ebene: Immerhin konnte Maria Zanders als rührige Verfechterin der „Dom"-Restaurierung im nahegelegenen Altenberg auch Baurat Pflaume gewinnen. Pflaume wurde Vorstandsmitglied im Altenberger Dombau Verein, zu dessen Gründung (1894) Maria Zanders in einem flammenden Appell am 13. November 1893 aufgerufen hatte.[271]

Wenngleich die stilistische Zuschreibung bei der Innenraumgestaltung der Villa Zanders noch gewisse Probleme aufwirft, so steht doch unzweifelhaft deren (kunst-) handwerkliche Qualität und Gediegenheit fest. Hermann Otto Pflaume war dafür bekannt, daß er bei der Ausstattung keine Kompromisse kannte und nur hochqualifizierte Handwerker und Betriebe hinzuzog.[272]

Um hierbei nichts dem Zufall zu überlassen, hatte er sich schon beizeiten dem Ausbildungssektor zugewandt. Bereits vor 1870 interessierte sich Pflaume für die Geschicke der Gewerblichen Zeichenschule in Köln. Vermutlich ist im Kontext damit seine Beförderung vom Landbaumeister zum Bauinspektor im Jahre 1869 zu sehen.[273] In der Kölner Stadtverordneten-Sitzung vom 7. April 1870 wird auf einen Erlaß des Ministers für Handel, Gewerbe und Öffentliche Arbeiten vom 15. November 1869 verwiesen.[274] Danach wird Bauinspektor Pflaume ehrenamtlicher Leiter der sogenannten „Gewerblichen Zeichenschule", deren Unterricht von Zeichenlehrer W. Müller und Bildhauer Wilhelm Albermann bestritten wird. Bei der „Gewerblichen Zeichenschule" handelte es sich um eine Vorform der preußischen Kunstgewerbeschulen. Schon im Jahre 1871 wurde die Zielrichtung der neubegründeten Institution bei den Etatberatungen des Kölner Stadtrates präzisiert:[275]

„Neue Zeichenschule für das Kunsthandwerk

Durch die Fürsorge des Herrn Ministers für Handel und Gewerbe ist es gelungen, die Zeichenschule für das höhere Kunsthandwerk, deren Eröffnung im vergangenen Jahre der noch andauernde Krieg nicht zuträglich erscheinen ließ, ins Leben treten zu lassen. Mit mannigfachen Lehrmitteln ausgestattet, deren Vermehrung bereits zugesichert ist, konnte die Schule am 16. Oktober ihren Cursus sowohl im Zeichnen als im Modelliren mit 60 Schülern aus dem Handwerkerstande und aus Jüngern der höheren technischen Studien unter der Leitung des Herrn Bau-Inspectors Pflaume, Architekten (Franz) Schmitz und Bildhauers Albermann[276] im früheren Realschul-Gebäude am Quatermarkt beginnen. Diese bewährten Lehrkräfte werden mit den vielfachen, ihnen zu Gebot stehenden Mitteln einen Kreis von Schülern für das Kunsthandwerk heranbilden, welche später als ausübende Werkmeister immer mehr Kunstfertigkeit und gebildeten Geschmack in ihren Erzeugnissen verbreiten können."

Bergisch Gladbach, Villa Zanders

Zweifelsohne stammen diese programmatischen Sätze von Hermann Otto Pflaume. Er kann gleichzeitig als „Gründungsdirektor" der späteren Kölner Werkschulen angesehen werden, die aus dieser Vorgängerinstitution hervorgingen. Eine Parallelentwicklung zeigte sich übrigens in der Stadt Elberfeld, wo der Architekt Ferdinand Luthmer im Jahre 1869 den Vorstoß zu einer kunstgewerblichen Ausbildungsstätte unternahm.[277]

Da Pflaume ein konsequenter Mensch war, wurde er im „Gewerbeverein für Köln und Umgebung" aktiv und hatte schließlich den Vorsitz inne. Am 20. August 1876 fand in vier Hallen am „Riehler Haus" bei Köln eine vielbeachtete Gewerbeausstellung statt;[278] ausgestellt waren u. a.: „Maschinen, Wagen, Schlosser- und Schmiedearbeiten, Möbel, Tischler-Arbeiten ... Ornamente und Decorationen, Bekleidungs- und Haushaltsgegenstände, Lithographien, Sculpturen, Buchbinder-Arbeiten".

Die zielstrebige Basisarbeit Pflaumes auf dem Sektor kunsthandwerklicher Bildung führte schließlich zur Gründung des „Kölnischen Kunstgewerbe-Vereins" am 31. Januar 1888. Erster

tion von vorbildlich gefertigten und gestalteten Produkten der Gegenwart und aus historischen Epochen sollten Kritikfähigkeit und Qualitätsbewußtsein schulen. In diesem Sinne war Pflaume ein Anhänger der englischen Arts-and-Craft-Bewegung und ein Protagonist des 1907 formulierten Werkbundgedankens.[282]

Eine Vorreiterrolle bei der Realisierung der auch von Pflaume angestrebten ästhetischen Volkserziehung fiel den finanziell abgesicherten und zugleich kulturell aufgeschlossenen Schichten zu – eben jener Klientel, für die der Architekt Hermann Otto Pflaume in der Regel tätig wurde.

Auch bei öffentlichen Repräsentationsbauten des mächtig gewordenen Bürgertums steuerte Pflaume in diesen schaffensreichen 1870er Jahren einen beachtlichen Anteil bei. Er ist Teilnehmer bei den Konkurrenzen um den Berliner Reichstagsbau[283] in den Jahren 1872 sowie 1882. Beim Bau des Kölner Schauspielhauses an der Glockengasse im Jahre 1872 ist er zusammen mit Julius Raschdorff tätig.[284] In Barmen wurde das 1873/74 gebaute Stadttheater nach Pflaume's Plänen errichtet.[285]

Auch das dortige Bankgebäude des Barmer Bankvereins Hinsberg, Fischer & Co entstand 1873/74 nach seinen Entwürfen.[286] Möglicherweise ist die eine oder andere Villa in Barmen oder Elberfeld auf Pflaume's Entwurfstätigkeit zurückzuführen. Belege dafür haben sich bislang noch nicht finden lassen. In Köln, seinem Hauptarbeitsfeld, erstreckte sich Pflaumes Tätigkeit von der planerischen Anlage ganzer Straßen über den Bau von Geschäftshäusern, Wohnhäusern und Villen bis zu Entwürfen für Grabdenkmäler.[287] Bei der Fülle des Gesamtoeuvres kann im Rahmen der vorliegenden Publikation lediglich exemplarisch vorgegangen werden.

Um die Bedeutung Pflaumes für die Stadtentwicklung Kölns nicht unnötig zu schmälern, sei abschließend noch seiner Aktivitäten als Stadtverordneter gedacht. Vor allem im Kontext mit der Schaffung der Kölner Neustadt[288] in den Jahren nach 1880 ist sein Wirken bemerkenswert. Hermann Otto Pflaume hatte sich für die 1880 beginnende Amtsperiode der Kölner Stadtverordneten-Versammlung aufstellen lassen. Seine Wahl wurde vermutlich von einflußreichen Kölner Bürgern betrieben, für die Pflaume tätig geworden war. Als Beispiel sei die Anlage einer

Vorsitzender wurde Hermann Otto Pflaume.[279] Als Mitglied der Kölner Stadtverordneten-Versammlung (heute: Rat der Stadt Köln) hatte Pflaume bereits am 30. April 1885 den Antrag zur Einrichtung eines Kunstgewerbemuseums gestellt.[280] Der neubegründete Kunstgewerbeverein war dann gleichsam der Hebel, um das zögerlich begonnene Museumsprojekt realisieren zu können. Das 1988 einhundert Jahre alt gewordene „Museum für Angewandte Kunst" in Köln verdankt seine Existenz zu einem nicht unbeträchtlichen Teil also ebenfalls der Initiative des rührigen Pflaume. Um die Vereinsaktivitäten Pflaumes im Umkreis von Kunst und Architektur zu komplettieren, sei darauf verwiesen, daß er Vorstandsmitglied im Kölner Dombau-Verein war und Mitbegründer des Architekten- und Ingenieur-Vereins für Niederrhein und Westfalen.[281] Letzteren leitete er als Vorsitzender seit den 1880er Jahren.

Die Bemühungen Pflaumes um eine handwerklich und künstlerisch gute Ausbildung der im Baugewerbe und in anderen Branchen tätigen Nachwuchskräfte fand eine Parallele in der Geschmacksbildung von Auftraggebern und Käufern. Präsenta-

neuen Straße zwischen Severinsstraße und Carthäusergasse (die spätere Jacobstraße) über Grundstücke der Firma J. J. Langen & Söhne, vertreten durch den Kaufmann Eugen Langen, angeführt.[289] Man hoffte wohl, mit Hilfe eines Stadtverordneten Pflaume Einfluß auf die anstehenden großen Erweiterungspläne sowie auf Usancen der Grundstücksvergabe nehmen zu können. Wenn uns diese Vorgehensweise auch anrüchig erscheinen mag, so sollte man doch einräumen, daß ein sachkundiger Stadtverordneter vom Schlage Pflaumes im Rat der Stadt dringend gebraucht wurde.

Gleich am 2. Sitzungstag, bei den Wahlen für die Ausschüsse,[290] kam der Neuling auf Anhieb in alle entscheidenden Kommissionen: Er wurde Mitglied der „Commission für Bausachen" (zuständig für Hochbauten und Alignements) und der für „Ingenieursachen" (Wasser- und Straßenbau); zusätzlich wählte man Pflaume als Mitglied für die „Commission für Kultursachen". Letztere bildete im Jahre 1882 einen Unterausschuß (unter Mitwirkung von Pflaume), der die Ausschmückung des Gürzenichsaales zu betreuen hatte. Die entscheidende Tätigkeit

Pflaumes für die nächsten Jahre war hingegen in der „Stadterweiterungs-Commission" zu sehen. Diese genehmigte am 15. April 1880 das „Programm für den Plan zur Erweiterung der Stadt Köln", nach dem ein umfassender Architektenwettbewerb starten konnte.

Am 28./29. Oktober trat man zusammen, um die Konkurrenzentwürfe zur Neustadterweiterung zu beraten. Es ist wohl nicht zuletzt Pflaumes Einfluß zu verdanken, daß der Aachener Stadtbaumeister Josef Stübben schließlich mit der Ausführung betraut wurde. Im Detail gab es in der Folge immer wieder kontroverse Diskussionen, in denen uns die Auffassung Pflaumes interessiert:

Bei der Stadtverordneten-Sitzung vom 19. Januar 1882 ging es z.B. in der Diskussion mit Stübben um die Gestaltung der Aachener Straße. Diese alte Magistrale, auf der die zu krönenden Kaiser nach Aachen zogen, sollte nach Stübbens Vorschlägen größere Vorgärten und Baumreihen schmücken. Dagegen wurde argumentiert, hier habe kein Bauwilliger Interesse an „Pracht-Bauten", „weil Leichen-Conducte (zum Friedhof

Melaten, H. M.) dieselbe immer passiren würden". Pflaume hingegen unterstützte den Vorschlag Stübbens u.a. mit folgendem Argument:

> *„Köln besitze keine Straßen mit Vorgärten, daß solche in der Vorstadt hergestellt würden, halte er für eine Zierde der ganzen Stadt. Er erinnere nur an die Potsdamer- und Bellevuestraße in Berlin; ohne Vorgärten würden dieselben nicht den Reiz, wie jetzt, besitzen".*

Bei der Anlage von breiten Trottoirs mit Alleebäumen auf den Ringstraßen kritisierte Pflaume jedoch die Vorschläge Stübbens, da Bäume die Wirkung der Architektur minderten, negatives Beispiel sei die Grachtenbepflanzung in Amsterdam. Die Thematik Architektur und Begrünung war also bereits in dieser Zeit umstritten.

Aktuell damals wie heute sind Fragen des Denkmalschutzes. Der Abbruch der mittelalterlichen Stadtmauer und der Erhalt einiger weniger Zeugen der Stadtgeschichte wurde heftig diskutiert. Hermann Otto Pflaume setzte sich – aus verständlichen Gründen, zwar nicht generell für die Erhaltung der Stadtbefestigung ein, dennoch hätte er gerne die Torburgen als markante Zäsur zwischen Alt- und Neustadt erhalten gesehen. Beachtlich ist auch sein Plädoyer für die sachgerechte Restaurierung des Hahnentores (am Rudolfplatz). Am 19. März 1885 argumentiert er gegen Ausbaupläne, die schon das Placet des preußischen Konservators von Dehn-Rotfelser gefunden hatten:

> *„Die Hahnentorburg sei ein historisches Denkmal, und als solches im Sinne der Zeit wieder herzustellen, müsse doch die erste Bedingung einer Restaurierung sein. Das vorliegende Projekt wandle die Thorburg zu einer Art von Gebrauchshaus um, wobei der Charakter des Bauwerkes ganz verloren gehe, was besonders dadurch herbeigeführt würde, daß die oberen Geschosse von je 12 Rundbogenfenstern durchbrochen würden. Er hätte geglaubt, daß man in*

Berlin gegen die Durchlöcherung Einspruch erhoben haben würde, und wundere sich, daß dies nach den Angaben des Stadtbaumeisters nicht geschehen sei. Wenn man ein Projekt vorgelegt hätte, die Thorburg in dem von ihm angedeuteten Sinne zu restaurieren, würde er die Wiederherstellung mit Freuden begrüßt haben, aber eine solche Umarbeitung, wie sie nach dem vorliegenden Projekte beabsichtigt sei, thue ihm leid, und er müsse sich dagegen aussprechen."

Die Ansicht Pflaumes zum Denkmalschutz und zu Restaurierungsfragen wird uns noch im Kontext mit dem Erweiterungsbau von Schloß Morsbroich beschäftigen. Hermann Otto Pflaume engagierte sich während der entscheidenden Jahre der Stadterweiterung in der Kölner Stadtverordneten-Versammlung. Darüberhinaus war er bis in die 1890er Jahre als Architekt in Köln aktiv. Die Nachfolge, offenbar im gleichen Baubüro, übernahm der Sohn Hermann Pflaume, von dem in Köln bis zum

1. Weltkrieg einige bedeutende Geschäftsbauten errichtet wurden.[291] Der Vater scheint sich mit etwa 70 Jahren nach Würzburg zurückgezogen zu haben. Er verstarb dort am 4. August 1901.[292] Am 8. August wurde Hermann Otto Pflaume auf dem Kölner Friedhof Melaten beigesetzt.[293]

Am Beginn jener Gräberallee, an der zahlreiche prominente Kölner beerdigt wurden, deren Grabmonumente Hermann Otto Pflaume schuf, liegt auch die Familiengruft Pflaumes. Ein Bronzerelief mit dem Profil des verdienstvollen Bürgers schmückt die schlichte Anlage.

Schloß Morsbroich. Der Erweiterungsbau 1885-87

Schloß Morsbroich
Großer Spiegelsaal
(Empore)

Am 4. Juli 1857 hatte der Viersener Textilunternehmer Friedrich Diergardt einen wichtigen Termin in Köln: Vor Notar Cardauns schloß er mit Bankier Victor Wendelstadt vom Schaaffhausen'schen Bankverein einen denkwürdigen Kaufvertrag ab.[294] Die sogenannte *„Grafschaft Morsbroich, bestehend aus Gebäudeflächen, Hofräumen, Gärten, Baumhöfen, Ackerland, Wiesen, Hutungen, Weiern, Teichen, Holzungen und Haiden, von zusammen 5673 Morgen 116 Ruthen 15 Fuß Preußischen Maaßes sammt zugehörigen Wohn- und Wirtschaftsgebäuden mit allem sonstigen An- und Zubehör (...)"* wechselte den Besitzer. Für die Liegenschaften zuzüglich Mobiliar und Gerätschaften hatte Friedrich Diergardt die pingelig errechnete Summe von 691.501 Talern, 20 Groschen und 5 Pfennigen (!) zu bezahlen.

Wie aus einem privat abgeschlossenen Folgevertrag[295] ersichtlich ist, sollte Diergardt in Raten zahlen. Er hinterlegte deshalb zur Sicherheit bei der Bank eine stattliche Anzahl von Wertpapieren. Daraus geht hervor, in welche Richtung sich die Geschäfte der Firma Diergardt entwickelt hatten und womit die kommenden Generationen nach Aufgabe der Textilproduktion wohl schwerpunkthaft ihren Lebensunterhalt bestritten.

Diese eher anachronistische Investition zukunftsorientierter Beteiligungen in landwirtschaftlich bestimmmten Grundbesitz, der zu einem beträchtlichen Teil auch noch aus wenig ertragreichem Ödland, Feuchtwiesen und Waldstücken bestand, geschah wohl kaum aus merkantilen Geschichtspunkten. Vielmehr mußte eine zu erwartende Nobilierung durch den preußischen König an entsprechenden Besitz gebunden werden.[296] Aus diesem Grunde gestaltete der neugebackene Rittergutsbesitzer die „Grafschaft Morsbroich" in die Fideicommisse Morsbroich und Dünnwald um.[297]

Der juristische Begriff „Fideicommiss" bedeutet soviel wie „Anvertrautes Gut" oder „Nießbrauchgut" und verpflichtete die Berechtigten zum Erhalt des auf Lebenszeit nutzbaren Gutes ohne die reguläre Möglichkeit zur Veräußerung oder Belastung. Gleichzeitig wird beim Familien-Fideicommiss die Erbfolge geregelt.[298] Die v. Diergardt'schen Fideicommiss-Stiftungen wurden in der Folge mehrfach umgestaltet und erweitert, wobei auch ethische Appelle an die Begünstigten in den juristischen Akt ein-

geflochten wurden. Friedrich Heinrich v. Diergardt äußerte z. B. im Jahre 1875, daß seine *„Kinder und Nachkommen eine stets offene Hand für christliche, wohltätige und gemeinnützige Zwecke haben möchten".*[299]

Zu diesem Zeitpunkt war der Vater Friedrich v. Diergardt bereits sechs Jahre tot. Er war in der Nacht zum 3. Mai 1869 auf Morsbroich nach qualvoller Krankheit verschieden.[300]

Er hatte sich zum Jahresende 1868 aus allen Geschäften seiner Firma zurückgezogen. Leider folgte ihm weder der einzige Sohn Friedrich Heinrich v. Diergardt (dies aus gesundheitlichen Gründen), noch hatten die heranwachsenden Enkel je ein kaufmännisches Interesse erkennen lassen.[301]

Der alte Diergardt, aber auch andere Familienmitglieder, hatten Morsbroich mehr oder weniger regelmäßig als Sommeraufenthalt geschätzt. Die Enkel Fritz und Daniel genossen z.B. im Mai 1862 mit ihrem Erzieher in Morsbroich, *„wo die frische Natur sehr zum beständigen Bleiben einlud"*, erholsame Tage.[302] Julie Friedrike v. Diergardt, geb. Deussen, die den Spätsommer mit Schwiegertochter Bertha und einer Bekannten in Morsbroich verbracht hatte, schreibt an den Sohn Fritz:[303]

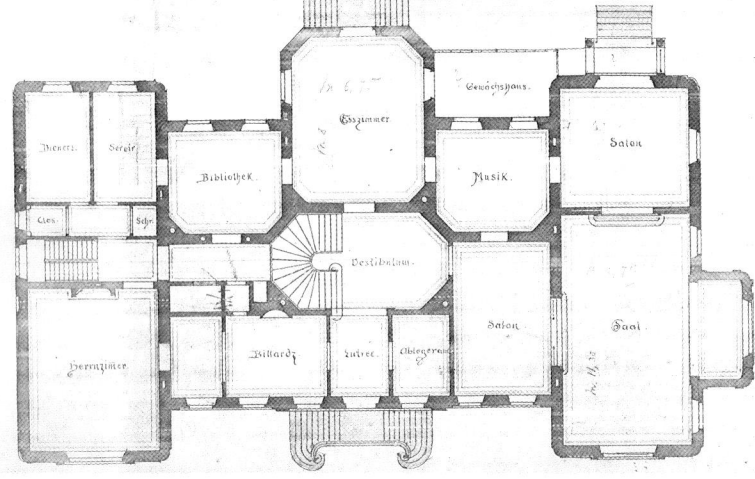

„Wir haben uns sehr gut in Morsbroich amüsirt, das Wetter war uns besonders günstig, und wir sind fast immer draussen gewesen. Den letzten Morgen fuhren wir zusammen nach Buchholz, von welchem Walde ich noch ganz entzückt bin. Wir hatten uns etwas Obst und Brod mitgenommen, und dieses auf einem Hügel im Schatten der schönen Tannen verzehrt (...).“

Winterlichen Aufenthalt auf Schloß Morsbroich schätzte die alte Dame aus Viersen weniger. In einem Brief vom 26. Dezember 1864 an den Sohn Fritz heißt es u. a.:[304]

„Fritz und Daniel [d. h. die beiden Enkel, H. M.] sind wohl nicht bei der Kälte nach Morsbruch gewesen, ich denke es mir jetzt auch recht ungemütlich dort (...)“.

Mit dieser schlichten Aussage wird ein entscheidendes Argument vorgebracht, das zwanzig Jahre später für den Um- und Erweiterungsbau des Rokokoschlößchens eine nicht unbedeutende Rolle spielte.

Nach dem Tode des alten Diergardt (1869) hatte die Familie damit begonnen, die Wohnsitze standesgemäß und komfortabel zu gestalten. Burg Bornheim wurde zwischen 1873 und 1877 aufwendig restauriert und neu ausgestattet. Anstelle der Rokokoanlage von Haus Roland bei Düsseldorf ließ man sich ab 1879/80 nach Plänen von Architekt Edwin Oppler einen stattlichen Villenbau errichten. Einzig Schloß Morsbroich harrte noch der Modernisierung. Hier hatte der älteste Sohn von Friedrich Heinrich und Bertha v. Diergardt, nämlich Friedrich Daniel v. Diergardt, seinen Wohnsitz genommen und waltete als Fideikommissherr seines Amtes. Baron Friedrich Daniel, wie sein Vater „Fritz“ genannt, war noch 1850 in Viersen zur Welt gekommen.[305] Er hatte 1877 in Tegel Agnes Constanze Freiin v. Loën geehelicht und gelangte damit in die Nähe der kaiserlichen Familie. Seine neue Schwägerin, Gräfin v. Brockdorff, war immerhin Oberhofmeisterin von Augusta v. Sachsen-Weimar, der Gattin Kaiser Wilhelm I.[306]

Der Umbau von Morsbroich muß bereits in dieser Zeit als dringlich angesehen worden sein. Es gab jedoch offensichtlich ein familieninternes Problem im Hinblick auf die Kompetenzen in Morsbroich. In der Verwaltungskorrespondenz zwischen der Bonner Zentrale und der Diergardt'schen „Zweigstelle“ in Morsbroich wird über die Zuständigkeit nachgedacht. Anlaß ist die Zahlung von Versicherungsprämien für Schloß Morsbroich:[307]

„Ich habe dieselbe Sache allerdings früher anregen wollen, habe aber immer wieder davon Abstand genommen, weil ich das Verhältnis zwischen Herrn Baron v. Diergardt Vater und Herrn Baron Fritz bezüglich des Hauses Morsbroich in gewissem Sinne als einen Mieth-Vertrag ansehe, weil ersterer sämtliche Einkünfte aus dem Fideicommiß bezieht und letzterer für Haus Morsbroich jährlich 1500 Mark Miethe zahlt. Daß er dafür besondere Lasten außer der baulichen Instandhaltung trägt oder zu tragen übernommen hat, habe ich nie gehört und selbst dies

Schloß Morsbroich
Großer Spiegelsaal mit
Empore
(Blick in nördliche
Richtung, 1995)

*scheint nicht mal zweifellos festzustehen, weil nach 1881
für Arbeiten in den Nebengebäuden 379 Mark dem Gene-
ral-Conto belastet worden sind. Herr Baron Fritz müßte
dann ja ebenso gut die Gebäude- resp. Grund- und die darauf fallende Communal Steuer zahlen, was aber auch nicht
geschieht."*

Die ausstehende Regelung zwischen Vater und Sohn wurde
dadurch erschwert, daß Friedrich Heinrich erheblich erkrankt
und wohl nicht voll geschäftsfähig war. In einem verwaltungsin-
ternen Schreiben vom 3. August 1882 heißt es nämlich:[308]

> *„Von Herrn von Diergardt, welcher, wie Sie wissen wer-
> den, in einer Anstalt im Würtembergischen weilt, hatten
> wir im Frühjahr einmal recht günstige Nachrichten, jetzt
> geht es wieder nicht so gut, wie denn das Befinden des
> armen guten Herrn einem steten Wechsel unterworfen ist.
> Wie schade, daß ein solcher Menschenfreund fern vom
> Schauplatz der öffentlichen Thätigkeit seine Tage verleben
> muß!"*

Um welche Krankheit es sich handelt, geht aus dem Archivbestand meines Wissen nicht hervor. Jedenfalls war Friedrich
Heinrich v. Diergardt noch in der Lage, am 27. Juli 1886 in
Bornheim die letzte Version seiner Testamente abfertigen zu lassen. Am 26. März 1887 verstarb er jedoch auf Burg Bornheim.

Wir wissen nicht, wann der zögerliche Sohn Fritz betr.
Morsbroich endlich die Initiative ergriffen hat. Vermutlich zu
Beginn des Jahres 1885. Erstaunlicherweise gibt es über den
eigentlichen Bauvorgang auf Schloß Morsbroich nur das allernot-
wendigste Material.

Warum und wann die Bauakten aus dem v. Diergardt'schen
Archivbestand entnommen wurden, wird wohl für immer unge-
klärt bleiben.[309] Aus diesem Grunde ist man auch wegen der
Wahl des Architekten Hermann Otto Pflaume, der am 5. Juni
1885 dem Bürgermeister Sürder von Schlebusch den Bauantrag
einreichte,[310] auf Spekulationen angewiesen.

Friedrich Heinrich v. Diergardt, der Vater des jetzigen Bauherren, hatte im Jahre 1876 nachweislich die Bekanntschaft des
damaligen Bau-Inspektors Pflaume gemacht. Es ging um finanzielle Zuweisungen v. Diergardts zu einem geplanten Bismarck-Denk-
mal in Köln unter der künstlerischen Leitung von
H. O. Pflaume.[311] Den finanziellen Grundstock hatte der verstorbene Kommerzienrat Christoph Andreae gelegt. Für ein weiteres
Mitglied der Familie Andreae schuf Pflaume in den 1880er Jahren
in Köln eine Villa.[312] Man kann davon ausgehen, daß zwischen
der bürgerlichen Oberschicht in Köln und der Familie v. Diergardt
engste Verbindungen bestanden. Der Morsbroicher Fideicommiss-
herr Fritz v. Diergardt hatte auch bei Grundstückspekulationen in
der Kölner Neustadt seine Hand im Spiel.[313] Hat die einflußreiche
Tätigkeit Pflaumes als Stadtverordneter in der „Stadterweiterungs-
kommission" möglicherweise den letzten Anstoß gegeben, den
vielbeschäftigten Privatarchitekten für Morsbroich zu gewinnen?

Wie dem auch sei: Die Entscheidung für H. O. Pflaume war
richtig und wurde zu einem Glücksfall für das bauliche Schicksal
von Schloß Morsbroich.

Vor dem 5. Juni 1885 wurde der Familie des Freiherrn bereits
ein Entwurf vorgelegt, der bis zu einer detaillierten Reinzeich-
nung gediehen war. Erdgeschoßgrundriß und Schnitt durch den
geplanten südlichen Anbau haben sich erhalten.[314]

Bei diesem Vorentwurf war die Konzeption der symmetrischen Erweiterung durch kurze Flügelbauten schon ausgeprägt.
Im Nordflügel war bereits die Nebenstiege eingeplant; das westlich angrenzende Herrenzimmer bot jedoch Anlaß zur Kritik. Da
der circa acht Meter tiefe Raum lediglich durch ein (wenn auch
großes) Fenster in der Westwand belichtet wurde, wäre der
Raum wohl teilweise in Dämmerlicht getaucht gewesen. Mit
dem Südflügel wollte man vor allem einen geräumigen Saal für
gesellschaftliche Anlässe gewinnen. Der erkerartige Anbau an
der Südwand konnte möglicherweise ein Podium für Musiker

Schloß Morsbroich
Großer Spiegelsaal
(südöstl. Raumecke, von
der Empore her gesehen)

bei Tanzveranstaltungen aufnehmen. Die geplante Gestaltung des Saals wird aus der Schnittzeichnung des Vorentwurfs deutlich: Durch Absenken des Bodens und Erhöhung des Decke erreichte Architekt Pflaume eine Raumhöhe, die etwa um $1/4$ bis $1/3$ über der Normalhöhe des Hauptgeschosses liegt. Zum Niveauausgleich führten dreistufige Treppen in die Nebenräume. Die nördliche Längswand öffnete sich zu einem circa drei Meter breiten Durchlaß in den Kernbau von 1774; der mit korinthischen Pilastern gerahmten Wandöffnung schlossen sich an beiden Seiten rechteckige Felder an, die mit Tapisserien oder Wandgemälden gefüllt waren. Die Gestaltungsmerkmale der Raumdekoration waren an Rokokomotive angelehnt.

Dieser erste Plan fand nicht die Zustimmung der Bauherrenfamilie; die mit dem Baugesuch vom 5. Juni 1885 eingereichten Pläne weisen nämlich z. T. erhebliche Veränderungen auf: Um das Raumangebot bei den Nebenräumen zu verbessern, wurde der Rokoko-Kernbau zunächst einmal um eine Achse verlängert. Der nördliche Anbau (auf dem Grundrißplan links) erhielt eine geräumigere Nebenstiege, das langgezogene Herrenzimmer wurde zwar weniger tief, dafür jedoch circa zwei Meter breiter und war nun wesentlich besser belichtet.

Radikal überarbeitet wurde der Südflügel mit großem Saal und Salon. Um dem Saal die erforderliche Größe zu geben, wurden für die Höhe zwei Geschosse in Anspruch genommen. Der Erker an der Südwand entfiel, stattdessen wurde die neugewonnene Achse im Anschluß an den Rokokobau zur Verbreiterung des Saales hinzugefügt. Die Zugänge zum Saal erfolgten durch die angrenzenden Kabinette; bei großer Gesellschaft ließ sich der Saal über je zwei Flügeltüren zu den Nebenräumen hin erweitern.

Eigentümlicherweise fehlt in den Plänen des Bauantrages die Empore. Vermutlich wurde dieses die heutige Raumwirkung bestimmende Element wenig später beantragt.

Nicht gebaut wurden die im Antrag vermerkten Veranden auf der Gartenseite. Ebenso verzichtete man auf den beantragten Zugang zum Garten vom Damensalon aus. Geplant war eine offene Veranda, die im 1. OG als Balkon ausgebildet war; von der Veranda führte eine Freitreppe ins Gartenparterre.

Die Raumkonzeption entsprach in einigen Punkten der funktionalen Gliederung des Vorgängerbaues. Schon in der Maison de plaisance von 1774 hatte man die Küche mit den zugehörigen Wirtschaftsräumen in das Untergeschoß gelegt. Hier verblieb dieser Komplex auch nach dem Umbau von 1885/87. Die problematische Verbindung zum Speisesaal wurde durch die bis ins Souterrain führende Nebenstiege verbessert.

Die Hauptfunktionen der Räume von Haus Morsbroich können – analog zu den Villenbauten des späten 19. Jahrhunderts – in drei Bereiche untergliedert werden: In die persönlichen Zimmer des Hausherren und der Hausdame, sowie in Räume, die der Kommunikation dienen (sogenannte „Gesellschaftsräume"). Abgesehen von den Verkehrsflächen könnte man dazu in Morsbroich das Speisezimmer, das Musikzimmer, den großen Saal, den Salon zwischen Garderobe und Saal sowie das Billardzimmer zählen. Die Dame des Hauses hatte ihren Hauptwohnraum im „Großen Damensalon" neben dem Saal. Zweifellos verfügte sie über einen weiteren Salon im 1. Obergeschoß neben persönlichem Schlafzimmer und Ankleideräumen.[315]

Die Suite des Hausherrn lag, wie schon in Zeiten des Frhrn. v. Roll, auf der Nordseite. Der Wohnraum war als „Jagdzimmer" eingerichtet und stand damit in der Tradition von Schloß Morsbroich als Sitz eines größeren Jagdreviers. Bezeichnenderweise wurde die Bibliothek in die Nachbarschaft des Herrenzimmers gelegt, während das Musikzimmer neben dem Damensalon lag. Natürlich manifestierten sich auf diese Weise Interessensschwerpunkte, aber auch tradierte Rollenklischees.

Im 1. Obergeschoß verfügte der Hausherr über ein Schlafzimmer mit angrenzendem Ankleideraum. Insgesamt lagen hier 16 bewohnbare Räume. Neben etlichen Fremdenzimmern wird man hier auch die Kinderzimmer vermuten dürfen.

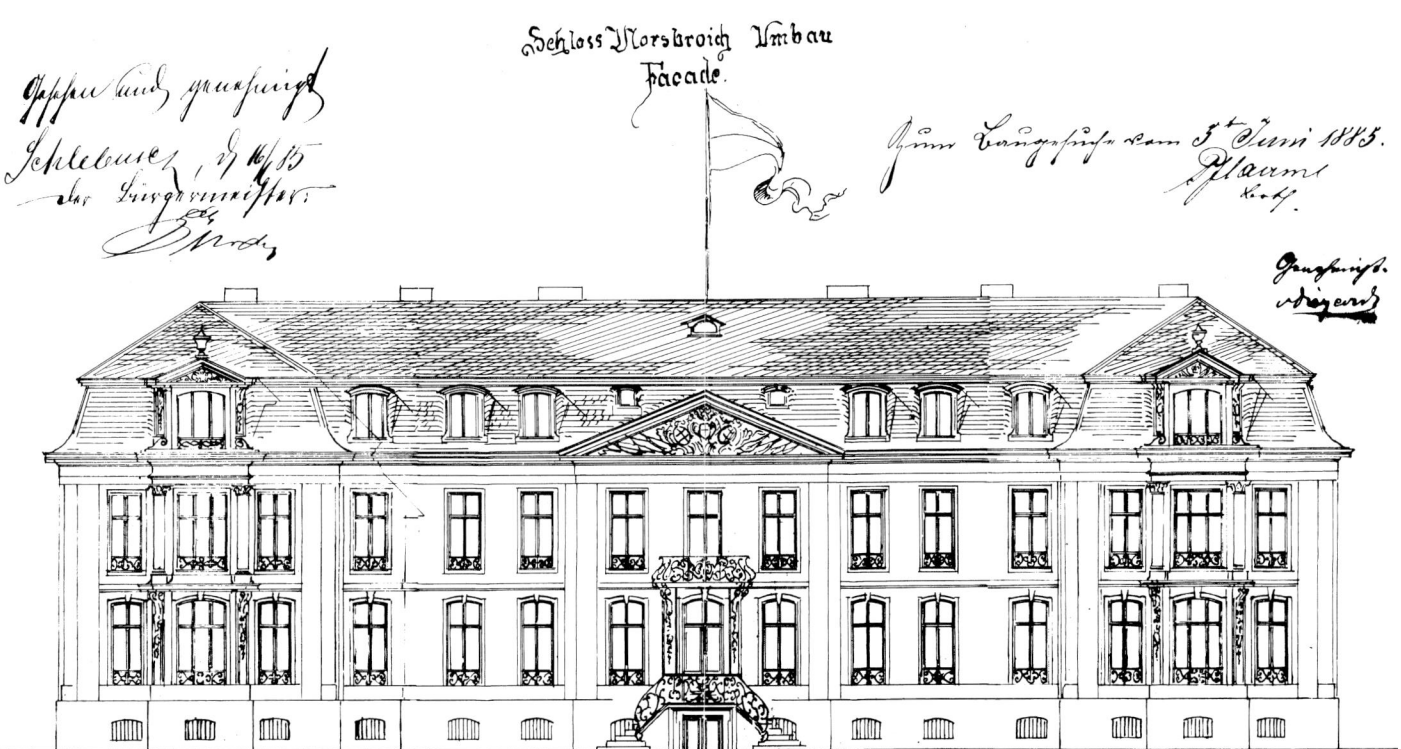

Schloss Morsbroich Umbau
Facade.

Schloß Morsbroich, Hof-
fassade des Erweite-
rungsbaues 1885-87;
Planzeichnung H.O.
Pflaume
5. Juni 1885

Im Dachgeschoß lagen 23 Zimmer; davon wurden neun als Fremdenzimmer vorgehalten; der Rest diente als Schlafkammern für Dienstboten. In jedem Geschoß lagen Toilettenräume. Für das Dachgeschoß ist ein Badezimmer nachgewiesen mit dem opulenten Flächenmaß von 690 x 260 cm. Ganz sicher wird man für das 1. Obergeschoß ebenfalls ein oder zwei Badezimmer erwarten dürfen.

An diesem Punkte erweist es sich, daß neuzeitlicher Wohnkomfort ein wesentliches Motiv für den Erweiterungsbau darstellte. Gleichwohl hatte man sich 1885 noch nicht für eine Zentralheizung entscheiden können, die alle Räume erreichte. Im Kernbau blieb im wesentlichen die überlieferte Ofenheizung bestehen; zahlreiche Heizungsschächte in den Mauerzügen der Erweiterungsflügel deuten auf eine Warmluftheizung hin. Erst im Jahre 1909 wurde eine zentrale Warmwasserheizung mit Heizkörpern in den meisten Räumen eingebaut.[316] Im gleichen Zuge hatte Frhr. Friedrich Leopold v. Diergardt eine elektrische Beleuchtung installieren lassen. Auch diese Modernisierung hätte bereits 1885 geschehen können; dafür, daß dies unterblieb, gibt es eine skurrile Erklärung, die aus einem Schreiben des Verwaltungssekretärs A. Wild an den Kölner Kaufmann Johann Hamspohn aus dem Jahre 1887 hervorgeht:[317]

„Geehrter Herr Hamspohn !

Absprache gemäß kann ich Ihnen heute mittheilen, daß Herr Baron von Diergardt zu Morsbroich in dem neuerbauten Saale, gleich wie in allen übrigen Räumlichkeiten der erweiterten Wohnung, nur bestes Kaiseröl und raff(iniertes) Rüböl zur Beleuchtung gebraucht; im Saale windet sich durch den ganzen Kronleuchter eine mit Phosphor getränkte Schnur, welche, wie eine Stelle angezündet, sofort an die hierfür bestimmten Stellen Licht entfacht. Von Beleuchtung durch Gas oder Electricität ist der Herr Baron, wie ich höre, kein Freund.

Mit hochachtungsvollem Gruße
A. Wild."

Wie die in Morsbroich erhaltene Raumausstattung aus der Umbauphase zeigt, legte H. O. Pflaume Wert auf eine sorgfältige handwerkliche Durchführung. Er griff auf jene geschulten Kräfte zurück, mit denen er bei seinen zahlreichen Villenbauten gute Erfahrungen gemacht hatte. Nachgewiesen ist die Tätigkeit der Kölner Firma Heinrich Pallenberg.[318] Aufwendige Schreinerarbeiten, die raumbezogene Anfertigung von Möbeln sowie die Lieferung von eleganten Einrichtungsgegenständen waren Spezialitäten dieses überregional bekannten Betriebes. Für die Familie v. Diergardt war die Firma bereits beim Umbau von Burg Bornheim (1873-1877) tätig geworden.[319]

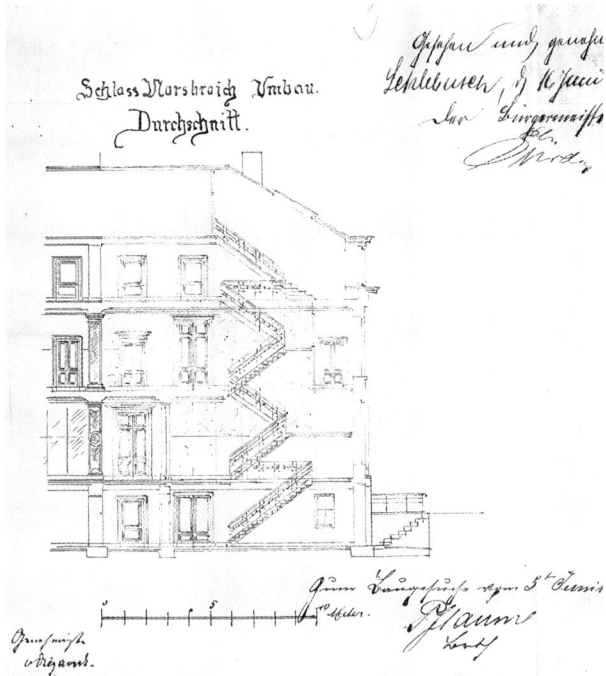

Ein Blick in das Herrenzimmer mit schweren „alt-deutschen"
Formen zeigt im Vergleich mit den eleganten Möbeln des
Damensalons die stilistische Bandbreite des späten 19. Jahrhunderts. Im Jagdzimmer des Hausherren hängt unter einer rustika-
len Holzbalkendecke ein Leuchter aus Hirschgeweihen, zu dem
wohl der bekannte Entwurf Dürers Pate gestanden hat.[320]

Der große Damensalon (heutige Bezeichnung: Kleiner Spiegelsaal) hinter dem Festsaal weist Anklänge ans Rokoko auf. Dies
trifft vor allem auf die Stukkatur der Decke zu, für die es jedoch
kein direktes Vorbild gibt. Ob um 1885 im Rokokobau von
Morsbroich noch Stukkaturen aus der Zeit um 1774/75 vorhanden waren, kann vorausgesetzt werden. Es steht zu vermuten,
daß bei den umfassenden Renovierungsarbeiten von 1909/10
die Räume teils aus technischen, teils aus stilistischen Gründen
in großem Maßstabe „bereinigt" wurden.[321] Die Auffassung
J. G. Leydels hinsichtlich der Stukkornamente ist allerdings
generell zurückhaltender als es die Beispiele H. O. Pflaumes im
Sinne des sogen. „Zweiten Rokoko" waren.

Auch bei der Gestaltung des Großen Saales (heute: „Großer
Spiegelsaal") erweckt Pflaume Assoziationen an Lösungen im
Rokokostil. Zwar werden einige Stilmerkmale und charakteristi-
sche Objekte aufgegriffen (z. B. die bewegte Stuckrosette im
Zentrum des Deckenspiegels oder der Kamin), aber weder im
Detail noch in der Gesamtausstattung des Saales gibt es exakte
Parallelen zu bekannten Originalbeständen. Man kann den
Architekten H. O. Pflaume keinen Eklektizisten nennen, der
historische Versatzstücke neu arrangiert; vielmehr handelt es

sich um völlig eigenständige Neuschöpfungen im Sinne des
Rokoko, die ganz auf den zu gestaltenden Raum hin konzipiert
sind. Für die Funktion des Raumes als Gesellschaftsraum, Tanzsaal u. ä. schien die historische Attitüde im Gewande eines
Redoutensaales des 18. Jahrhunderts die geeignete Form zu sein.

Die Kosten für all' diese Pracht und Herrlichkeit waren
beträchtlich. Da die Bauakten verlustig gingen, kann man den
finanziellen Aufwand für die Umgestaltung des Majoratssitzes
Morsbroich nur aus den Quartalsüberweisungen der Zentral-
verwaltung an Friedrich Daniel v. Diergardt eruieren.

Danach flossen im Zeitraum vom 30. Oktober 1885 bis zum
12. November 1887 insgesamt rund 200.000 Mark in die Baumaßnahme.[322] Einzig eine Überweisung für die Firma H. Pallenberg über gut 16.000 Mark ist bestimmten Leistungen zuzuord-
nen.

Bei aller Prachtentfaltung und partiellem Luxus im Inneren
der hinzugewonnenen Flügelbauten blieb die äußere Erscheinung des Herrenhauses ausgesprochen schlicht. Man ließ den
Rokokobau nahezu unangetastet. H. O. Pflaume fügte lediglich
einen Balkon über dem Eingangsportal hinzu. Bei den Anbauten
wurde der Formenapparat des Kernbaues weitgehend fortge-
führt. Die charakteristische Ecklösung (abgerundete Ecken
zwischen Putzlisenen), die in den neuen Mauerzügen ver-
schwunden war, wurde an den Flügelbauten quasi zitiert. Man
möchte unterstellen, daß H. O. Pflaume in J. G. Leydel eine
kongeniale Persönlichkeit entdeckte, dessen Werk er nicht ohne
Not überformen wollte. Pflaume bewies hier eine ähnlich

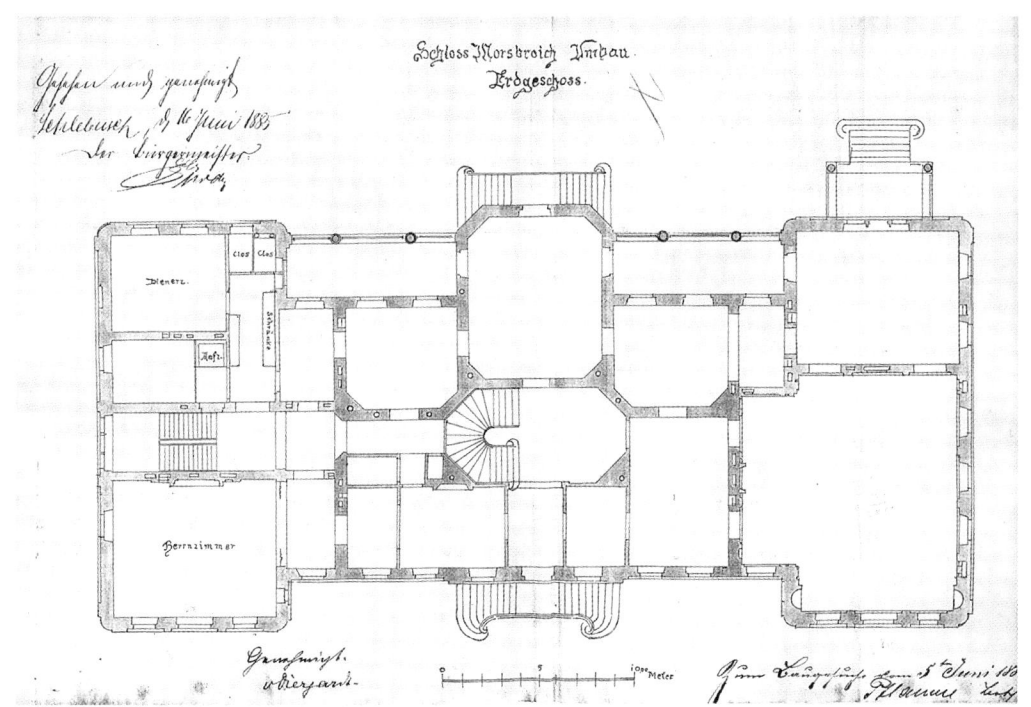

Haltung, wie bei seiner Einstellung gegenüber historischen Baudenkmälern der Kölner Stadtbefestigung.

Offenbar hielt sich H. O. Pflaume bei der äußeren Neugestaltung von Haus Morsbroich also auch aus Denkmalschutz-Erwägungen zurück.

Die Arbeit am Herrenhaus von Morsbroich hatte Auswirkungen auf Pflaumes stilistisches Verständnis bei anderen Bauvorhaben. Ganz offenkundig wird der Einfluß bei der Konzeption der Villa Stein auf dem Kaiser-Wilhelm-Ring in Köln.[323] Diese wohl parallel zu Morsbroich entstandene Stadtvilla für den Bankier Raoul Stein wies im Innern Rokokoformen auf. Direkt angeregt durch den Einfluß von Schloß Morsbroich scheint die über zwei Geschosse reichende Halle mit offener Galerie auf oktogonalem Grundriß. Schmiedeeiserne Gitter wie Stukkaturen lehnten sich an Rokokomotive an. Die Stuckdekorationen wurden von dem Kölner Atelier August Gerber gefertigt. Es ist sehr wahrscheinlich, daß diese Werkstätte auch in Morsbroich tätig wurde.

Zusammenfassend läßt sich sagen, daß H. O. Pflaume, der parallel zu Julius Raschdorff die Ausdrucksmöglichkeiten der Renaissance für Köln erschloß, durch die Auseinandersetzung mit Morsbroich sein Formenrepertoire erweiterte und, zumindest für die Innengestaltung, den Boden für das „Zweite Rokoko" aufbereitete.

Köln,
Villa Stein
(H.O. Pflaume)
Foyer (Zustand 1888)

127

Schloß Morsbroich als Avantgarde-Museum

*Schloß Morsbroich
Skulpturenpark
Ulrich Rückriem:
Großes Relief, 1984
(Zustand 1994)*

Die Wirren des Zweiten Weltkrieges hatte Schloß Morsbroich unbeschädigt überstanden.[324] Allerdings wurden hier nach 1945 belgische Besatzungstruppen untergebracht.[325] Einige Zeit später konnte die Familie v. Diergardt, die nach wie vor im Besitz des Anwesens war, wieder über ihr Eigentum verfügen. Sie verpachtete vom 1. Juli 1948 an Schloß Morsbroich an die Stadt Leverkusen[326] *„zum Zwecke der Errichtung und Unterhaltung eines Alters- oder Kinderheimes"*. Im Jahre 1949 setzte sich der Gedanke durch, im Herrenhaus ein Museum einzurichten. Konkrete Pläne einer von Stadtrat und Bürgermeister beauftragten Kommission waren bis zum 7. November 1950 zur Beschlußvorlage gediehen. Der Vorschlag lautete:[327]

> *„1. Schloß Morsbroich wird voraussichtlich Ende des Jahres instandgesetzt sein, es ist beabsichtigt, in die Erdgeschoßräume ein Kunstmuseum einzurichten, das von der Kunstsammlung des Herrn Kasimir Hagen und von anderen Künstlern oder Veranstaltern beschickt werden soll. In einem Teil der Kellerräume läßt sich ein Heimatmuseum und in einem anderen Teil ein Restaurant einrichten. In den Räumen des ersten Stockwerkes soll auf Vorschlag des Wiederaufbauministers ein Städtebauinstitut eingerichtet werden. Die Räume des zweiten Stockwerkes können Kursus- und Tagungsteilnehmern des Städtebauinstitutes als Übernachtungszimmer dienen."*

Die hier geäußerten Vorstellungen zum Charakter des Schlosses als Museum waren wohl im wesentlichen von Kasimir Hagen selbst angeregt worden, der im Dachgeschoß des Herrenhauses ein Unterkommen gefunden hatte und nun Möglichkeiten zur Dauerpräsentation seiner Sammlungsobjekte suchte. Der am 5. April 1887 in Bonn geborene K. Hagen war beruflich als Postinspektor tätig; nebenamtlich trat er als Verleger und Kunstsammler auf.[328] Das Sammlungsgebiet war unsystematisch und unspezifisch und erstreckte sich von rheinischen Funden der Römerzeit über kunsthandwerkliche Objekte des 18. Jahrhunderts bis hin zu einzelnen Malern des 20. Jahrhunderts.[329]

Der kulturelle „Gemischtwarenladen" von Heimatmuseum und Sammlung Hagen stieß von Anfang an bei weitsichtigen Leverkusener Bürgern auf Skepsis. Durch den Einbezug von namhaften Kunstsachverständigen aus dem benachbarten Köln – zu nennen sind Dr. Helmut May, Kustos, später Direktor am Wallraf-Richartz-Museum und Prof. Dr. August Hoff, Direktor der Kölner Werkschulen[330] – suchten die Kritiker das Kuratorium des Museums entsprechend zu beeinflussen.

Die zukünftige Orientierung hin zu einem zeitgemäßen Konzept für Morsbroich deutete sich denn auch schon mit der ersten Ausstellung an, die am 27. Januar 1951 ihre Tore öffnete.[331] Präsentiert wurden Werke der „Rheinischen Künstlergemeinschaft Köln". Diese Künstlervereinigung war von Friedrich Vordemberge und Julius Bretz noch vor Kriegsende in Bad Honnef begründet worden. Bereits im Dezember 1945 fand eine erste Ausstellung in Köln statt.[332]

Zu der Ausstellungspremiere in Schloß Morsbroich verfaßte Heinz Stephan, Kulturredakteur der Kölnischen Rundschau, einen aufschlußreichen Bericht,[333] der im Folgenden wiedergegeben wird:

Schloß Morsbroich
Treppenhaus
(Zustand 1995)

„Rheinische Künstler in Schloß Morsbroich.
Ausstellung zur Museumseröffnung.

Die Stadt Leverkusen hat sich in Schloß Morsbroich, das
sie für zwanzig Jahre gepachtet hat, ein Museum geschaf-
fen, um das manche zerstörte Stadt sie beneiden wird.
Nach gründlicher Instandsetzung sind in einigen Räumen
des unteren Stockwerkes Gegenstände der Sammlung Kasi-
mir Hagen aufgestellt worden: antike Möbel, Plastiken und
Gemälde. Die Mehrzahl der Räume des von einem wunder-
vollen Park umgebenen Schlosses, durch dessen große Fen-
ster bei unserem Besuch mit dem hellen Sonnenlicht der
beginnende Frühling hineinleuchtete, soll wechselnden
Ausstellungen der verschiedensten Art vorbehalten blei-
ben, die dem Charakter Leverkusens entsprechen, wie
etwa die geplante Schau „Die Farbe" oder eine Ausstellung
neuzeitlicher Industriebauten.

Die erste Ausstellung in Schloß Morsbroich (für Februar
und März), rüstete die Rheinische Künstlergemeinschaft
Köln aus. Obwohl der enge Kreis dieser Gemeinschaft
(Berke, Bretz, Herkenrath, Jaeckel, Ronig und Vordember-
ge) durch eine Reihe anderer Maler, Bildhauer und Kunst-
handwerker erweitert wurde, bieten die Räume Gelegen-
heit, jeden Aussteller mit einer größeren Anzahl seiner
Schöpfungen zu berücksichtigen und die Werke im kontra-
stierenden Nebeneinander oder im harmonisch in sich
geschlossenen Kabinett zu bester Wirkung zu bringen.

In einem solchen Raum offenbart sich die aus subtiler
Beobachtung und feinstem Feingefühl erwachsene stille
Schönheit der Malerei des Altmeisters Julius Bretz in ihrem
vollen Reiz. Es wäre wertvoll gewesen, wenn man auch die
12 Arbeiten Ludwig E. Ronigs einmal in solcher Geschlos-
senheit gezeigt hätte, die wundervoll tonigen Stilleben, die
in den farbigen Differenzierungen sehr delikaten Bildnisse
des »Imkers« und des »Lehrlings« und die immer wieder
bezaubernden »Springenden Pferde«. Friedrich Vordember-
ges rassige Malerei setzt sich mit ihrer prallen Farbigkeit
und Großflächigkeit überall durch; in dem »Stilleben mit
Fischen« erreicht seine jüngste Entwicklungsphase einen

eindrucksvollen Höhepunkt. Peter Herkenrath kann mit seiner »Nonne« schon den Erfolg eines Ankaufes verbuchen; von besonderem Reiz ist ein verhaltener »Akt«.

Hubert Berke ist unter den Abstrakten zweifellos wieder der Künstler, der sich durch seine noblen Farbklänge und durch die schwingende Musikalität seiner Schöpfungen die meisten Sympathien erwerben wird. Als Bildhauer steht neben Ewald Mataré, der mit einer guten Grabplatte für den Maler Ophey vertreten ist, und Gerhart (sic!) Marcks, der leider nur Zeichnungen und Holzschnitte beigesteuert hat, Joachim Utech, der zwei prachtvolle Granitköpfe zeigt, und Ann Rink (»Sitzende«) der Leiter der Klasse für Metallarbeit an den Kölner Werkschulen, Joseph Jaeckel beherrschend im Vordergrund. Man sieht seine Entwicklung im Nebeneinander älterer und neuerer Kleinplastiken, die eleganter und lebensvoller geworden sind. Man begegnet neben einer Reihe seiner charakteristischen Masken, darunter der edlen Silberplastik »Ursula«, wieder dem herrlichen »Torso 1950« in seiner beseelten Zartheit. Und schließlich entdeckt man in einer Reihe neuer Büsten einen starken Stilwillen.

Der Kreis der Künstlergemeinschaft wurde zunächst durch einige Lehrkräfte der Werkschule erweitert: Ludwig Gies, der eine große Zahl seiner Plaketten geschickt hat, aber auch das bekannte Bronzerelief der »Geigerin«, Georg Roth, der Proben seiner feinen Keramik zeigt, und Elisabeth Treskow, die eine Auswahl erlesener Goldschmiedearbeiten ausstellt. Den Kölnern standen immer schon nahe die beiden Bornheimer Abstrakten Faßbender und Trier, der jetzt auch in Köln ansässige Georg Meistermann und der bisweilen an Macke erinnernde Franz Ruffing. Mehr zufällig erscheint die Ergänzung durch den Dresdner Hegenbarth, den Regensburger Fuhr, den Solinger Deutzmann, den Hagener Schumacher, den Ludwigshafener Scharpf und Wilhelm Imkamp aus Asperg in Württemberg.

Jedenfalls darf man dieser ersten Ausstellung in Morsbroich bestätigen, daß sie ein vielseitiges und interessantes Bild moderner Kunst mit Material von durchweg hoher Qualität vermittelt.«

Museum Schloß
Morsbroich
Manuel Rivera:
Expansion armónica
(Drahtbild 1959)

Die Abstrakten im Schloß – Internationale Sezession 1954 im Städtischen Museum von Leverkusen

Aus der »Rheinischen Sezession« ging 1949 die »Neue Rheinische Sezession« hervor. Diese hinwiederum, unter ihrem Vorsitzenden Kadow, gab den Antrieb zu einer Ausstellung, die, in nicht ganz glücklicher Wortprägung, als »Internationale Sezession« figuriert. Man hat zu den eigenen Mitgliedern eine Anzahl Maler aus dem Ausland eingeladen, Le Corbusier und Willi Baumeister als Ehrengäste gewonnen. Sezession, dem Wortsinn nach Absonderung, hat nun also fast die Bedeutung von Zusammenschluß bekommen. Internationale Sezession: Hand-in-Hand-Gehen der Wagemutigen und Jungen, der Kompromißlosen und Vorwärtsdrängenden, Gemeinsamkeit über Ländergrenzen hinweg.

Ort der Ausstellung ist Schloß Morsbroich, Städtisches Museum von Leverkusen, ein alter Herrensitz, mit der wohltuenden Athmosphäre privater Zurückgezogenheit. Das Schloß liegt abseits und ist im Grunde nur ein Museum für Autobesitzer und Spaziergänger (etwa 20 Minuten Fußmarsch von den nächstgelegenen Haltestellen). Aber wo böten sich solche Fluchten von hellen Räumen, neuzeitlich hergerichtet, auch abends gut beleuchtet! Zudem hat die Neue Rheinische Sezession zu Morsbroich bereits erprobte Beziehungen. Eine Ausstellung der jungen deutschen Maler 1953 ging auf ihre Initiative zurück und war auch von ihr juriert worden. Das Verdienst des Leiters Dr. Schweicher, der sich immer wieder für das jüngste Kunstschaffen einsetzt, sei dankbar anerkannt.

Es ist das Vorrecht des Künstlers, subjektiv zu sein. Da die Mehrzahl der Mitglieder der Neuen Rheinischen Sezession heute abstrakt malt, trat man im Ausland auch nur an solche Künstler heran, wo man Bestätigung und Entsprechung des eigenen Wollens fand. Unter den 29 Malern, die ausgestellt haben – es handelt sich in Morsbroich um eine

Im Rahmen der vorliegenden Arbeit wurde dem Einstieg in das Ausstellungsgeschehen auf Schloß Morsbroich deshalb soviel Platz eingeräumt, weil mit der Zuwendung zur aktuellen Kunst bereits die zukünftigen Strukturen deutlich werden.

Mit der Berufung von Curt Schweicher als Museumsdirektor zum 1. August 1952 ging es behutsam in der eingeschlagenen Richtung weiter.[334] Schweicher gelang es auch, die Sammlung Hagen aus dem Museumskonzept zu lösen,[335] so daß schon allein in räumlicher Hinsicht großzügiger disponiert werden konnte.

Besondere Beachtung fand in der Zeit vom 3. August bis 13. September 1954 die Ausstellung „Internationale Sezession 1954". Anna Klapheck schrieb dazu in der Rheinischen Post (6. August 1954):[336]

*Museum Schloß
Morsbroich
Roberto Cordone:
Movimento elicoidale,
1991
Aluminiumlegierang
(im Hintergrund der
Restaurant-Trakt;
Zustand 1994)*

*reine Malerausstellung – , findet sich keiner, der auch nur
von ferne der dinglichen Welt verhaftet wäre.*

*Die 90 Werke, die in zwei Stockwerken die Wände
bedecken, sind ausnahmslos ungegenständlich, nichtfigura-
tiv. Eine derart konsequent abstrakte Ausstellung hat man,
jedenfalls in solchem Umfang und auf internationaler
Ebene, bei uns noch nicht gesehen. Picasso würde in diesem Kreis altmodisch wirken. Die neue Rheinische Sezession nimmt mit 13 Ausstellern knapp die Hälfte des Raumes
ein. Neben den genannten Ehrengästen lud man acht Teilnehmer aus Frankreich ein, je zwei aus Amerika und
Holland, je einen aus Belgien und der Schweiz.*

*Ausstellungen abstrakter Kunst sind keine Sensationen
mehr. Auch diejenigen, denen die ganze Richtung nun einmal nicht paßt, müssen zugeben, daß die abstrakte Kunst*

*ein Weltstil geworden ist. Durch Plakate, Schaufensterde-
korationen und Ähnliches hat sie die Menschen mehr über-
listet, als viele wahrhaben wollen. Aber nachdem sie nahezu 50 Jahre alt geworden ist, hat sich unser Unterschei-
dungsvermögen für sie auch geschärft, nicht nur nach Seiten der Qualität, sondern auch im Hinblick auf die Spielar-
ten. Und da wäre doch einzuwenden, daß man bei der
Auswahl der Gäste etwas einseitig blieb. Die französischen
Teilnehmer an dieser »Internationalen Sezession« kommen
fast alle aus dem Kreise der Pariser Galerie Denise René.
Diese Galerie bevorzugt Künstler der rein konstruktiven
Richtung, solche, die letztlich auf Mondrian und Moholy
zurückgehen und am geometrischen Spiel der Formen und
an rhythmischer Flächenverteilung Genüge finden. Das
Persönliche wird weitgehend ausgeschieden. Doch gibt es*

*zweifellos auch heute noch Maler, die »gegenständlich«
malen und keine Reaktionäre sind, es gibt auch, und gerade in Frankreich, innerhalb der ungegenständlichen Richtung eine Kunst menschlicher Aussage, man prägte direkt
das Wort von den »expressiven Abstrakten«, Manessier
oder Bazaine wären hier zu nennen. In der »Vermenschli-
chung der abstrakten Kunst« aber liegt doch wohl die
Zukunft der Malerei.*

*Schloß Morsbroich hatte seinen großen Tag. Am milden
Sommerabend, vor festlich erhellten Räumen und der Kulis-
se des verdämmernden Parks, gab es eine Auffahrt der
Wagen mit prominenten Gästen wie zu einem Festspiel-
haus. Elegant, gelassen und ohne jedes Zeichen protestleri-
scher Regungen flutete die Menge vorbei an neunzig
abstrakten Bildern – auf Manets »Frühstück im Grünen«
hatte man mit Stöcken geworfen. Gäbe es bei Ausstellungs-
Premieren öffentliche Beifallsbezeugungen, sie wären in
Morsbroich vermutlich achtungsvoll-freundlich gewesen."*

Mit seinem Ausstellungsprogramm gelang es Curt
Schweicher in relativ kurzer Zeit, die Aufmerksamkeit kulturell interessierter Kreise auf Leverkusen zu lenken. Udo
Kultermann, der im Jahre 1959 die Leitung des Museums
übernahm, setzte die Hinwendung zur aktuellen Kunst-
szene mit Entschiedenheit und Geschick fort. Einen
Schwerpunkt der Ära Kultermann stellt die Ausstellung
„Monochrome Malerei" dar, die vom 18. März bis zum
8. Mai 1960 gezeigt wurde. Die Kunsthistorikerin Anna
Klapheck schrieb in der Frankfurter Rundschau (30. März
1960) dazu einen liebevoll-kritischen Bericht:[337]

*„(...) Der junge Museumsdirektor von Leverkusen,
Dr. Udo Kultermann, macht nun den Versuch, das Phänomen der »monochromen Malerei« erstmals in einer Ausstellung zu fassen. In Schloß Morsbroich, wo man schon
manchem künstlerischen Experiment begegnet ist, hängen
an die 100 Bilder von etwa 40 Malern, die sich alle mit
dem Problem der »einfarbigen« Malerei auseinandersetzen.
Die Künstler stammen aus vielen Ländern, weniger als die
Hälfte sind Deutsche. Schon diese Internationalität gibt der
Ausstellung Spannung und Reiz. Aber auch die Bilder sind*

*mannigfaltig und voller Gegensätze, denn das Wort »mono-
chrom« ist in einem sehr weiten Sinne genommen worden.
Man sieht keineswegs nur Leinwände mit einfarbigem
Anstrich – ein großes »Monochrome bleu« von Yves Klein
grüßt freilich gleich beim Eintritt – , als »monochrom« gilt
eine Malerei auch dann, wenn im wesentlichen eine einzige Farbe dominiert und nuanciert wird (...) Daß aus der
»monochromen Malerei« nun gleich ein welteroberneder
»Monochromismus« werde, ist nicht anzunehmen, dazu ist
das Feld der Möglichkeiten zu klein. Ein künstlerisches
Phänomen unserer Zeit liegt aber unbestreitbar vor, dessen
Sichtbarmachung der Ausstellung in Morsbroich zu danken
ist.«*

Udo Kultermann hatte mit der Ausstellung bewiesen, daß er
die Hand am „Puls der Zeit" hatte. Schloß Morsbroich war zu
einer Institution geworden, in der avantgardistische Bewegun-
gen der Gegenwartskunst registriert wurden. Für Morsbroichs
räumliche Lage zwischen den traditionellen Kunststädten Köln
und Düsseldorf war diese Vorwärtsstrategie zweifelsohne die
einzige Überlebensmöglichkeit. Es bestand natürlich die Gefahr,
daß man in die Rolle der Kunstgalerie abdriftete und den Geset-
zen des Kunstmarktes nicht mehr mit der nötigen Distanz zu
begegnen vermochte. Für die Ankaufspolitik – insbesondere bei
schmalem Budget – erwies sich die Nähe zu noch nicht völlig
etablierten Künstlern natürlich als recht günstig. Diesem
Umstand ist es u. a. zu danken, daß im Laufe der Jahre eine hervorragende Sammlung geschaffen werden konnte.[338]

*Museum Schloß
Morsbroich
Skulpturenpark
Erich Hauser:
Freiplastik nach dem
Modell 7/64 Nitro-Stahl
(Zustand 1995)*

Seit 1965 leitet Dr. Rolf Wedewer die Geschicke des Museums. Für das Ausstellungsprogramm formulierte er 1985 neue Leitlinien:[339]

Museum Morsbroich als Ausstellungsort

Es versteht sich nahezu von selbst, daß ein Museum für Zeitgenössische Kunst wie Morsbroich seine Aufmerksamkeit vor allem den aktuellen Erscheinungen und Entwicklungen widmet und sich bemüht, diese soweit gefächert wie möglich vorzustellen. Das wird sich auch künftig kaum ändern; nur wollen wir – den neuen räumlichen Gegebenheiten entsprechend – neben den Einzelausstellungen oder Tendenz-Übersichten aktueller Kunst des öfteren jungen Nachwuchskünstlern eine Möglichkeit bieten, in einem kleineren Rahmen Arbeiten oder auch nur eine bestimmte Werkgruppe zu zeigen.

Nun entsteht Kunst bekanntlich nicht ohne Voraussetzungen, deren Kenntnis mithin hilfreich ist für das Verständnis gerade der jüngeren Entwicklungen. Dabei ist es vergleichsweise unerheblich, ob die neuen Erscheinungsformen sich aus einer kritischen oder gar ablehnenden Haltung gegenüber der Tradition herausbilden oder aus ihrer aneignenden Verwandlung entstehen. Deshalb werden immer wieder einmal Retrospektiven von Künstlern veranstaltet, die schon mehr oder minder lange außerhalb der aktuellen Diskussion stehen oder aber auch diese nachhaltig beeinflussen. Um einige Beispiele zu nennen, sei nur an die Ausstellungen von Picabia, Richard Lindner oder George Segal erinnert.

Wie der Blick auf ältere Werke unsere Wahrnehmung des Neuen beeinflußt, so bewirkt umgekehrt der Rückblick aus der Gegenwart häufig eine neue Sicht auch des Älteren. Das gilt zumal in einer Zeit, da das Phänomen der Avantgarde selbst zum Problem geworden ist und damit ihre grundlegende Idee vom künstlerischen Fortschritt. Zwar nicht erst seit heute, wohl aber gerade heute beobachten wir in der Kunst allenthalben mehr oder minder ausgeprägte Verweise auf Formen und auch Bedeutungen älterer und

alter Kunst; Verweise, aber auch Zitate, die keineswegs ironisch oder stets nur spielerisch gemeint sind. Da werden im Gegenteil unversehens Beziehungen zwischen Gegenwart und Vergangenheit augenscheinlich, die nicht zufällig von der Kunst unserer Tage erörtert werden. Die Frage nach dem Verhältnis von „Mythos und Moderne" ist nicht ohne Grund höchst aktuell – umrißhaft haben wir sie in der gemeinsam mit der Kulturabteilung der Bayer AG realisierten Ausstellung „Zum Mythos der Ursprünglichkeit" erörtert.

Folglich wird ein Museum für Zeitgenössische Kunst — nebenbei: Wie lange bleibt ein Museum im unmittelbaren Wortsinne „zeitgenössisch"? – solche Problemstellungen und Fragen auch künftig in seiner Ausstellungsplanung bedenken und sie also in der Form von thematisch orientierten Veranstaltungen zur Diskussion stellen. Das bedeutet natürlich ein Ausgreifen in die Kunstgeschichte. Wie immer die Debatte über derartige Unternehmungen im einzelnen verlaufen mag, sie tragen so oder so zum Verständnis der modernen Kunst und damit allgemein der Gegenwart bei.

Eine Ausstellung soll einmal über das künstlerische Geschehen und seine Zusammenhänge informieren, zugleich aber innerhalb einer dramaturgisch wechselnden Folge das Verständnis des Vorgestellten vertiefen.

Nach seiner Wiederherstellung bietet das Schloß nun sowohl die räumlichen wie technischen Voraussetzungen, neben Einzel- und Übersichts-Ausstellungen sowie Retrospektiven auch ausgreifende Themen-Ausstellungen in planvoller Verschränkung zu realisieren. Im Blick auf die Vergangenheit bedeutet das keine Änderung des bisherigen Ausstellungsprogramms, sondern eine Ausweitung und damit verbunden eine Intensivierung.

Die Wiedereröffnung von Schloß Morsbroich als Kunstmuseum im Jahre 1985 erfolgte nach Umbau und Renovierung seit 1981. Vorausgegangen war eine längere Planungsphase durch das Kölner Architekturbüro O. M. Ungers. Die Stadt Leverkusen hatte im Jahre 1974 den ehemaligen Rittersitz für drei Millionen DM erwerben können.[340] Schon bald wandte man sich an den international bekannten Architekten Oswald Mathias Ungers mit der Bitte um ein Planungskonzept zum Um- bzw. Neubau des Museumskomplexes. Wie aus Entwürfen Ungers aus dem Jahre 1976 hervorgeht, haben es ihm die Gestaltungsmöglichkeiten der Vorburg angetan. Unter Verzicht auf die historische Bausubstanz werden Neubauvarianten erarbeitet, die das Herrenhaus z. B. als Zentrum einer Ellipse vorsehen.

In architekturtheoretischen Veröffentlichungen aus den Jahren 1983 und 1985 stellt Ungers seine (nicht realisierten) Planvariablen zu Morsbroich als paradigmatische Raumvariationen vor.[341] Die Morsbroicher Lösung bildet nach Ungers ein Beispiel für die ›Raumschale‹, bei der die Ambivalenz von innen und außen auf-

gehoben ist. An anderer Stelle sieht er in der ›ringförmigen Wand‹ der Vorburggestaltung eine Möglichkeit, den Gedanken der ›Transformation‹ zu verdeutlichen. In Analogie zu unterschiedlichen Zuständen und Formen der Materie (Beispiel: ›So wie sich Wasser in Dampf auflösen oder zu Eis verfestigen kann‹[342])lasse sich auch ›ein räumliches Gebilde von einem begrenzten in einen aufgelösten Zustand verwandeln‹. Für seinen Morsbroicher Entwurf ergibt sich daraus folgende konkrete Raumsequenz:[343]

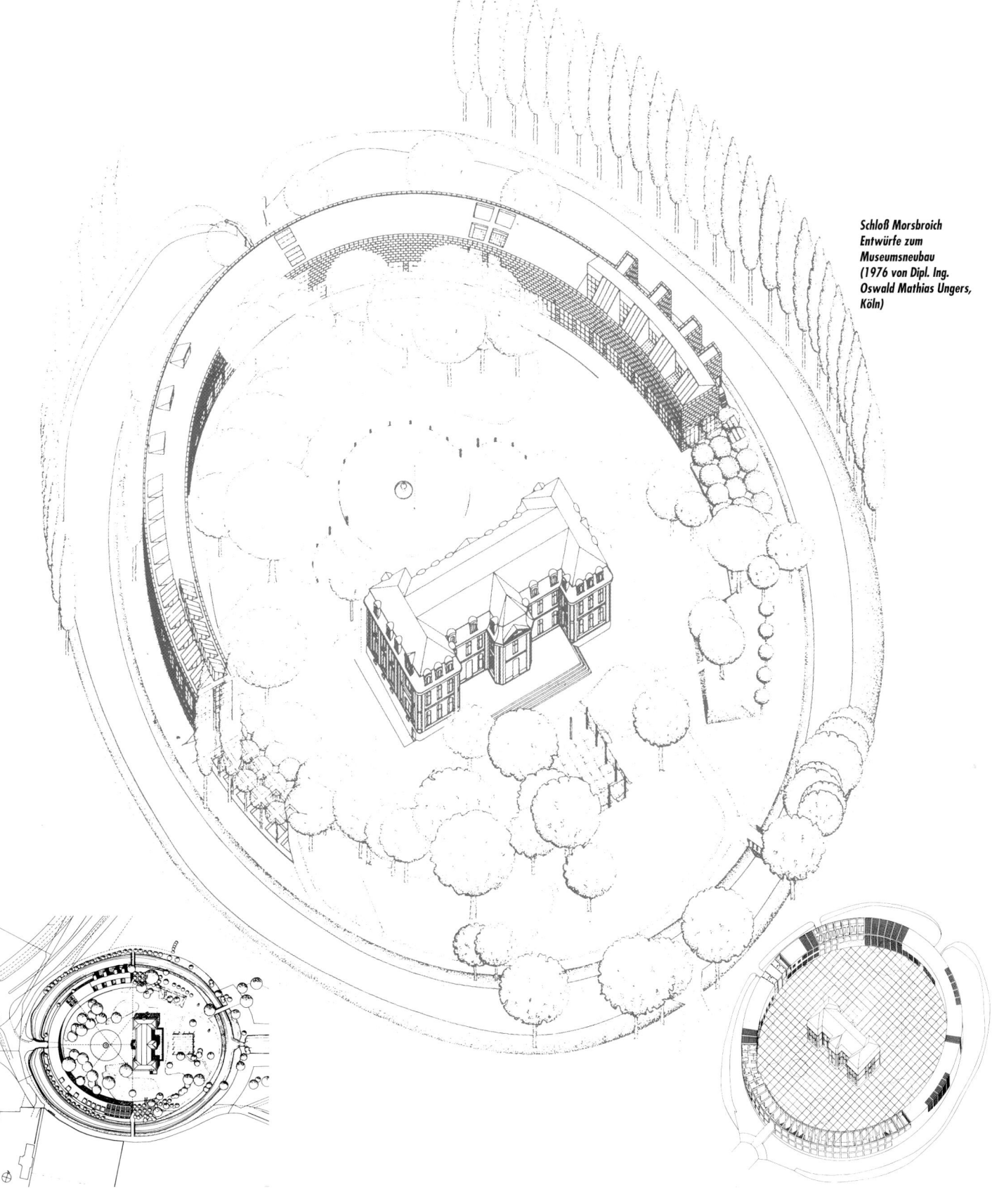

*Schloß Morsbroich
Entwürfe zum
Museumsneubau
(1976 von Dipl. Ing.
Oswald Mathias Ungers,
Köln)*

Schloß Morsbroich
Nördl. Vorburg, ehem.
Pferdestall
(Zustand 1994)

»Die Raumfolge in diesem Wandgebäude durchläuft eine stufenweise morphologische Transformation von allseitig geschlossenen Zellen über nischenartige Öffnungen und Galerie-Einbauten bis zu einem in Stützen aufgelösten Gerüst, das sich in einem Baumraster fortsetzt, der schließlich in eine vorhandene natürliche Baumgruppe übergeht. So werden in diesem Gebäude zwei Kontraste – auf der einen Seite der als Zelle konzipierte künstliche Raum und auf der anderen Seite die natürlich gewachsene Baumgruppe – durch das Mittel der räumlichen Transformation in einem Konzept zusammengefaßt. Ebenso reicht auch inhaltlich auf der anderen Seite das Spektrum vom privaten Wohnen über ein Café, eine Malschule bis zum öffentlichen Versammlungsraum.«

Aus Gründen des Denkmalschutzes konnten die Vorstellungen Ungers nicht realisiert werden. Übrig blieb die innere Umgestaltung der vorhandenen hufeisenförmigen Vorburg.

Auch die Überarbeitung des Hauptgebäudes stand in der Spannung zwischen denkmalpflegerischen Intentionen und den Erfordernissen einer zeitgemäßen Nutzung. Inwieweit dabei bauaufsichtsrechtliche Belange, statische Erfordernisse etc. noch Raum für architektonische Gestaltungsabsichten gestatteten, kann hier nicht weiter behandelt werden.

Zweifellos hat das Herrenhaus (z. B. durch den Abbruch des historischen Treppenhauses) als Baudenkmal an Substanz verloren, auf der anderen Seite ist dem Architekten trotz vieler Abstriche und Einschränkungen eine stringente Museumskonzeption gelungen, bei der Architektur und Freiraum in einen fruchtbaren künstlerischen Dialog treten. Dem Ungers'schen Begriff der ›Transformation‹ wäre im vorliegenden Fall noch die historische Dimension räumlicher Zuständlichkeit als weitere Komponente hinzuzufügen.

Vorburg und ehemaliges Herrenhaus von Schloß Morsbroich stellen ein bauliches Ensemble dar, dessen Umbau unter weitgehender Beachtung des Denkmalschutzes zu einem funktionierenden Ausstellungsbetrieb als gut gelungen bezeichnet werden kann.

Es bleibt zu wünschen, daß die Pläne zum Bau eines zusätzlichen Gebäudes zur Präsentation der Sammlungsbestände auf dem rückwärtigen Parkgelände bald umgesetzt werden können.

Die allmähliche Wandlung vom Rittersitz zum öffentlichen Kulturzentrum wäre dann zu einem glücklichen Abschluß gekommen.

Archive und Literaturverzeichnis

Archive
Nordrhein-Westfälisches Hauptstaatsarchiv, Düsseldorf = HSTAD
    -Zweigstelle Schloß Kalkum = HSTAD (K)
Landeshauptarchiv Koblenz
Personenstandsarchiv Rheinland, Brühl = PSTA Brühl
Rheinisches Bildarchiv, Köln
Stadtarchiv Ahrweiler
Stadtarchiv Bergisch-Gladbach
Stadtarchiv Bonn
Historisches Archiv der Stadt Köln = HASK
Stadtarchiv Leverkusen
Stadtarchiv Solingen
Archiv der Ev. Kirchengemeinde St. Stephani zu Aschersleben
Archives de la Ville de Bruxelles
Privatarchiv Graf Hoensbroech, Schloß Türnich
Privatarchiv FrHr v. Eltz-Rübenach, Burg Kühlseggen

Literaturverzeichnis

Aander-Heyden, Eduard: Geschichte des Geschlechtes der Freiherren von Elverfeldt. Urkunden und Regesten, 2 Bde. Elberfeld 1883/86

Abt, Josef / Vomm, Wolfgang: Der Kölner Friedhof Melaten. Köln 1980

Adelmannsfelden, Georg Sigmund Graf Adelmann von: Der Deutsche Ritterorden zur Zeit Clemens Augusts. Dessen Tätigkeit als Hochmeister, in: Kurfürst Clemens August (Ausst. Kat. Schloß Augustusburg Brühl) Köln 1961, S. 186-190

Adenauer, Konrad / Gröbe, Volker: Lindenthal. Die Entwicklung eines Kölner Vorortes. Köln 1987

Aders, Gebhard: Zur Geschichte von Haus Haan, in: Rechtsrheinisches Köln. Jahrbuch für Geschichte und Landeskunde Bd. 15. Köln 1989, S. 1-32

Aders, Gebhard: Kriegsereignisse im rechtsrheinischen Kölner Raum in den Jahren 1795 und 1796, in: Rechtsrheinisches Köln. Jahrbuch für Geschichte und Landeskunde Bd. 18. Köln 1992, S. 65-110

Aders, Günther: Das Archiv des vormaligen Zisterzienserinnenklosters Gevelsberg, in: Jahrbuch des Vereins für Orts- und Heimatkunde in der Grafschaft Mark, Nr. 66 (1968), S. 1-179

Anonym: Carl Emil Lischke, in: ZBGV H. 22 (1886), S. 271-273

Anonym: Todtenschau. [Nekrolog zum Tode von H. O. Pflaume], in: Deutsche Bauzeitung 1901, S. 400

Anonym [Autorenkürzel „Hm"]: Hermann Pflaume +, in: Centralblatt der Bauverwaltung 1901 (14. August), S. 396

Anonym [Autorenkürzel „J"]: Mittheilungen über Bauprojekte und Bauausführungen. Die Bautätigkeit Cölns, in: Wochenblatt des Architekten-Vereins zu Berlin, Nr. 20 (Jg. 1) v. 18.5.1867, S. 192-193

Anonym: Von Berlin nach Brüssel auf Umwegen, in: Deutsche Bauzeitung 1880, 8.5.1880 ff

Anzelewsky, Fedja: Dürer. Werk und Wirkung. Erlangen 1988.

Architekten- und Ingenieur-Verein für Niederrhein und Westfalen (Hrg.): Köln und seine Bauten. Köln 1888 (Reprint Köln 1984)

Architekten- und Ingenieur-Verein für Niederrhein und Westfalen (Hrg. / Schriftleitung Hans Vogts): Köln. Bauliche Entwicklung 1888-1927. Köln 1927 (Reprint Köln 1987)

Baur, Christian: Neugotik. (=Heyne Stilkunde Bd. 26). München 1981

Blondel, Jacques Francois: De la Distribution des Maisons de Plaisance et de la Décoration des Edificies en Général. Paris 1737 (Reprint Farnborough 1967)

Blos, Wilhelm: Die Französische Revolution von 1789 bis 1804. Berlin 1923

Börsch-Supan, Helmut / Paffrath, Arno: Altenberg im 19. Jahrhundert. Bergisch-Gladbach 1977

Braubach, Max: Eine Tragödie am Hofe des Kurfürsten Clemens August von Köln. Der Tod des Komturs von Roll und seine Folgen (Teil II), in: Annalen Niederrhein H. 131 (1937), S. 63-119

Braubach, Max: Von den Schloßbauten und Sammlungen der Kölnischen Kurfürsten des 18. Jahrhunderts. Lesefrüchte aus politischen Akten, in: Annalen Niederrhein H. 153/154 (1953), S. 98-147

Braubach, Max: Kurkölnische Miniaturen. 2. Aufl. Münster 1958 (zuerst Münster 1954)

Braubach, Max: Kurfürst Clemens August. Leben und Bedeutung, in: Kurfürst Clemens August (Ausst. Kat. Schloß Augustusburg, Brühl). Köln 1961, S. 17-22

Breuer, Hans Hermann: Clemens August als Kirchenfürst, Bischof von Osnabrück (1728-1761), in: Kurfürst Clemens August (Ausst. Kat. Schloß Augustusburg Brühl) Köln 1961, S. 34/35

Breyer, Joh. Friedrich / Schreber, Joh. Chr. Daniel (Hrg.): D. Richard Pococke's Beschreibung des Morgenlandes und einiger anderer Länder. 3 Bde. Erlangen 1791/92 (Erstausgabe in engl. Sprache 1740; dt. Ausgabe seit 1754)

Brönner, Wolfgang: Die bürgerliche Villa in Deutschland 1830-1890 unter besonderer Berücksichtigung des Rheinlandes. Düsseldorf 1987

Brönner, Wolfgang: Die Villa Cahn in Bonn-Plittersdorf. Ein »deutsches Haus « am Rhein (= Beiträge zu den Bau- und Kunstdenkmälern im Rheinland, Bd. 31). Köln 1991

Büsching, Anton Friedrich: Neue Erdbeschreibung (Teil III, Bd. 2). Hamburg 1778 (6. Auflage)

Burckhardt, Jacob: Die Kultur der Renaissance. Berlin 1928

Bußmann, Klaus (Hrg.): Johann Conrad Schlaun (1695-1773). 2 Bde. (Schlaunstudien I u. II., Ausst. Kat. Landesmuseum Münster, Oktober – Dezember 1973). Münster 1973

Campbell, Joan: Der Deutsche Werkbund 1907-1934. (= dtv Nr. 4492). Stuttgart 1989

Carcopino, Jérôme: Das Alltagsleben im alten Rom zur Blütezeit des Kaisertums. Wiesbaden 1950

Cardauns, Hermann / Müller, Reiner (Hrg.): Die rheinische Dorfchronik des Joan Peter Delhoven aus Dormagen (1783-1823). Dormagen 1966

Caspary, Anna: Maria Zanders. Das Leben einer bergischen Frau. 2. Aufl. Jena 1929 (1. Aufl. Jena 1923)

Clemen, Paul: Die Kunstdenkmäler der Städte Barmen, Elberfeld, Remscheid und der Kreise Lennep, Mettmann, Solingen (= Die Kunstdenkmäler der Rheinprovinz 3/II). Düsseldorf 1894

Clemen, Paul: Die Kunstdenkmäler der Stadt und des Kreises Bonn. Düsseldorf 1905

Cornelius, Trude: Das Jagdschloß Falkenlust, in Kurfürst Clemens August (Ausst. Kat. Schloß Augustusburg, Brühl). Köln 1961, S. 127-132

Crecelius, W.: Friedrich Freiherr v. Diergardt, in: Allgemeine Deutsche Biographie (Bd. 5). Leipzig 1877, S. 140

Cullen, Michael S.: Der Reichstag. Die Geschichte eines Monumentes. 2. Aufl. Stuttgart 1990

Custodis, Paul-Georg: Der Architekt Eduard Custodis, in: Rheinische Heimatpflege H. 3/1993, S. 179-190

Dauber, Reinhard: Aachener Villenarchitektur. Die Villa als Bauaufgabe des 19. und frühen 20. Jahrhunderts. Recklinghausen 1985

Depel, Erich: Die Bautätigkeit des Kurfürsten Clemens August in seinem Residenzbereich Bonn-Brühl, in: Kurfürst Clemens August (Ausst. Kat. Schloß Augustusburg, Brühl). Köln 1961, S. 216-232

Depel, Erich: Bemerkungen zur Plastik im Herrschaftsbereich Clemens Augusts, in: Kurfürst Clemens August (Ausst. Kat. Schloß Augustusburg, Brühl). Köln 1961, S. 86-91

Dietrich, Gerhard: Museum für angewandte Kunst, Köln. Chronik 1888-1988. Köln 1988

Dietz, Walter: Leverkusen. Geschichte und Gegenwart. Mainz 1958

Dorn, Hans-Jürgen et al.: „Vor solchen Soldaten errette uns, o Herr!". Morsbroich im Jahr 1795, in: Niederwupper. Historische Beiträge H. 9 (1986), S. 30-38

Duncker, Alexander (Hrsg.): Rheinlands Schlösser und Burgen. Berlin 1857-1883 (neu herausgegeben und kommentiert von Wilfried Hansmann und Gisbert Knopp. 2 Bde; Bd. I Faksimileband, Bd. II Kommentarband. Düsseldorf 1981)

Eilitz, Peter: Leben und Werk des königl. hannoverschen Baurats Edwin Oppler. Diss. Hannover, in: Hannoversche Geschichtsblätter Bd. 25 (NF 1971) S. 127-310

Ergert, Bernd E.: Skizzen aus dem Gebiet der Jagd und ihrer Geschichte, mit besonderer Rücksicht auf die Wittelsbacher, in: Bernd E. Egert: Wittelsbacher Jagd (Katalog der Sonderschau im Deutschen Jagdmuseum München, Juli – Oktober 1980). München 1980, S. 9-84

Esser, Norbert: Auenheim 1987. 800 Jahre Pfarre in einem 1000jährigen Dorf. Bergheim o. J. (1987)

Eyll, Klara van: Alte Adreßbücher erzählen. Leben und Alltag in Köln. Köln 1993

Firmenich, Heinz: Hürth (Rheinische Kunststätten H. 3-4, 1968). Neuß 1968

Firmenich, Heinz: Stadt Bad Honnef (= Rheinische Kunststätten H. 12, neu bearbeitet von Karl Günter Werber). Köln 1987

Fischer von Erlach, Johann Bernhard: Entwurf einer historischen Architektur. Wien 1721 (Verkleinerter Nachdruck Dortmund 1978, mit einem Nachwort von Harald Keller)

Frielingsdorf, Joachim: Der Baumeister Heinrich Wolff (1843-1924). Ein Beitrag zur rheinischen Architekturgeschichte. (= Beiträge der Forschungsstelle für Architekturgeschichte und Denkmalpflege der Bergischen Universität-Gesamthochschule Wuppertal, Hrg. Hermann J. Mahlberg) Wuppertal 1992

Fuhlrott-Museum, Stadtarchiv, Von der Heydt-Museum, Kulturamt der Stadt Wuppertal (Hrg.): Das Wuppertal im 19. Jahrhundert (Ausst. Kat.). Wuppertal 1977

Giedion, Sigfried: Raum, Zeit, Architektur. München 1976

GL-Kultur bei uns. Kulturzeitschrift für Bergisch-Gladbach. H.4, 12/1991

Grefe, Uta: Köln in frühen Photographien 1847-1914. München 1988

Gruß, Franz: Höfe, Rittersitze, Kirchspiele – Leverkusen. Beiträge zur Stadtgeschichte. Leverkusen 1984

Günter, Roland / Penning, Wolf-D.: Lüftelberg. Burg, Kirche und Dorf. (= Rheinische Kunststätten H. 2/1969)

Günter, Roland: Kunsthistorischer Wanderführer Rheinland. Herrsching 1984

Häßlin, Johann Jakob (Hrg.): Das Buch Weinsberg. Aus dem Leben eines Kölner Ratsherrn. 4. Aufl. Köln 1990

Hansmann, Wilfried / Knopp, Gisbert: Stadt Brühl. (= Die Bau- und Kunstdenkmäler von Nordrhein-Westfalen: I, Rheinland; 7.3 Die Bau und Kunstdenkmäler des Erftkreises). Berlin 1977

Hartung, Monika: Haus Morsbroich – Zur Baugeschichte eines spätbarocken Landsitzes, in: Stadt Leverkusen (Hrg.): Vom Rittersitz zum Kunstmuseum. Morsbroich und seine Geschichte. Leverkusen 1987, S. 9-15

Herzog, Bodo / Mattheier, Klaus J.: Franz Haniel 1779-1868. Materialien, Dokumente und Untersuchungen zu Leben und Werk des Industriepioniers Franz Haniel. Bonn 1979

Herzog, Harald: Haus Cromford – Schloß oder Bürgerhaus? In: Mildner-Flesch, Ursula (Hrg.): Die Macht der Maschine. 200 Jahre Cromford-Ratingen (Ausstellungskatalog Stadtmuseum Ratingen 1984/85). Ratingen 1984, S. 104-122

Hinrichs, Fritz: Eine Burg und drei adelige Häuser. Spiegelbild ihrer Geschichte in Briefen und Berichten aus rheinischen Archiven. Köln, Opladen 1965

Holzhausen, Walter: Jagd und Kunst, in: Kurfürst Clemens August (Ausst. Kat. Schloß Augustusburg Brühl). Köln 1961, S. 357-363

Honnef, Klaus / Schmidt, Hans M. (Hrsg.): Kunst und Kultur im Rheinland und Westfalen 1945-1952. Aus den Trümmern. Neubeginn und Kontinuität (Ausst. Kat. Rheinisches Landesmuseum Bonn – Kunstmuseum Düsseldorf – Museum Bochum). Köln 1985

Hubatsch, Herbert: Das Nettetal. Entwicklung und Erhaltung einer niederrheinischen Landschaft (=Rheinische Landschaften, H. 15). Köln 1979

Hübner, Johann: Reales Staats-, Zeitungs- und Conversations-Lexicon. Regensburg u. Wien 1757

Huttel, Klaus Peter: Wuppertaler Bilddokumente (Hrg. Karl-Hermann Beeck u. Rolf Becker). 2 Bde, Wuppertal 1985

Jahrbuch der bildenden Kunst. Berlin 1902

Jatho, Carl: Maria Zanders. Ein Lebensbild in Briefen, Tagebüchern und anderen Aufzeichnungen (unveröff. MS). Berg. Gladbach 1907

Joerres, P.: Urkunden-Buch des Stiftes St. Gereon zu Köln. Bonn o. J. (1894)

Jung, H. R. / Ibach, J. [Johannes]: Der Friedhof zu Köln-Melaten. Köln 1898 (Nachdruck in der Schriftenreihe des Vereins der Förderer historischer Denkmäler und Friedhofskultur der Stadt Köln e. V., Bd. 1, mit einem Vorwort von Joh. Ralf Beines). Köln 1985

Kaltenbach, Wilhelm: St. Andreas und Gezelinkapelle in Leverkusen-Schlebusch (= Rheinische Kunststätten, H. 191). Köln 1976

Kaltenbach, Wilhelm: Der Rittersitz Morsbroich bis zum Erwerb durch den Deutschen Ritterorden 1619, in: Romerike Berge 1974, S. 56-61

Kier, Hiltrud: Die Kölner Neustadt. Planung, Entstehung, Nutzung (= Beiträge zu den Bau- und Kunstdenkmälern im Rheinland, Bd. 23. Hg. Landeskonservator Rheinland). Düsseldorf 1978

Kier, Hiltrud: Wohnhäuser in Köln in der zweiten Hälfte des 19. Jahrhunderts, in: Trier, Eduard / Weyres, Willy (Hrg.): Kunst des 19. Jahrhunderts im Rheinland. 5 Bde (Bd.2) Architektur II, Profane Bauten und Städtebau. Düsseldorf 1980, S. 413-463

Kisky, Hans: Michael Leveilly, ein bönnischer Baumeister im Künstlerkreis um Kurfürst Clemens August, in: Bonner Geschichtsblätter Bd. XV. Bonn 1961, S. 315-335

Kisky, Hans: Studien zur Ausstrahlung kurkölnischer Hofkunst des 18. Jahrhunderts am Niederrhein (Teil I), in: Annalen Niederrhein H. 167 (1965), S. 106-123

Klapheck, Anna: Vom Notbehelf zur Wohlstandskunst. Kunst im Rheinland der Nachkriegszeit, erlebt und aufgezeichnet von Anna Klapheck. Köln 1979

Klapheck, Richard: Die Baukunst am Nieder-Rhein. 2 Bde, Düsseldorf 1915/1916

Klapheck, Richard: Die Baukunst, in: Die Rheinprovinz 1815-1915. Hundert Jahre Herrschaft am Rhein(hrg. Joseph Hansen) 2 Bde, Bonn 1917. Bd II, S. 248-302

Klapheck, Richard: Schloß Benraths Bedeutung für die Baukunst des 18. Jahrh. im Herzogtum Berg, in: Zeitschrift des Rhein. Vereins für Denkmalpflege und Heimatschutz 1924, H. 1. (Düsseldorf 1924) S. 9-47

Klesse, Brigitte: Hundert Jahre Museum für Angewandte Kunst. Hundert Jahre Mäzenatentum (= Kölner Museums Bulletin, Sonderheft). Köln o. J. (1988)

Köllmann, Wolfgang: August Freiherr von der Heydt 1801-1874, in: Wuppertaler Biographien (= Beiträge zur Geschichte und Heimatkunde des Wuppertals, Bd. 4). Wuppertal 1958, S. 45-50

Kordt, Leonard: Zur Geschichte des Klosters Dünnwald, in: ZBGV Bd. 20/1884 S. 51-84 und ZBGV Bd. 22/1886, S. 107-147

Korn, Otto: Der Jägerhof zu Düsseldorf. Beiträge zu seiner Baugeschichte, in: Düsseldorfer Jahrbuch Bd. 45 (1951), S. 216-240

Krings, Ulrich: Der Kölner Hauptbahnhof (= Arbeitsheft 22, hrg. Landeskonservator Rheinland). Köln 1977

Krones, Franz von: Österreichische Geschichte. (Slg. Göschen; 2. Aufl. neu bearbeitet von Karl und Mathilde Uhlirz). 4 Bde., Berlin, Leipzig 1923

Krusen, C.: Niederrheinische Burgen und Schlösser. 3.: Das Schloß Morsbroich, in: Der Niederrhein, H. 1, 1911/12, S. 182-183

Kultermann, Udo: Vom Rittersitz zum Kunstmuseum. Schloß Morsbroich – Ein Weg durch sieben Jahrhunderte, in: Artis H. 3, 1967, S. 25-28

Kultusminister des Landes NRW (Hrg.): Die Baudenkmäler in Nord-Rheinland. Kriegsschäden und Wiederaufbau, in: Jahrbuch der rheinischen Denkmalpflege in Nord-Rheinland. Kevelaer 1951

Lacomblet, Theodor Josef: Urkundenbuch für die Geschichte des Niederrheins. Düsseldorf 1840-58

Landesmuseum Münster (Hrg.): Johann Conrad Schlaun 1695-1773.(Ausst. Kat. 21. Oktober – 30. Dezember 1973). 2 Bde, Münster 1973

Lill, Rudolf / Sandmann, Erwin: Verfassung und Verwaltung des Kurfürstentums und Erzbistums Köln im 18. Jahrhundert, in: Kurfürst Clemens August (Ausst. Kat. Schloß Augustusburg, Brühl). Köln 1961, S. 47-52

Lill, Rudolf: Geschichte Italiens in der Neuzeit. 4. Aufl. Darmstadt 1988

Linden, Benedikt (Hrg.): Schauplatz Köln 1989. Ein Jahrbuch historischer Denkwürdigkeiten. Köln 1988

Mahlberg, Hermann J.: Der Architekt und Bildhauer Johann Georg Leydel. Ein Beitrag zur rheinischen Architekturgeschichte des 18. Jahrhunderts. Diss. phil. Köln 1973

Mahlberg, Hermann J.: Johann Georg Leydel. Ein Architekt des späten 18. Jahrhunderts im Rheinland, in: Rechtsrheinisches Köln, Jb. f. Gesch. u. Landeskunde. Bd. 4. Köln 1978, S. 29-78

Mahlberg, Hermann J.: Zur Baugeschichte der Isenburg in Köln-Holweide, in: Rechtsrheinisches Köln. Jb. f. Gesch. u. Landeskunde. Bd. 15. Köln 1989, S. 33-62

Mahlberg, Hermann J.: Der Wunderbau von Elberfeld. Zur Entwicklungsgeschichte des Bergischen Bürgerhauses in der 2. Hälfte des 18. Jahrhunderts, in: POLIS Nr. 1, 1990, S. 22-31

Mahlberg, Hermann J.: Klassizistische Kirchenbauten in der Wupperregion, in: POLIS Nr. 4, 1992, S. 10-16

Mahlberg, Hermann J.: Der Wunderbau von Elberfeld. Ein Beitrag zur rheinisch-bergischen Architekturgeschichte im 18. und 19. Jahrhundert. Wuppertal 1992

Mahlberg, Hermann J.: Die Geschichte der Kunstgewerbeschulen Barmen/ Elberfeld bis zur Begründung der Werkkunstschule Wuppertal im Jahre 1949, in: Dekan FB 5 der Bergischen Universität-Gesamthochschule Wuppertal (Hrg.): Kunst, Design & Co. Von der Kunstgewerbeschule Barmen/Elberfeld – Meisterschule – Werkkunstschule Wuppertal zum Fachbereich 5 der Bergischen Universität-Gesamthochschule Wuppertal. Wuppertal 1994, S. 12-65

Meese, Johanna: Die Ballei Koblenz unter ihren letzten Landkomturen. Untersuchungen zur Geschichte der Ballei von 1698 bis 1809. Diss. phil. Köln 1958

Merlo, Johann Jacob: Kölnische Künstler in alter und neuer Zeit (hrg. Eduard Firmenich-Richartz, Hermann Keussen). Düsseldorf 1895

Miers, Horst E.: Lexikon des Geheimwissens (= Goldmann Sachbücher Bd. 11142). München 1976

Mildner-Flesch, Ursula (Hrg.): Die Macht der Maschine. 200 Jahre Cromford-Ratingen (Ausst. Kat. Stadtmuseum Ratingen November 1984-März 1985). Ratingen 1984

Mosler, Hans (Hrg.): Urkundenbuch der Abtei Altenberg (2 Bde.). Bd. 1. Bonn 1912

Müller, Jens Holger: Schloß Morsbroich und seine Sammlung (Examensarbeit Lehramt S I; Bergische Universität-Gesamthochschule Wuppertal. Unveröff. Manuskript, Forschungsstelle für Architekturgeschichte und Denkmalpflege). Wuppertal 1987

Müller-Hengstenberg: Kreuze zur Parforcejagd des Kölner Kurfürsten Clemens August im Kottenforst, in: Rheinische Heimatpflege, H. 4, 1992, S. 251-254

Neu, Heinrich: Das Schloß und die Festung Arenberg (= Rheinische Monographien, H. 1). Köln 1956

Niederau, Kurt: Zur Geschichte des Bergischen Adels. Die von Markelsbach gen. von Allner (1375-1631), in: Zeitschrift d. Berg. Geschichtsvereins 83, 1967, S. 1-52

Ott, Hanns: Rheinische Wasserburgen. Geschichte – Formen – Funktionen. Würzburg o. J. (1984/85)

Penning, Wolf D.: Miel. Das Archiv einer kurkölnischen Unterherrschaft (= Quellen zur Geschichte des Rhein-Sieg-Kreises, hrg. Heinz Doengen, Bd. 11). Siegburg 1990

Peters, Heinz (Bearb.): Die Baudenkmäler in Nord- Rheinland. Kriegsschäden und Wiederaufbau (= Jb. Rhein. Denkmalpflege 19. Jg. 1951).

Petri, Friedrich Erdmann: Handbuch der Fremdwörter in der deutschen Schrift- und Umgangssprache (bearb. von Rochus Seibt). München 1910

Pevsner, Nikolaus: Europäische Architektur von den Anfängen bis zur Gegenwart. Reutlingen 1963

Pfeffer, Klaus: Der Wohnhausbau in der Zeit von 1800-1889, in: Trier, Eduard / Weyres, Willy: Kunst des 19. Jahrhunderts im Rheinland. Bd. 2, Architektur II: Profane Bauten und Städtebau. Düsseldorf 1980, S. 363-412

Richter, Wolfgang / Zänker, Jürgen: Der Bürgertraum vom Adelsschloß. Aristokratische Bauformen im 19. und 20. Jahrhundert. Rheinbek 1988

Rode, Herbert: Clemens August und der Kölner Dom, in: Kurfürst Clemens August (Ausst. Kat. Schloß Augustusburg, Brühl). Köln 1961, S. 244-247

Röhrig, Tilman: Sagen und Legenden von Köln. 5. Aufl. 1994 (zuerst 1987)

Sachs, Hannelore / Badstübner, Ernst / Neumann, Helga: Christliche Ikonographie in Stichworten. Leipzig 1988

Sander, August: Köln-Portrait (hrg. Reinhold Misselbeck). Köln 1984

Sass, Anne: Mehr als nur „Kwartier Lateng". Leben am Rathenauplatz (hrg. Bürgergemeinschaft Rathenauplatz e. V. Veedelstreff). Köln 1994

Schiller, Friedrich: Über die ästhetische Erziehung des Menschen in einer Reihe von Briefen (= Reclam Nr. 8994, mit einem Nachwort von Käte Hamburger). Stuttgart 1975

Schmidt, Caroline: Schmiedekunst des 18. Jahrhunderts unter besonderer Berücksichtigung der Entwürfe Johann Georg Leydels. (Examensarbeit Lehramt Kunst, Bergische Universität-Gesamthochschule Wuppertal 1985; Original: Forschungsstelle für Architekturgeschichte und Denkmalpflege im FB 5 der Bergischen Universität-Gesamthochschule Wuppertal). Unveröff. Manuskript, Wuppertal 1985

Schmidt, Hartmut: Cromford – ein „Musensitz"? In: Mildner-Flesch 1984, S. 123-144

Schulten, Walter: Die Heilige Stiege auf dem Kreuzberg zu Bonn. Düsseldorf 1964

Signon: Helmut: Alle Straßen führen durch Köln. 2. Aufl. Köln 1982

Spohr, Edmund: Die Befestigungsanlagen von Düsseldorf. Baugeschichtliche Entwicklung, städtebauliche Konsequenzen. Diss. Ing. Aachen 1973

Stadt Leverkusen (verantw. Hrg. Rolf Wedewer): Städt. Museum Leverkusen Schloß Morsbroich. Malerei – Plastik – Objekte. Leverkusen 1985

Stadt Leverkusen (Hrg.): Vom Rittersitz zum Kunstmuseum. Morsbroich und seine Geschichte. Leverkusen 1987

Steimel, Robert: Kölner Köpfe. Köln 1958

Strothmann, Karl Heinz: Das Jagd- und Lustschloß des Kurfürsten Clemens August Arnsberg. Arnsberg o. J. (1970)

Sybel, Friedrich Ludwig Karl von: Nachrichten über die Soester Familie Sybel 1423 bis 1890. München 1890

Thieme, Urich / Becker, Felix / Vollmer, Hans: Allgemeines Lexikon der bildenden Künstler von der Antike bis zur Gegenwart. Bd. 1-37. Leipzig 1908-1950

Tillmann, Walter: Friedrich von Diergardt und seine sozialen Taten, in: Heimatbuch des Landkreises Kempen-Krefeld 1971, S. 180-186

Tillmann, Walter: Friedrich von Diergardt, in: Heimatbuch des Kreises Viersen 1974, S. 80-90

Ungers, Oswald Mathias: Pläne für das Schloss Morsbroich Leverkusen, in: Bauwelt 71, 1980, H. 9, S. 306-307

Ungers, Oswald Mathias: Die Thematisierung der Architektur. Stuttgart 1983

Ungers, Oswald Mathias: Sieben Variationen des Raumes. Stuttgart 1985

Vogts, Hans: Das Kölner Wohnhaus bis zur Mitte des 19. Jahrhunderts. 2 Bde, Neuß 1966

Vollmer, Gisela: Haus Roland und seine Besitzer. Beiträge zur Geschichte eines herrschaftlichen Anwesens im heutigen Düsseldorfer Stadtgebiet, in: Düsseldorfer Jahrbuch, Bd. 61, 1988, S. 1-49

Vomm, Wolfgang: Reiterstandbilder des 19. und frühen 20. Jahrhunderts in Deutschland. 2 Bde (Diss. phil. Köln 1979), Bergisch-Gladbach 1979

Vomm, Wolfgang: Denkmäler für Herrscher, in: Trier, Eduard / Weyres, Willy (Hrg.): Kunst des 19. Jahrhunderts im Rheinland (5 Bde). Bd. 4 Plastik. Düsseldorf 1980, S. 213-247

Weber, Hein: In alten Zeitungen geblättert: Köln 1698-1833. Köln 1974

Wedewer, Rolf (Hrg.): Depot: Schloß Morsbroich. Kunstbesitz des Städtischen Museums Leverkusen. Leverkusen o. J.[um 1970]

Weerth, Gerda-Dorothea de (Hrg.; bearbeitet von Gisela Schniewind): Daniel Heinrich von der Heydt und seine Nachkommen, in: Deutsches Familienarchiv, Bd. 67. Neustadt an der Aisch 1977, S. 178-248

Weyres, Willy / Mann, Albrecht: Handbuch zur rheinischen Baukunst des 19. Jahrhunderts. Köln 1968

Wildeman, Theodor: Rheinische Wasserburgen und wasserumwehrte Schloßbauten. Neuß 1954

Winterling, Alois: Der Hof des Kurfürsten von Köln (1688-1794). Diss. phil. Bonn 1986

Wollschläger, Hermann Maria: Burgen und Schlösser im Bergischen Land. Köln 1990

Zerlett, Norbert: Stadt Bornheim im Vorgebirge (=Rheinischen) Kunststätten, Heft 243). Köln 1981

Zinkann, Karin Elisabeth: Der Typ der Maison de Plaisance im Werke von Johann Conrad Schlaun. Diss. phil. Münster 1979

Zuccalmaglio, Anton Wilhelm von: Erinnerungen. 3 Bde (Hrg. Else Yeo). Bonn 1988-1991

Anmerkungen

Anmerkungen

1 Aders (1989), S. 1 – 32
2 Mahlberg (1989), S. 33 – 62
3 Kordt (ZBGV, 22/1886), S. 116 (Nr. 132)
4 Kordt (ZBGV 22/1886); Mosler (Bd. 1, 1912); Joerres (1894), Nr. 387; Aders (1968), S. 45 (Nr. 135)
5 Mosler (Bd, 1, 1912), S. 646 – 649 (Nr. 845)
6 Mosler (Bd. 1, 1912), S. 725 (Nr. 950)
7 Kordt (ZBGV, 22 / 1886), S. 140 (Nr. 232)
8 Niederau (1967), S. 18/19
9 Gruß (1984), S. 166, 167; vgl. Duncker (1857 – 1883 o.Pag. „Morsbroich"
10 Duncker (1857 – 1883), o.Pag. „Morsbroich"; vgl. Aander – Heyden (1886), Nr. 167
11 vgl. Mahlberg (1989), S. 41
12 Aander – Heyden (1886 S. 86 (Nr. 183); ein Jahr später wurde die Schuldsumme noch einmal um 1000 Rthlr erhöht (Nr, 187, S. 88)
13 Aander – Heyden (1886 S. 87 (Nr. 185)
14 v. Sybel (1890 S. 129
15 Duncker (1857 – 1883 o.Pag. „Morsbroich"
16 Meese (1958), S. 128
17 Büsching (1778), S. 536 f.
18 Altenbiesen bei Maastricht
19 Signon (1982), S. 54; das Katharinenpatrozinium geht auf das Katharinenkloster am Berge Sinai zurück
20 Meese (1958), S. 124
21 Signon (1982), S. 204
22 Günter (1984), S. 52/53
23 Meese (1958), S. 135/136
24 Hermülheim ist ein Ortsteil der Stadt Hürth, westlich von Köln im Erftkreis gelegen; vgl.: Firmenich (1968), S. 31
25 Meese (1958), S. 135
26 Zu diesen und den folgenden Angaben vgl.: Braubach (1937), S. 63-119, Braubach (1954), S. 128 – 156, Meese (1958), S. 103 – 104
27 Hansmann / Knopp (1977), S. 20 u. Abb. 32
28 Holzhausen (1961), S. 357
29 Hubatsch (1979), S. 27; seit dem Jahre 1974 besteht in Nordrhein-Westfalen ein ganzjähriges Abschußverbot für Graureiher; die Bestände haben sich seitdem auch andernorts erholt.
30 Cornelius (1961), S. 127 f.; Hansmann / Knopp (1977), S. 121
31 Landesmuseum Münster (1973, Schlaunstudie I, Bildteil Nr. 44, S. 137 – 196
32 Depel (1961), S. 225 / 226
33 Müller – Hengstenberg (1992), S. 251 – 254
34 Braubach (1937), S. 118
35 Meese (1958), S. 103
36 Braubach (1937), S. 117
37 Braubach (1937), S. 116 / 117
38 Braubach (1961), S. 21
39 HASK: DOK St. Katharina, Akten Nr. 6 b, fol. 130 – 132
40 HASK: DOK. Ku. Kontrakten-Protokolle 1750 – 1861, fol. 307 f; am 23. 7. 1761 erwerben mehrere Käufer die fertiggestellten Häuser von dem Landkomtur v. Roll
41 a.a.O. fol 141 RS – 145 v. 24. 5. 1762
42 HSTAD: Jülich – Berg II, Hofrat B XVII, Nr. 33; vgl. Mahlberg (1978), S. 48
43 Meese (1958), S. 117
44 Depel (1961), S. 220; soweit nicht anders gekennzeichnet, beziehen sich die folgenden Angaben auf die angegebene Veröffentlichung
45 STA Bonn: KU Kontrakten-Protokolle 1762 – 63, fol 55
46 HASK: DOK St. Katharina, Akten 6b, fol 109, 118 – 122
47 Esser (1987), S. 69
48 Das Original befindet sich im STA Leverkusen
49 Mahlberg (1989), S. 43
50 HASK: DOK St. Katharina, Akten Nr. 49 d; fol 115; die m.E. bislang unveröffentlichte Karte befindet sich in einem Bestand mit der Aufschrift: „Zum Hause Morsbroich und Steinbüchel gehörige Jagd betr. von 1659 – 1720; Grobe Jagd 1636 – 1760
51 Meese (1958), S. 138
52 Meese (1950), S. 137
53 Ausführungen zur Vorburg: sh. unten
54 Duncker (Hansmann / Knopp 1981), S. 14; Frhr v. Nesselrode verstarb am 12. November 1697
55 Statt des richtigen Wortes FLAGRANTE hat der offenbar des Lateinischen unkundige Bildhauer aus dem F ein E gemeißelt, so daß es zu dem unsinnigen Wort ELAGRANTE kam
56 HSTAD: Jülich – Berg II, Hofrat B XVII Nr. 33; vgl. Mahlberg (1978), S. 48
57 Hartung (1987), S. 9; dle hier gemachten Angaben sind leider ohne Quellenangabe
58 Thieme – Becker, Bd. 23, S. 153
59 HASK: DOK St. Katharina, Akten Nr. 6 b
60 STA Bonn, KU, Bonner Kontraktenprotokolle 1763 – 1764, fol 43 RS – 46 u. fol 254
61 STA Bonn: KU Bonner Kontraktenprotokolle 1763 – 1764, fol 254
62 PSTA Brühl: KB Kath. Gemeinde St. Gangolf, Bonn, Heiraten 1715-1785, fol 71
63 STA Bonn: KU Bonner Kontraktenprotokolle 1763 – 1764, fol 248-266; das Testament liegt in französischer Sprache vor.
64 vgl. Kisky (1965), S. 109 – 110. Haus Horr wurde in den Jahren 1737/38 nach Plänen Leveilly's durch die Familie v. Francken erbaut
65 STA Bonn: KU, Kontraktenprotokolle 1750 – 1751, fol 11; Kontrakt Leveilly's am 22. Januar 1750 mit Hofmaurermeister Joh. Joseph Krum zu einem Neubau in Bonn auf der Cöllenstraße
66 Katalog Brühl (1961), Nr. 177, S. 192; Depel (1961), S. 88
67 Thieme – Becker, Bd. 29 (Leipzig 1935), S. 87
68 Depel (1961), S. 225 / 226; Abb. 84 (Grundriß), Abb. 85 (Ansicht Ehrenhof 1755 – 1760)
69 HSTAD: Kurköln IV – 4376 – Bauamtsrechnungen 1754, fol 80; Rechnung vom 6. Mai 1754
70 HSTAD: Kapuziner Bonn 1 – 38, Klosterwesen 1626 – 1776, Akten Nr. 1; Rechnung vom 17. Mai 1756 von Zimmermeister M. Ormes „Auff order dess Herrn bauMstrn Roth … "
71 HSTAD: Kurköln VIII, 408/1; Baurechnungen Hl. Stiege; eine Quittung von Heinrich Roth über geleistete Dachdeckerarbeiten liegt dem Bestand als loses Blatt undatiert bei (vermutlich aus dem Jahre 1756)
72 Johl. Heinrich Jakob Roth war mit Helena Josepha Raaff verheiratet. Bei der Taufe ihres Sohnes Mathias Josephus Heribertus am 22. Juli 1766 werden die Eheleute wie folgt benannt: Praenobilis Dominus Henricus Jacobus Roth ordinis teutonici architectus et Conciliarius Camerae et Praenobilis Domina Helena Josepha Raaff
73 STA Bonn: KU, Bonner Kontrakten-Protokoll 1762 – 1763, fol 143
74 Günter / Penning (1969), S. 16
75 HSTAD: Kurköln IV. 4389 bis 4398; für 1773 / 74 finden wir z.B. (4389 Nr. 453; fol 47):"Baumeister Roth für die gegebene dessein deren neuen decorationen bey denen gespielten Operetten … 94 Rthlr …" (Nr. 703, fol 67): „Baumeister Roth an Diäten für Bruell und Herzogsfreud pro 1773 et 1775 … 8 Rthlr, 35 Stüber"
76 Genaue Belege vgl.: Mahlberg (1973)und Mahlberg (1978)
77 Gabriel de Gabrieli (geb. 1671 in Roveredo, Norditalien)war seit 1709 bis zu seinem Tode im Jahre 1747 für das Hochstift Eichstätt tätig; von 1695 bis 1716 bekleidete er das Amt des Hofbaumeisters am Hofe zu Ansbach; im Jahre 1700 wurde er zum Bauinspektor des Fürsten Johann Adam Andreas v. Liechtenstein in Wien ernannt. In Allersberg, dem Heimatort J.G. Leydels baute Gabrieli in den 1720er Jahren für die Unternehmerfamilien Gilardi und Heckel großzügige Wohn-/Geschäftshäuser
78 HSTAD: Kurköln VIII, 408/1 (Baurechnungen Hl. Stiege auf dem Kreuzberg). Am 20. Oktober 1746 stiftete Obriststallmeister v. Roll 5 Louisdor. Bei der Abrechnung mit den Bildhauern für 1749 heißt es: „dem Johann Leydel für einigen gemachten modellen z.l.g. ad 10 Rthl / 30 Stüber". Ob es sich dabei um Vorentwürfe für bauplastische Details aus Ton oder Gips handelte oder um hölzerne Architekturmodelle von der Gesamtanlage und dem Hochaltar, kann nur spekulativ erörtert werden. Der Hochaltar jedenfalls könnte aus stilistischen Gründen von J.G. Leydel entworfen sein; vgl. Mahlberg (1973), S. 126 – 131. Abgesehen von der Unkenntnis über Johann Georg Leydel stellt die Monographie von Walter Schulten (1964) über die Hl. Stiege eine hervorragende Studie dar.
79 Mahlberg (1978), S. 32/33; Mahlberg (1973), S. 186 – 191
80 vgl. Mahlberg (1992), S. 48 – 54
81 Es handelt sich um das Archiv von Karl Graf Wolff – Metternich in Freiburg, Bestand Hs Beck; Karin

Elisabeth Zinkann bearbeitete die Unterlagen zu Haus Beck (vgl. Zinkann 1979) und korrespondierte in der Angelegenheit mit mir. Veröffentlicht wurde der Aufrißplan erstmalig in Duncker (Hansmann / Knopp, 1981), S. 14 / 15

82 Zu diesem Ergebnis kommen auch Hansmann / Knopp (1981), S. 15; leider stand mir nur eine verkleinerte Fotokopie des Planes zur Verfügung, auf der dieser Textteil nicht zu entziffern ist. Der Buchstabe „M" vor dem Nachnamen könnte die Abkürzung für „Monsieur" sein, oder handelt es sich um einen Lesefehler?

83 HSTAD: Plankammer E 1/1, IV 2706, Linn, 1789. Die Beschriftung der Karte lautet: „Carte von den bey Linn gelegenen Kammer Appertinenzien Nota die zu dem Drenker Hof gehörige Stüker sind mit D und die zu dem Baker Hof mit B bezeichnet. Die andere Stüker die zu keinem von diesen Höfen gehören haben Zahlen allein. Die beiden der Drenker und Baker hof sind gemessen worden 1788 und das übrige 1789 durch Herrn. Sandfort Ingenieur Lieutenant und Lehrer der angewandten Mathematik bey der Universität zu Bonn."

84 HSTAD: Karten Nr. 3047 – 3057

85 Penning (1990), S. 214, Nr. 700 „Herman Sandfort berichtet an die Herrschaft von Miel, daß er am 26. März (1775) auf ihre Anordnung hin die Vermessung der Herrlichkeit, die im letzten Jahr wegen des frühen Kälteeinbruchs nicht beendigt werden konnte, fortgesetzt und dazu an einem Sonntag Nachmittag mit Joannes Velten und Thomas Blosdorff eine Grenzbegehung (Limiten) vorgenommen habe (...)". Sandfort berichtet im Folgenden einen Jagdfrevel.

86 Mahlberg (1978), S. 46 – 50

87 Vogts (1966), S. 575 / 576; der Plan stammt von einem Kölner Karmeliterpater (Benedikt Josef Matthaei?), der vor dem Entwurf zwanzig Schloßpläne und einheimische wie auswärtige Wohnhauspläne studiert haben soll

88 Vogts (1966) S. 576, verweist u.a. auf das Kölner Palais Gereonstr. 12

89 Mahlberg (1992), S. 49

90 Das Hirschberger Tor wurde nach einem Entwurf von J.C. Schlaun im Jahre 1753 erstellt; Schlaun baute in den Jahren 1730 – 1734 für Clemens August das Jagdschloß in Arnsberg um. Im Jahre 1762 wurde das Schloß zerstört; das Hirschberger Tor wurde 1826 an seine heutige Stelle an der Propsteikirche transloziert, vgl. Strothmann (1970), S. 9 / 11

91 vgl. Mahlberg (1992), S. 49/50; die hier angesprochenen Prozesse werden nicht selten verzerrt dargestellt; vgl. Richter / Zänker (1988)

92 Zinkann (1979), S. 49

93 J.C. Schlaun starb am 21. Oktober 1773

94 Mahlberg (1973), S. 154 – 162; vgl. Penning (1990), S. 136 – 143

95 Penning (1990), S. 15

96 vgl. Anm. 57

97 HASK: Zivilprozesse III, 1751 – 1797, Nr. 3850; der zitierte Text ist leicht bereinigt

98 Das Original befindet sich im Stadtarchiv Leverkusen und wird auf die Zeit um 1790 datiert, vgl. Hartung (1987), S. 11. Im Zusammenhang mit meinen Untersuchungen zur Gartengestaltung (vgl. Kapitel „Gartenlust") komme ich zu einem neuen Datierungsvorschlag der Zeichnung auf einen Zeitpunkt unmittelbar nach 1775. Als Grundlage für die Bezeichnung der einzelnen Gebäudeabschnitte dient eine Bauaufnahme aus der Zeit um 1950 (sh. Abb. S. 36/37) Umzeichnung nach einer Kopie, die mir vom STA Leverkusen zur Verfügung gestellt wurde; die Grundrißzeichnung hat den Vorzug, daß sie damalige Nutzung vermerkt; leider gibt es einige Ungenauigkeiten)

99 Bauaufnahme aus der Zeit um 1950 Maßstab 1 : 100 (anonym, undatiert; es ging wohl um Schaffung von Wohnraum in den Vorburggebäuden, STA Leverkusen Legende zum Grundriß (Erdgeschoß) der Vorburg Morsbroich
Gebäude A: Neubau 1912 anstelle eines Teiles der „Hubertusburg" (1774 von J.G. Leydel). Nutzung um 1950: A1 Wohnzimmer; A2 Küche; A3 Bad; A4 Kinderzimmer; A5 Elternschlafzimmer; A6 Schlafzimmer; A7 Vorratsraum; A8 Schlafzimmer; A9 Arbeitszimmer
Gebäude B: Neubau 1774 als Teil der „Hubertusburg"; diente Wohnzwecken. Die Vermessung von 1985 weicht in einigen wichtigen Punkten vom vorliegenden Plan ab. Nutzung um 1950: B1 u. B2 Knechtekammern; B3 Bad/WC; B4 Küche; B5 Flur; B6, B7, B8 Zimmer
Gebäude C: Neubau 1774 als Teil der „Hubertusburg" (Wohnzwecke). Nutzung um 1950: C1 Lagerraum mit Treppe zum Dachgeschoß; unter Podest (östl. Raumwand) Zugang zum Kellergeschoß; C2/C3 Zimmer
Gebäude D: Neubau 1774; diente im 18. Jh. wohl schon als Pferdestall. Nutzung um 1950: Pferdestall

Gebäude E: Auf Vedoute von 1762 mit Gebäuden F und G vorhanden. Plan 1823: Pferde- und Kuhställe. Nutzung um 1950: E1 Waschküche; E2 Kuhstall; E3 Rinderstall
Gebäude F: Im 18. Jh. wohl als Schreinerei genutzt. Nutzung um 1950: F1 Abstellraum; F2 Aborte
Gebäude G: Diente um 1800 als Wohnung mit zwei Räumen Gebäude G u. H wurden 1907 als Büro für die Diergardt'sche Verwaltung umgebaut. Nutzung um 1950: G1 Tresor; G2 Zentralheizungsraum; G3/G4 Büroräume
Gebäude H: Neubau 1774; H2/H3 Nutzung als Wohnung, H1 „Pförtnerstübchen". Nutzung um 1950: H1 Pförtner; H2 Vorraum; H3 Büroraum
Gebäude I: Neubau 1774; diente als Wohnung. Nutzung um 1950: I1/I2 Zimmer; I3 Obstlagerraum
Gebäude J: 1762 vorhanden (Halfenhaus). Nutzung um 1950: J1 Flur; J2 Küche; J3/J4/J5 Zimmer
Gebäude K: 1762 vorhanden; um 1800 Nutzung als Pferdeställe. Nutzung um 1950: K1/K2 Pferdestall
Gebäude L: Treppenhaus; im 18. Jh. Kammern der Knechte über den Pferdeställen
Gebäude M: 1762 vorhanden; im 18. Jh. Remise. Nutzung um 1950: Garage
Gebäude N: 1762 vorhanden. Nutzung um 1950: Lagerraum
Gebäude O: Nutzung um 1950: Obstlagerraum
Gebäude P: 1762 vorhanden; im 18. Jh. Scheune. Nutzung um 1950: Scheune
Gebäude Q: 1762 vorhanden; im 18. Jh. Scheune. Nutzung um 1950: Scheune
Gebäude R: Neubau 19. Jh. Nutzung um 1950: nicht benannt („früherer Eiskeller")
Gebäude S: Neubau 19. o. 20. Jh. Nutzung um 1950: Stall

100 STA Leverkusen: Bestand Diergardt; Planvorlage Architekt

101 Dieser Teil der Vorburg wurde vom Referat Bauforschung des Rheinischen Amtes für Denkmalpflege im Zusammenhang mit den Renovierungsarbeiten aufgenommen und in dessen Hauszeitschrift vorgestellt (vgl.: Is/CN: Anwendungsbereiche neuer Meßtechniken, in: Denkmalpflege im Rheinland 1/86, S. 16-18). Der Befund weicht von der Bauaufnahme aus der Zeit um 1950 ab.

102 sh. Abb.

103 Fischer v.Erlach (1721/1978), S. 11/12; vgl. Tafel XVIII. Der Bildtext lautet (in leicht bereinigter Schreibweise): „Prospect eines Lust-Garten-Gebäu, so von mir inventiert, gezeichnet und Grundriß davon gegeben worden vor den N.in Wien. Veue (= Vue, Ansicht, H.M.) d' une Maison de Plaisance que j' ai inventee ..."

104 Zum Alltagsleben im alten Rom vgl. Carcopino (1950)

105 Burkhardt (1928), S. 398 – 400; Pandolfini starb 1446, von ihm stammt die Schrift „Trattato del governo della famiglia"

106 Burckhardt (1928), S. 300/301

107 Häßlin (1990), S. 235 – 242

108 Blondel (1737/1967)

109 Zinkann (1979), S. 11; Karin Zinkann bezieht sich auf Giedion (1976), S. 107 f

110 Cornelius (1961), S. 127/128

111 Zu diesen und den folgenden Angaben vgl. Duncker / Hansmann / Knopp (1982), S. 74/75, Zinkann (1979), S. 49 – 65

112 HSTAD: Jülich-Berg II, Hofrat Amt Mülheim Nr. 33, fol 18R; es heißt hier u.a.: „habe sofort vom seligen Herrn von Weichs wegen einer gemachten Zeichnung bekommen 5 Gulden 3 Rth 15 Stüber; auch noch eine Dukat, als 1 1/2 Tag zu ihm von hier dahingegangen, um daselbsten wegen einem von andern verdorbenen Gewölbe eine neue Einrichtung gemacht, die war zu leicht" (Leydel notiert dies Weihnachten 1765, also nach dem Tode des „seligen Herrn v. Weichs"

113 Kisky (1965), S. 110, Anm. 17; die Jahreszahl „1750" ist in das Türfeld über dem Portal des Gartensaales eingemeißelt

114 Rode (1961), S. 244 – 247

115 Ott (o.J.), S. 276

116 Die Hinweise auf die Baugeschichte von Schloß Wahn stützen sich auf folgende Veröffentlichungen: Mahlberg (1973), S. 206 – 212, Mahlberg (1978), S. 39 – 43, Duncker (Hansmann, Knopp, Bd. II, 1981), S. 38/39; in der genannten Literatur wird auf weitere Quellen und Publikationen verwiesen. Einige Hinweise und die Einsicht in ein privates Fotoalbum verdankt der Verfasser Frhrn v. Eltz-Rübenach, Burg Kühlseggen bei Weilerswist

117 Duncker (Hansmann/Knopp Bd. II, 1981), S. 38, ohne Quellenangabe

118 Dies vermuten fälschlich Hansmann/Knopp, Lit. cit. S. 38; es heißt hier: „Er habe seine Ideen dem Architekten dieser Stadt gemeint ist wohl Mülheim unterbreitet ..." Zu korrigieren ist: J.G. Leydel ist weder in Mülheim/Rhein geboren, noch war er dort vor 1765 Stadtbaumeister; einen Stadtbau-

meister von Mülheim gibt es um 1750 nicht, vielmehr wurden die bedeutenderen Entwürfe durch den Düsseldorfer Hofbaumeister Nosthoven geliefert. Da die Stadt im Schreiben v.Schalls nicht genannt wurde, ist möglicherweise an Köln zu denken. Hier kommen entweder unbedeutende städtische Baubeamte infrage (sh. Vogts (1966, I) S. 676, oder der zu dieser Zeit in kurkölnischen Diensten stehende Franziscus Feldtmüller, von dem einige Projekte für adlige Landsitze bekannt sind (vgl. Mahlberg (1978), S. 35)

119 Neu (1956), S. 36 u. Abb. 9, S. 33; die Anlage hat große Ähnlichkeit mit der sog. Kleeburg bei Weidesheim, Kr. Euskirchen von 1747

120 STA Bergisch-Gladbach Nr. A 133 v . 18. Mai 1757

121 Der Straßenabschnitt wurde 1764/65 von Leydel erbaut, vgl. Mahlberg (1978), S. 51 – 53

122 Nach jahrelangen Prozessen hat Graf Godehard von und zu Hoensbroech gegen die Bergbautreibenden kürzlich die Anerkennung als Bergschadensfall erstritten. Das Herrenhaus kann seit Jahren nicht mehr betreten werden. Der Verfasser hatte jedoch im Jahre 1971 Gelegenheit, das seinerzeit noch bewohnte Gebäude besichtigen und das Privatarchiv einsehen zu können. Die im Folgenden angeführten Daten zur Baugeschichte entstammen diesem Hausarchiv

123 Ignatius Kees wurde 1721 geboren und war lutherisch-reformierter Konfession. Vermutlich war er seit 1750 als kurpfälzischer Hofbaumeister am Düsseldorfer Hofbauamt tätig. Er stand deutlich hinter Nicolas de Pigage zurück, der 1752 „Erster Architekt" wird. Seine Haupttätigkeit bestand in der Reparatur von landeseigenen Bauten, dem Ausbau von Fernstraßen, Brückenbauten etc. Das Düsseldorfer Statthalterpalais für den Grafen Goltstein stellt die bedeutendste Arbeit von Ignatius Kees dar. An diesem 1766 errichteten Bau wird auch seine Architekturauffassung deutlich, da er sich energisch gegen mögliche Korrekturen seines Vorgesetzten N. de Pigage zur Wehr setzt; vgl. Klapheck (1916, Bd II), S. 206, u. Abb. S. 207; hier weitere Literatur- und Quellenangaben zu J. Kees

124 HSTAD: Abtei Siegburg, B XI, Nr. 153 (Akten)

125 Nach Planungen von Johann Joseph Couven (ab 1748) wurde der Bau durch Nicolas de Pigage überarbeitet; vgl. Korn (1951), S. 216 f.

126 Zinkann (1979), S. 92

127 vgl. Mahlberg (1973), S. 217 – 224

128 In den Bauakten ist der Anstrich in Ocker für den Kapellenbau belegt. Daraus wird man eine einheitliche Farbgebung auch für das Herrenhaus folgern dürfen. Die Kapelle und das Torhaus wurden im späten 19. Jh. abgebrochen und 1893 bis 1895 nach Plänen von Heinrich Krings neu errichtet. Das Herrenhaus hat seit dem 19. Jh. weiß gestrichene Putzflächen, die von ziegelrot gestrichenen Gliederungselementen gerahmt werden

129 Die kurpfälzischen Repräsentationsbauten weisen in der Regel karminrot gestrichene Putzflächen im Kontrast zu hellgrauem Trachyt oder Andesit auf (vgl. Schloß Jägerhof, Schloß Benrath usw.). Im Kurkölnischen dominieren die ockergelben Farbklänge, die ihre stilistische Herkunft aus dem süddeutsch-österreichischen Raum (und damit letztendlich Italien) nicht verleugnen konnten.

130 Soweit nicht anders gekennzeichnet, stammen die Belege zur Baugeschichte von Miel aus dem Privatarchiv des Barons Hugo v. Kintzel, Schloß Miel; ich hatte im Jahre 1972 Gelegenheit, diese (seinerzeit noch ungeordneten) Bestände einzusehen. Von 1976 an wurde das Archiv von Wolf D. Penning gesichtet, geordnet und im Jahre 1990 als Inventarband 11 der Quellen zur Geschichte des Rhein-Sieg-Kreises publiziert

131 Joh. Georg Leydels Sohn Michael studierte in dieser Zeit an der Brüsseler Akademie (vgl. Anm. 175); er wird in Miel nur gelegentlich präsent gewesen sein.

132 Zur Beurteilung der Innenraumsituation sind die von Penning (1990), S. 248 – 249, veröffentlichten Grundrisse nur bedingt geeignet; die zur Anlage von Elektroleitungen um 1900 gefertigten Pausen gehen wohl kaum auf die nicht mehr auffindbaren Originalpläne Leydels zurück, da im Gegensatz zum Baubefund zahlreiche Abweichungen vorkommen (z.B. fehlende Fenster im Gartenzimmer usw.). Ich greife darum auf meine eigenen Bauaufnahmen von Schloß Miel (Erdgeschoß und 1. OG) aus dem Jahre 1972 zurück

133 Vogts (1966, Bd II), S. 570, Anm. 65 S. 649/650; vgl. Mahlberg (1992), S. 48

134 Von der umfangreichen Literatur zu Cromford sei hervorgehoben: Mildner – Flesch (1984/1985); Klepsch/Reisel (1990); Breuer (1990)

135 Günther (1984/1985), S. 65

136 Knieriem (1984/1985), S. 65

137 HSTAD: Jülich-Berg III, Nr. 141; hier Auszug aus einem längeren Schreiben

138 Günther (1984/1985), S. 89; Herzog (1984/1985), S. 116/117; Breuer (1990), S. 11

139 Flügels Pläne zur Erweiterung des Düsseldorfer Hofgärtnerhauses vom Jahre 1780 werden von Hofbaumeister J. Kees scharf kritisiert: „kein Gebäu für einen Garten, vielmehr für eine casernen" (HSTAD: Jülich-Berg III, 50 v. 7. Februar 1780). Pläne für Kasernenbauten in den Jahren 1781 und 1783 stammten von den Ingenieuren Caspers, van Douwen und Euler, Flügel oblag lediglich die Ausführung (Spohr, 1973, S. 233)

140 HSTAD: Kurköln II, Nr. 2299 II, fol 63 – 74; vgl. Klepsch/Reisel (1990), S. 16/17

141 HSTAD: Kurköln II, Nr. 2299 II, fol 63; die Überschrift der Denkschrift lautet: „Gewagte Gedanken über die Ansiedlung der Protestanten mit Fabriquen im Kölnischen, insonders des Hrn Maaßen aus dem Bergischen mit Errichtung seiner Baumwollspinnerey Kunst Machine in Neuß"

142 HSTAD: Kurköln II, Nr. 2299 II, fol 173/174

143 Günther (1984/1985), S. 87; Katalog S. 203

144 Mildner – Flesch (1984/1985), S. 15; der Plan wurde im April 1789 aufgenommen, das Original befindet sich im StA Ratingen (Katalog 5.15, S. 204)

145 Bußmann (1973), S. 53/54

146 vgl. Mahlberg (1990), S. 26 – 31; zu verweisen ist noch auf das Elberfelder Haus Aue 35, dessen Treppengeländer deutlich mit dem von Hs Cromford übereinstimmt; im Gegensatz zu zeitgleichen Bauten im Düsseldorfer Raum, die den Farbton Rot – Grau in der Fassadengestaltung aufweisen, zeigt Hs Cromford den im Kurkölner Raum bevorzugten Gelbton. Auch dieses Faktum spricht für eine Tätigkeit Michael Leydels. – Johann Georg Leydel hielt sich am 6. Juni 1765 zur Taufe seines Neffen Johann Georg in Ratingen auf, wo der Bruder Georg Leydel längere Zeit als Maurer tätig war (Mahlberg, 1978, S. 33/34). Die Ratinger Verhältnisse waren also der Architektenfamilie Leydel vertraut; spielten etwa die Kontakte Leydels eine Rolle bei der Grundstückssuche Brügelmanns?

147 Mahlberg (1992), S. 48

148 Mahlberg (1992), S. 51/52

149 Zu Johann Georg Leydel als Logenmitglied vgl. Mahlberg (1978), S. 74; Martin (II) Leydel trat im Jahre 1789 der Krefelder Loge „Zur vollkommenen Gleichheit" bei; vgl. Mahlberg (1973), S. 28/29; eine Logenzugehörigkeit Michael Leydels kann ebenfalls vermutet werden. Über Gottfried Brügelmann als Logenmitglied vgl.: Schmidt (1984/1985), S. 141

150 HASK: DOK St. Katharina, Akten Nr. 49a; Brief Verwalter Linden v. 3. Nov. 1795

151 Die Gitter wurden von der Stadt Leverkusen in der Realschule am Stadtpark eingelagert.

152 sh. Anm. 150

153 Lieferant für Schloß Miel war der Kölner Kunstschmied und Ofenfabrikant Hieronimus Schophoven, vgl. Mahlberg (1973), S. 58 u.159; der Name leitet sich von der Eisenhütte in Quint bei Trier ab.

154 sh. Anm. 150

155 Das Delfter Blau-Weiß bestimmte z.B. auch den Sommerspeisesaal von Schloß Augustusburg (vgl. Katalog Brühl (1961), Tafel 16)

156 Richmodis von Aducht erlag im Jahre 1357 der Pest und wurde auf dem Friedhof von St. Aposteln beerdigt. Daß sie nur scheintot war, bemerkten erst die Grabräuber, die in der Nacht nach der Beerdigung gierig den Sarg öffneten. Die Totgeglaubte schleppte sich zu ihrem Wohnhause, läutete, doch keiner wollte an ihre Wiederkehr glauben. Als Ritter Mengis v. Aducht ausrief: „Eher werden meine beiden Schimmel aus dem Turmfenster schauen, als daß meine Frau aus dem Grabe zurückkommt", hörte er die Pferde die Treppen hinauf poltern. Jetzt erst öffnete er der unheimlichen Gestalt die Tore. Zum Gedenken an das Geschehen blicken heute noch zwei hölzerne Pferdeköpfe vom Obergeschoß des (nachgebauten) Turmes in der Richmodisstraße in Richtung Neumarkt; vgl. auch: Röhrig (1994), S. 123 – 130

157 Zu denken wäre an den oktogonalen „Turm der Winde" bzw. „Turm des Andronicus" in Athen; vgl. Breyer / Schreber (1792), Abb. 75

158 Miers (1976), S. 8

159 Johannes der Täufer wird schon im Jahre 1136 auf einer Inschrift in der Monrose-Abtei in England als Patron bezeichnet; vgl. Miers (1976), S. 216

160 Mahlberg (1973), S. 57 – 62

161 Mahlberg (1973), S. 111 – 118; Mahlberg, Polis 4 (1992), S. 10/11

162 Mahlberg (1973), S. 234 – 238; Abb. XXX

163 Mahlberg (1973), S. 261 – 263; Mahlberg (Polis 1 / 1990), S. 28; Abb. XXX

164 Vgl. die Grundrisse des Elberfelder „Wunderbaues" und des Hauses v. Geyr an der Breitestraße in Köln, beide auf 1754 datiert; vgl. Mahlberg (1973), S. 201 – 203; Mahlberg (1992), S. 25, Abb. 8

165 Conrad Martin Marrer (auch Mahrer, Marer) lebte wie die Familie Joh. Georg Leydels in Poppelsdorf. Er verstarb dort am 19. August 1794 im Alter von 67 Jahren. Seit 1756 tritt Marrer mehrmals bei Taufen der Familien Johann Georg und Michael Leydel in Erscheinung; vgl. STA Bonn: Kirchenbuch St.

149

Martin, Bonn. Taufen / Heiraten / Sterbefälle 1721 – 1798

166 Mahlberg (1973), S. 158; Penning (1990), S. 143 (Nr. 395)

167 Mahlberg (1978), S. 60 – 62

168 Der Kamin wuurde bei dem Umbau nach 1981 entfernt und von der Stadt Leverkusen eingelagert.

169 Sammlung Zengeler Nr. 54; vgl. Hansmann / Knopp (1978), S. 73; im Katalog Brühl (1961), S. 307, Nr. 469 wird die Inventar-Nr. 26540 (CA 469) angegeben. Die Entwürfe werden hier m.E. zutreffend auf „zweites Viertel 18. Jh. datiert, während Hansmann / Knopp (ohne Belege) die Zeit „um 1720" zugrundelegen

170 Hansmann / Knopp (1978), S. 73

171 vgl. Anm. 78

172 Eigenhändig geschriebene Briefe J.G. Leydels finden sich u.a. in folgendem Archivbestand: HASK, Rep. 207, Verschiedenes

173 Mahlberg (1978), S. 30/31

174 Die Pläne stammen wohl von J.G. Leydel, die Ausführung geschah durch dessen älteren Sohn Martin Leydel; vgl. STA Ahrweiler: A 227 II, Ratsprotokolle 1768 – 1775; vgl. Mahlberg (1973), S. 239 – 242

175 Michael (II) Leydel studierte von 1767-1770 an der Akadémie des Beaux Arts in Brüssel; er erhielt am 5. Mai 1770 für seine Abschlußarbeit den 1. Preis der Architekturklasse (vgl. Archives de la ville de Bruxelles, Archives Anciennes Nr. 2819, freundl. Hinweis von Dipl. Ing. Bettina Schmidt)

176 Es handelt sich um einen Alternativentwurf Michael (II) Leydels für das Armenhaus der Reformierten Gemeinde in Solingen (um 1776); STA Solingen: HA I A2; vgl. Mahlberg (Polis H.3/90) S. 24

177 Mahlberg (1992), S. 50

178 Mahlberg (1978), S. 46 – 50

179 Mahlberg (1978), S. 54

180 Pevsner (1963), S. 364

181 Zur Beschreibung des Gartens dient folgende Unterlage:
STA Leverkusen: Lavierte Zeichnung um 1790; für die Zeichnung wird von mir ein früheres Entstehungsdatum angenommen.

182 Mahlberg (1989), S. 57

183 Penning (1990), S. 140 Nr. 385 u.a.

184 HASK: DOK Akten Nr. 49a, Schreiben Verwalter Linden an den Landkomtur v. Forstmeister v. 16. Sept. 1795 f

185 HASK: DOK Nr. 49a, Schreiben v. 28. Febr. 1796

186 Mahlberg (1989), S. 56 – 61

187 STA Leverkusen: Karte aus dem Schaaffhausen'schen Atlas von Geometer C. Meier

188 HASK: DOK Akten Nr. 49a; Schreiben v. 1. Juni 1796

189 Hartung (1987), S. 11

190 STA Leverkusen: Bestand Diergardt Nr. 3000.150, Jagdsachen Herrschaft Morsbroich, 8. November 1719

191 STA Leverkusen: Bestand Diergardt Nr. 300.150, Jagdsachen 17./18. Jh.

192 Hübner (1757), S. 525

193 Sachs et al. (1988), S. 186

194 Ausst. Katalog Brühl (1961), Katalog Nr. 713. Das Gebäude wurde im 19./20. Jahrhundert als Hotel genutzt (Hotel Belvedere) und 1971 abgebrochen; vgl. Hansmann / Knopp (1977), S. 114; Aufrisse Fig. 32, S. 113

195 Staatsarchiv Koblenz: Abt. 55 A1, Nr. 265

196 v. Waldbrühl (1870), S. 189 – 190

197 Schiller (1795 / 1975), S. 15/16; die Schrift von 1795 entstand aus Schillers Briefen an den Herzog Friedrich Christian von Holstein – Sonderburg – Augustenburg in Kopenhagen vom Jahre 1793

198 Zu den Ausführungen über die Geschichte Österreichs vgl. v.Krones (1923, Bd. 4)

199 Cardauns / Müller (1966)

200 Aders (1992), S.65 – 110.

201 HASK: DOK St. Katharina, Akten Nr. 49a; die Briefe sind auch Gegenstand eines Beitrages von Hans-Jürgen Dorn und den Teilnehmern eines Leistungskurses für Geschichte am Freiherr-vom-Stein-Gymnasium Leverkusen; vgl. Dorn et al. (1986), S. 30 – 38

202 Meese (1956), S. 114

203 Bendel (1913), S. 167

204 STA Leverkusen: Bestand Diergardt Nr. 3000.01, Notar Windeck, Deutz, 9. Dezember 1817

205 Das Jahr 1816 war stark verregnet, so daß man nur mit Importgetreide aus dem Baltikum eine Hungersnot abwenden konnte; die nassen Felder konnten im Herbst nicht bestellt werden, so daß auch 1817 ein schwieriges Jahr wurde; vgl. Cardauns / Müller (1966), S. 225 u. 229

206 sh. Anm. 204

207 HSTAD (K): Notar Windeck, Deutz, Rep. 2798, Nr. 1211 v. 2. Mai 1818; dieser Vertrag wurde von der Forschung bislang noch nicht berücksichtigt

208 Lill (2988), S. 95

209 Die biographischen Hinweise auf A. Schaaffhausen und seinen Schwiegersohn Wilhelm Ludwig Deichmann sind entnommen aus: Steimel (1958), Sp. 100 u. Sp. 350

210 Kölnische Zeitung Nr. 178 vom 1. April 1830; vgl.: Weber (1974), S. 17. Abraham Schaaffhausen verstarb zwar 1824, die Wahlberechtigung blieb jedoch wegen Morsbroich beim Bankverein und wurde von einem Compagnie-Mitglied wahrgenommen

211 Vogts (1966, I), S. 346

212 Vogts (1966, II), S. 607; Adenauer / Gröbe (1987), S. 36-38

213 Firmenich / Werber (1987), S. 21 u. S. 22 (Abb. 26)

214 Baur (1981), S. 70 / 71

215 Anton Wilhelm Florentin v. Zuccalmaglio wurde am 12. April 1803 in Waldbröl geboren; er verstarb am 23. März 1869 in Nachroth, Westerwald. Sein Bruder Vincenz, der als Notar tätig war, veröffentlichte unter dem Pseudonym „Montanus". Die Lebenserinnerungen des A.W. v. Zuccalmaglio wurden von Else Yeo herausgebracht. Die im Folgenden wiedergegebene Episode stammt aus Bd. 1, S. 79; vgl. Zuccalmaglio (1988 – 1991; 3 Bde)

216 v. Zuccalmaglio (1988, Bd 1), S. 28; zur Gezelinuskapelle vgl. auch: Kaltenbach (1976), S. 5

217 Zu den Umweltschäden durch Fabrikemissionen in Elberfeld läßt sich v.Zuccalmaglio in der Zeit um 1856 aus; vgl. v.Zuccalmaglio (1991, Bd 3), S. 670

218 Steimel (1958), Sp. 100

219 Köln u.s. Bauten (1888), S. 339 / 340; Vomm (1980), S. 215 – 217

220 Crecelius, W.: Friedrich Frhr. v. Diergardt, in: Allgemeine Deutsche Biographie (Bd 5), Leipzig 1877, S. 140

221 Tillmann (1974), S. 84; wenn nicht anders gekennzeichnet, gehen die biographischen Hinweise zu Friedrich v. Diergart auf zwei Aufsätze von Tillmann aus den Jahren 1971 und 1974 zurück

222 de Weert (1977), S. 184 u. S. 194; Daniel v. d. Heydt wurde am 31. Oktober 1802 in Elberfeld geboren und war mit Bertha Rosalie Wülfing verheiratet; er verstarb am 7. Juli 1874 auf Schloß Morsbroich

223 STA Leverkusen: Bestand Diergardt Nr. 3000.668, Brief v. 7. Dezember 1848

224 August v. d. Heydt hatte im November das Mandat des Wahlkreises Elberfeld-Barmen für den Preußischen Landtag angenommen; das Ministeramt übte er bis 1862 aus. Wegen Differenzen mit Bismarck und dem König trat er zurück, ließ sich jedoch vier Jahre später wieder bewegen, im Zusammenhang mit der Finanzierung des Krieges, das Finanzministerium zu leiten; vgl. Köllmann (1958), S. 48 / 49

225 de Weerth (1977), S. 256

226 Anonym (ZBGV, 1886), S. 272

227 STA Leverkusen: Bestand Diergardt, Nr. 3000.271

228 de Weerth (1977), S. 184

229 HSTA D (K): Notar Hopmann, Elberfeld, Rep. 310, Nr. 477 v. 26. Januar 1836

230 Eine Abbildung findet sich bei Tillmann (1974), S. 83

231 Friedrich Daniel Diergardt wurde am 21. November 1850 in Viersen geboren; es folgten Daniel Heinrich (30. März 1852) und Berta (3. September 1854); das jüngste Kind, Johannes, kam bereits in Bonn zur Welt (13. September 1859)

232 STA Leverkusen: Bestand Diergardt, Nr. 3000.268; die Baumaßnahme war nicht besonders umfangreich. Die Gebührenberechnung von Baumeister A. Schnitzler lautet: „Für die zu dem Bau einer Erweiterung Ihres Wohngebäudes in den Jahren 1855 und 1856 gelieferten Entwürfe, Zeichnungen und sonstigen Details, sowie für die Leistung der Arbeiten und Revision der Handwerker-Rechnungen mit Inbegriff aller Reisekosten an Gebühren 350 Thlr". Maurermeister Johann Schnitzler erhält am 9. Januar 1857 u.a. für Quaderputz am Untergeschoß Straßenfront, Giebel und Gartenseite 712 Thlr

233 Von Anton Schnitzler wurde 1843 das noch bestehende Düsseldorfer Haus Ecke Poststraße /Südstraße errichtet; vgl. Pfeffer (1980), S. 373/374

234 STA Leverkusen: Bestand Diergardt, Nr. 3000.250

235 STA Leverkusen: Bestand Diergardt, Nr. 3000.667

236 Zerlett (1981), S. 5

237 vgl. Mahlberg (1989), S. 71, Anm. 26; P.J. Leydel war ab 1831 Universitätsarchitekt in Bonn. Am 23. Juni 1838 heiratete er Helene Ernestine Bollig, Tochter einer Gutsbesitzerfamilie aus Bornheim. Von ihm stammt u.a. auch der Plan zur kath. Pfarrkirche zu Sechtem (Bau 1846 – 1848)

238 STA Leverkusen: Bestand Diergardt, Nr. 3000.255

239 STA Leverkusen: Bestand Diergardt, Private Copierbücher 1876 77 fol 500; Begründer der Kölner Schreinerwerkstätten und Möbelfabrik waren die Brüder Johann Heinrich (1802 – 1884) und J. Franz Pallenberg (1809 – 1895). Heinrich Pallenbergs Söhne Jakob (1831 – 1900) und Franz Jakob (1834   1882) waren ebenfalls im Betrieb tätig; vgl. Steimel (1958), Sp. 308

240 STA Leverkusen: Bestand Diergardt, Nr. 3000.249; dem Brief liegt leider kein Plan bei; Niepraschk war Schüler des Königl. Gartendirektors Peter Joseph Lenné und leitete die Ausführungen der Pläne für die Kölner Flora; vgl. HASK: Bestand 951, Aktiengesellschaft Flora

241 sh. Anm. 240

242 STA Leverkusen: Bestand Diergardt, Nr. 3000.251

243 Wenn nicht anders gekennzeichnet, beziehe ich mich bezüglich Hs Roland auf die folgenden hervorragenden Publikationen: Eilitz (1971) und Vollmer (1988)

244 HSTAD (K): Notar Hopmann, Elberfeld, Rep. 309, Nr. 514, v. 11. Januar 1834; Henriette Kamp, geb. Brink und ihr Ehemann, der Kaufmann Heinrich Kamp aus Elberfeld, verkaufen Hs Roland bei Gerresheim und Ratingen an den Rentner Peter Schoeler, Kaufmann zu Düsseldorf, für 25.065 Thaler

245 vgl. die Monographie von Wolfgang Brönner (1991)

246 Eilitz (1971), S. 143

247 STA Leverkusen: Bestand Diergardt, Kopierbuch 1882 – 1883, fol 243/44

248 de Weerth (1977), S. 202; über Daniel, das zweitälteste Kind der Eheleute Fritz und Bertha v.Diergardt heißt es hier u.a.: „Daniel Heinrich Frhr v. Diergardt, geb. Viersen 30. März 1852, gest. Assuan, Ägypten 18. Februar 1911; Fideikommißherr auf Roland, auf Mojawola/Kr. Breslau, Kais. deutsch. Kapitän-Lieutenant a.D.; heiratet in Stein am 8. Februar 1882 Agnes v.Kitzing, geb. Kolzig , 31. Juli 1863, gest. Bergisdorf bei Sagan am 5. Februar 1945 ...

249 STA Leverkusen: Bestand Diergardt, Kopierbuch 1881 – 1882, fol 563 u. fol 720; Rosarius erhielt auf Anweisung v. 20. April 1882 eine Abschlagszahlung von 3.500.- Mark und am 9. Juni 1882 Mark 3.000.

250 Für die Abschrift aus dem Taufregister der Evang. Kirchengemeinde St. Stephani zu Aschersleben danke ich Herrn Döring vom Kreiskirchenamt Aschersleben ganz herzlich. Die Abschrift lautet: „Jahrgang: 1830, Seite:44, Nr. 17, Otto Herrmann Pflaume, geb. am 26. Januar 1830 abends 9 Uhr; Vater: Ludwig Wilhelm Pflaume, Actuar und Canzleiinspektor; Mutter: Dorothee Charlotte Christiane Stuenkel; wohnhaft in Aschersleben Nro 604; getauft am 14. Februar 1830 durch Herrn Diaconus Gorges. Die Paten: Herr Schichtmeister Temme, Herr Canzleisekretär Wohlleben aus Roßla, Herr Carl Erdmann, Apothekergehilfe, Jungfer Caroline Sadise, Jungfer Caecilie Erdmann, Jungfer Antoinette Stuenkel aus Hoexter." Da sich bereits die Vornamenschreibweise zum „Hermann Otto" eingebürgert hat (vgl.: Weyres / Mann, 1968, S. 81/82) soll daran festgehalten werden.

251 Merlo (1895), Sp. 669 – 671

252 Nekrolog Hermann Pflaume, in: Centralblatt der Bauverwaltung, 14. August 1901, S. 396

253 sh. Anm. 251

254 Krings (1977), S. 12

255 Der Straßenname leitet sich aus einer aus sechzehn Häusern bestehenden Mietshauszeile des 13. Jahrhunderts ab. Der Schaaffhausen'sche Bankverein besaß hier ein größeres Grundstück, auf dem seit 1514 das Montanergymnasium errichtet worden war. In einem Neubau des 17. Jahrhunderts hatte 1817 die preußische Regierung ihren ersten Kölner Amtssitz eingerichtet. Nach deren Umzug in den Neubau an der Zeughausstraße (im Jahre 1831) erwarb der Bankier A. Schaaffhausen das Objekt; vgl. Signon (1982), S. 227 / 228; Köln u.s. Bauten (1888), S . 722 – 724; S . 213, Fig. 152

256 Christian Mohr wurde am 13. April 1823 in Fornich bei Andernach geboren; er starb am 13. September 1888 in Köln; hier war er lange Jahre als Dombildhauer tätig (unter Zwirner); auch im Profanbereich zeugten zahlreiche Werke von seiner Tätigkeit; vgl. Steimel (1958), Sp. 278

257 Amtsblatt Regierung Köln 1865, Stück 29 v. 4. Juli 1865, S. 204, „Personalchronik. Der mit der Wahrnehmung der Garnison-Bau-Geschäfte in Cöln und Bonn beauftragte Baumeister Pflaume ist zum Königlichen Landbaumeister ernannt worden." Nach Merlo (1895) Sp. 669 – 671 arbeitete Pflaume für die kgl. Regierung in Düsseldorf

258 Der Kölner Architekt Eduard Edmund Custodis (geb. 31. März 1847 in Solingen, gest. 16. Februar 1939 in Köln) trat im Jahre 1864 als Lehrling in das Architekturbüro Pflaume's ein. Nach deren Umzug vgl. Custodis

259 Wochenblatt des Architekten-Vereins zu Berlin, Nr. 20 v. 18. Mai 1867, S. 192/ 193

260 Köln u. s. Bauten (1888), S. 674

261 Prof. Johann Heinrich Müller-Erkelenz wurde am 16. März 1878 in Worms geboren und war seit 1904 in Köln tätig. Außer dem Deichmannhaus wird von seinen Arbeiten das Verwaltungsgebäude der Rheinischen Braunkohlen AG in Köln sowie das Hotel auf dem Petersberg hervorgehoben; vgl. Steimel (1958), S. 285

262 Nekrolog Centralblatt der Bauverwaltung v. 14. August 1901; HASK: Ce 20 1882, Sitzung der Kölner Stadtverordnten v. 9. November 1882

263 Dr. jur. Gustav v.Mevissen wurde am 20. Mai 1815 in Dülken geboren; er verstarb am 13. August 1899 in Godesberg. Von den zahlreichen Ämtern und Arbeitsschwerpunkten seien hervorgehoben: 1845 1860 Mitglied der Handelskammer in Köln, 1856 1860 deren Präsident, Mitbegründer der Rheinischen Dampfschiffahrtsgesellschaft, Präsident der Rhein. Eisenbahngesellschaft, Beigeordneter, Mitglied des Herrenhauses 1866-1891 und des Staatsrates seit 1884 usw.; vgl. Steimel (1958), Sp. 273; vgl. Köln u.s. Bauten (1888), S. 675 / 676

264 Köln u.s. Bauten (1888), S. 676; Grundriß Fig. 446, S. 670

265 vgl. Anm. 264, S. 677

266 Jatho (1907), S. 37

267 Maria Johanny wurde am 9. März 1839 in Hückeswagen geboren; ihre Hochzeit mit Richard Zanders fand am 17. Juni 1857 in Leutesdorf bei Linz statt, wo die Familie Johanny das Gut Charlottenburg besaß; vgl. Caspary (1929), S. 9, 14, 28

268 Caspary (1929), S. 73 / 74

269 GL – Kultur bei uns, 12 / 1991

270 Caspary (1929), S. 68, 77, 82; Wittig schuf eine Porträtbüste des verstorbenen Richard Zanders (S. 73) und beriet bei Auswahl und Aufstellung der Skulpturen im 1. Obergeschoß der Villa; bei dem Maler Johann Niessen (geb. Köln am 27. August 1821, gest. am 24. August 1910 in Köln) nahm Maria Zanders Zeichenunterricht. Sein Einfluß bei der Innenraumgestaltung geht aus den vorliegenden Quellen nicht dezidiert hervor

271 Börsch – Supan (1977), S. 68; über Pflaume als Vorstandsmitglied vgl.: Anm. 252

272 Nekrolog 1901

273 Zeitschrift für Bauwesen 1869; Amtl. Bekanntmachung S. 146

274 HASK: Ce 20, Jg. 1870, S. 109 f

275 HASK: Ce 20, Jg. 1872, Anhang S. 23

276 Prof. Wilhelm Albermann wurde am 28. Mai 1835 in Werden a.d. Ruhr geboren; er verstarb in Köln am 9. August 1913. Nach einer Ausbildung als Bildhauer kam er 1865 von Berlin nach Köln. Hier wurden von ihm mehrere öffentliche Denkmäler geschaffen: Die Großplastiken der Stifterpersönlichkeiten Wallraf und Richartz vor dem ehem. Wallraf-Richartz-Museum (heute: Museum für Angewandte Kunst); auf dem Altermarkt das Jan-von-Werth-Denkmal und auf dem Waidmarkt das Hermann-Joseph-Denkmal, vgl. Steimel (1958), Sp. 29

277 Mahlberg (1994) S. 13 – 15

278 Dietrich (1988), S. 9/10

279 Dietrich (1988), S. 10

280 HASK: Ce 20, Jg. 1885, S. 111 f

281 Nekrolog 1901

282 vgl.: Campbell (1989), S. 22

283 Cullen (1990), S. 417 u. 424

284 vgl. Sander / Misselbeck (1984), Abb. 50; die Bildunterschrift lautet: „Schauspielhaus Köln. Es wurde 1872 durch Raschdorff und Pflaume an der Glockengasse erbaut und im Zweiten Weltkrieg zerstört."

285 Die Barmer Stadt-Theater-Actien-Gesellschaft beschließt am 19. März 1873 den Bau eines Theaters nach Plan des Bau-Inspektors Pflaume; vgl HSTAD (K): Notar Hendrichs, Barmen, Rep. 2377 Nr. 8148 u. 8149 v. 19. März 1873

286 vgl.: Huttel (1985, Bd 1), S. 140 / 141, Nr. 122

287 Anlage der Verbindungsstraße Severinstraße – Karthäusergasse, vgl.: HSTAD (K): Notar Castodis, Köln, Rep. 3767, Nr. 20346 v. 30. Juli 1873; Lippmann'sches Geschäftshaus in der Glockengasse und Kaufhaus Ecke Blaubach / Waidmarkt, vgl. Deutsche Bauzeitung, 29. Mai 1880, S. 226; Villen für Kommerzienrat Guilleaume, Köln, Untersachsenhausen Nr. 6 (1880 – 1882), Geheimrat Eugen Langen, Köln, Von-Werth-Str. 14 (1882 begonnen), Bankier Raoul Stein, Köln, Kaiser-Wilhelm-Ring Nr. 21 (vor 1888 voll.), Kommerzienrat Andreae, Valentin Pfeifer, Peter Wahlen; Emil Oelbermann, Köln,

(Rhein. Heimatpflege 3/1993), S. 182

Hohenstaufenring Nr. 57 (1889/1907), Doppelvilla Dr. Mallinckrodt u. C. Scheibler, Köln, Sachsenring Nr. 77 u. 79; vgl. Nekrolog 1901; vgl.: Köln u.s. Bauten (1888). Auf weitere Bauten in der Kölner Neustadt verweist Kier (1978), S. 199; 1885 / 86 Habsburgerring 7; 1886 Sachsenring 77 und 79; 1886/87 Kaiser Wilhelm-Ring 14 – 18; 1887/88 Kaiser Wilhelm-Ring 23; 1889/90 Hohenstaufenring 57; 1889/90 Kaiser Wilhelm-Ring 17 – 19; 1890/91 Kaiser Wilhelm-Ring 21; 1890/91 Kaiser Wilhelm-Ring 31; 1890/91 Hohenstaufenring 59; 1894/95 Theodor Heuss-Ring 10; 1895/96 Theodor Heuss-Ring 13 u.15; auf dem Kölner Friedhof Melaten schuf Pflaume seit etwa 1879 zahlreiche Grabdenkmäler, vgl.: Abt/Vomm (1980)

288 Eine umfassende Übersicht über die Stadterweiterung gibt Kier (1978)

289 HSTAD(K): Notar Custodis, Köln, Rep. 3767, Nr. 20346 v. 30. Juli 1873; Finanzier ist der Kölner Bankier August v. Recklinghausen

290 HASK: Ce 20; Jg. 1880, Sitzung v. 15. Januar 1880; auch die folgenden Hinweise basieren auf dem hier angegebenen Archivbestand

291 Die Kölnische Rückversicherungsgesellschaft in der Gertrudenstraße (1912), der Olivandenhof (1913) und Haus Hindenburg in der Schildergasse (1914); vgl. Köln. Bauliche Entwicklung 1888-1927, S. 40, 44 u.46

292 Deutsche Bauzeitung 1901, S. 400 ; eine Sterbe-Urkunde vom Standesamt Würzburg konnte wegen Kriegsverluste im Bestand nicht beschafft werden (frdl. Auskunft Frau Meihof, Standesamt Würzburg)

293 Im Bestattungsamt der Stadt Köln liegt eine entsprechende Urkunde vor (frdl. Auskunft von Frau Storch); das Grab Pflaumes hat die Lage: Flur Nr. 70a, Nr. 1

294 STA Leverkusen: Bestand Diergardt, Nr. 3000.192, UK Notar Jakob Toussaint Cardauns, Köln, Rep. Nr. 10485 v. 4. Juli 1857

295 STA Leverkusen: Bestand Diergardt, Nr. 3000.192, Vertrag v. 30. Juli 1857; von Interesse ist z.B. die große Zahl von Eisenbahnaktien der „Ruhrort-Crefeld-Kreis Gladbacher Eisenbahngesellschaft" oder z.B. der „New York and Erie Rail-Road-Company"; herausragend auch 450 Aktien der „Gladbacher Spinnerei und Weberei"

296 vgl. Crecelius (1877), S. 140

297 Die Stiftungsurkunde datiert auf den 19. Januar 1859 (HSTAD(K): Notar Pauls, Mönchen-Gladbach, Rep. 1778 Nr. 16551), vgl. Vollmer (1988), S. 42; eine Übersicht über das fidei commissum familiae (= Familienvermächtnis, vgl. Petri, 1910, Sp. 510) gibt Duncker (1857-1883) Morsbroich o.Pag.:
„Die Bestandteile des in Rede stehenden Fideicomiss-Besitzthums Grafschaft Morsbroich, gelegen in der Rheinprovinz, auf der rechten Rheinseite in dem zu den Bezirken der Königlichen Regierungen in Cöln und Düsseldorf ressortirenden Kreisen Mülheim a.R. und Solingen, im Falle die Grenze zwischen beiden Kreisen und resp. Regierungs-Bezirken dieselbe in der Richtung von Osten nach Westen durchschneidet, kaum eine Stunde von der Stadt Mülheim und Stunde vom Rhein entfernt, und unter Andern von den Gräflich von Fürstenberg'schen Besitzungen Stammheim, Haan, Reuschenberg, Ophoven und der Gräflich von Wolff-Metternich'schen Herrschaft Strauweiler begrenzt, – sind folgende:
a. drei Rittergüter:
1. der mehrgedachte Rittersitz Morsbroich
2. das Haus Schlehbuschrath, früher ebenfalls im Besitze des deutschen Ordens,
3. das Kloster Dünnwald, ein früheres adeliges Fräulein- und späters Mönchen-Kloster
Die sub 1 und 2 genannten Rittergüter wurden auf Grund Allerhöchster Cabinets-Ordre vom 6. Novbr. 1834, das sub 3 gedachte Gut in Folge Allerhöchster Cabinets-Ordre vom 28. Januar 1861 immatrikulirt.
In der Umgebung des vorgedachten Hauptgutes Morsbroich liegen die nachbenannten
b. zehn Acker- resp. Hofgüter, die ebenso wie die Rittergüter für sich abgeschlossene Complexe bilden, wovon ein jeder mit allen Requisiten einer geordneten und vortheilhaften Bewirthschaftung versehen ist.
1. Hemmelrather Hof, früher zum Kloster Gräfrath gehörig,
2. Leimbacherhof,
3. Förstchen, ehemalige Güter des Klosters
4. Kurtekotterhof, Dünnwald
5. Scheuerhof,
6. Neuenhof,
7. Maashof, vormals Güter des Klosters
8. Mebushof, „Altenberg",
9. Mönchshof

10. Hummelsheimerhof, früher Domaine.
c. zwei Frucht-Mahlmühlen mit Wasserlauf-Gerechtsamen, als:
1. Schlehbuschermühle bei Schlebusch, früheres Deutsch-Ordens-Gut,
2. Kloster-Mühle zu Dünnwald, früher in Pertinenz des Klosters Dünnwald.
d. circa 2000 Morgen Forsten, grösstentheils in schönen Laubholz- und anderenteils in 15 bis 100jährigen geschlossenen Kiefern-Waldungen bestehend.
e. Fischerei-Gerechtsame im Dhünnflusse.
Letztgedachter Fluss durchzieht die Besitzung ihrer Länge nach in der Richtung von Osten nach Westen, während dieselbe von Süden nach Norden fast in der Mitte von der Cöln-Berliner Landstrasse durchschnitten, an der Westseite aber von der Cöln-Düsseldorf-Arnheimer Landstraße und der Cöln-Mindener Eisenbahn (namentlich bei der Station Küppersteg) unmittelbar berührt wird und übrigens von gut ausgebauten Communal-Wegen in verschiedenen Richtungen durchzogen ist."

298 Petri (1910), Sp. 510; Vollmer (1988), S. 43; in wörtlicher Übersetzung bedeutet das lateinische „fidei commissum": das (jemandem) zu Treu und Glauben Anvertraute

299 Vollmer (1988), S. 44

300 Tillmann (1974), S. 90

301 Tillmann (1974), S. 89

302 STA Leverkusen: Bestand Diergardt, Nr. 3000.662, Brief A. Haarleck an v.Diergardt v. 26. Mai 1862

303 STA Leverkusen: Bestand Diergardt, Nr. 3000.665, Brief Viersen, 2. Oktober 1862

304 sh. Anm. 303; Brief v. 26. Dezember 1864

305 de Weerth (1977), S. 194: Friedr. Daniel Frhr v. Diergardt, geb. Viersen 21. November 1850, gest. Morsbroich 26. August 1907, Fideikommißherr auf Morsbroich, Kgl. preußischer Kammerherr und Rittmeister a.D., Kreisdeputierter und Abgeordneter des Provinzial-Landtages; er heiratete am 4. Oktober 1877 Agnes Constanze Freiin von Loen, geb. Berlin 8. Dezember 1851, gest. Berlin 1. April 1917. Ihr Vater Leopold Frhr v. Loen, 1817 in Luckau geboren, war Kgl. preuß. General der Infantrie und General-Adjutant gewesen

306 Krusen (1911/12)), S. 183

307 STA Leverkusen: Bestand Diergardt, Nr. 3000.245, Verwalter H. Gondolf, Morsbroich, an Kehren, Bonn, v. 11. Oktober 1882

308 STA Leverkusen: Bestand Diergardt, Copierbuch 1881/82, fol 910, Schreiben A. Wild, v. Diergardt'sche Verwaltung, Bonn, an den mit ihm befreundeten Herrn Spickerhoff, Schlebusch

309 Von der Erweiterung von 1885 – 1887 durch Baurat H.O. Pflaume hat sich lediglich der Bauantrag v. 5. Juni 1885 mit Zeichnungen, jedoch ohne den textlichen Kommentar erhalten. Als ich im Jahre 1971 erstmalig den Bestand sichtete, war auch schon nichts mehr im Stadtarchiv Leverkusen zu finden. Da die Akten auf dem Speicher des Herrenhauses lagerten und 1945 belgische Besatzungstruppen hier einzogen, könnte ein Teil der Diergardtischen Akten verlustig gegangen sein.

310 sh. Abb.

311 van Eyll (1993), S. 78: „Der am 19. März (1876) dahier verstorbene Commerzienrath Christoph Andreae vermachto dor Stadt durch letztwillige Verfügung die Summe von 20.000 Mark mit der Bedingung, daß unter der künstlerischen Leitung des Bau-Inspektors Pflaume auf einem öffentlichen Platze eine Statue unseres großen Reichskanzlers Fürst Bismarck, des Einigers Deutschlands hergestellt werde (...) Das Legat wurde durch eine Schenkung des Freiherrn Friedrich von Diergardt in Bonn zum gleichen Betrage verdoppelt ...; (Stadtverordneten-Versammlung v. 24. Mai 1876)

312 Nekrolog 1901

313 Die Diergardt'sche Verwaltung korrespondiert mit dem Kölner Stadtverordneten J. Hamspohn, z.Zt. Berlin, v. 18. Mai 1887 „Im Auftrage von Herrn Baron Fritz Daniel v. Diergardt zu Morsbroich beehren wir uns, auf Ihr gefl. Schreiben von vorgestern ergebenst zu erwidern, daß der Herr Baron damit einverstanden ist, wenn der Anspruch auf Bauterrain für die bewußten Parzellen fallen gelassen und die Klageforderung wegen der Kosten entsprechend reduziert wird (...)", vgl. STA Leverkusen: Bestand Diergardt, Copierbücher 1886 – 1888, fol 244

314 STA Leverkusen: Bestand Diergardt

315 Die Zuordnung und Bezeichnung des Raumprogramms geschieht auf der Grundlage folgender Archivalien aus dem STA Leverkusen: Vorentwurf H.O. Pflaume Grundriß Erdgeschoß; Baugesuch v. 5. Juni 1885 mit Grundriß Erdgeschoß. Einige Hinweise lassen sich aus einem Antrag zur Renovierung von Hs Morsbroich v. 18. Mai 1910 (Bestand Diergardt Nr. 3000.302) entnehmen. Friedrich Daniel Frhr v.Diergardt, der für den Erweiterungsbau von 1885/87 verantwortlich zeichnete, war am 26. August 1907 auf Morsbroich verstorben. Nachfolger als Majoratsherr des Fideikommissbesitzes Morsbroich wurde der älteste Sohn Friedrich (Freddy) Leopold Bertram Johannes Frhr v. Diergardt (geb. Mors-

broich 31. Dezember 1879, gest. Leverkusen-Schlebusch 29. Juni 1958). In erster Ehe war Friedrich Leopold mit Maria von Felbert seit dem 24. Oktober 1905 verheiratet. Nach dem Tode des Vaters wurde im Jahre 1910 eine gründliche Renovierung notwendig. Friedrich L. v. Diergardt machte Renovierungskosten von 300.000 Mark geltend. Um den Betrag aufzubringen, sollten Grundstücke des Fideicommißbesitzes veräußert werden. Dafür benötigte er jedoch die Genehmigung des Kaisers, die am 7. Juni 1909 erteilt wurde

316 Beim Renovierungsantrag von 1910 wird darauf hingewiesen, daß die Räume durch Einbau von Zentralheizung und elektrischen Leitungen im Jahre 1909 stark gelitten hätten.

317 STA Leverkusen: Bestand Diergardt, Kopienbuch Nr. 24 (1886-1888), fol 371 v. 1. Oktober 1887

318 STA Leverkusen: Bestand Diergardt. Copierbücher 1885 1886, fol 599; Sekretär A. Wild an Heinrich Pallenberg, Köln am Alten Ufer 41 v. 22. März 1886; die Rechnung über 16 098,03 werde beglichen. Der Firmenbegründer Joh. Heinrich Pallenberg verstarb 1884; die Firma Heinr. Pallenberg wurde von seinen Söhnen Jakob und Franz weitergeführt; vgl. Steimel (1958), Sp. 308

319 STA Leverkusen: Bestand Diergardt, Kopierbücher (privat) 1876-1877, fol 500. Schreiben an Fa. H. Pallenberg, v. 8. Februar 1877, Köln, Am alten Ufer 41; Rechnungsbetrag über 21.026,45 Mark

320 Anzelewsky (1988), Abb. 157 u. 158

321 Im Schadensbericht von 1910 ist u.a. von Wasserschäden im Gartensaal die Rede und einer Erneuerung der angefaulten Deckenbalken. Von einer Rekonstruktion von Rokokostukkaturen ist keine Rede

322 STA Leverkusen: Bestand Diergardt, Kopierbücher 1885 – 1888

323 Köln u.s. Bauten (1888), S. 699 – 701; Fig. 493 – 497;

324 Kultusminister NRW (1951), S. 274

325 Stadt Leverkusen (1987), S. 37

326 STA Leverkusen: Nr. 5143.31, Mietvertrag Schloß Morsbroich v. 1. Juli 1948, zit. nach Müller (1987), S. 11, Anm. 2; Hans Holger Müller hat im Rahmen einer von mir betreuten Examensarbeit die Geschichte von Schloß Morsbroich als Museum erarbeitet. Der Titel dieser 1987 vorgelegten Schrift lautet: „Schloß Morsbroich und seine Sammlung". Ich danke Herrn Müller für die Überlassung des bislang unveröffentlichten Manuskriptes zugunsten der Forschungsstelle für Architekturgeschichte und Denkmalpflege im Fachbereich 5 der Bergischen Universität Gesamthochschule Wuppertal

327 STA Leverkusen: Stadtverwaltung 7. 11. 1950, D.St. III/M 410.249; zit. Müller (1987), S. 12, Anm. 5

328 Steimel (1958), Sp. 158/159

329 Müller (1987), S. 18

330 vgl. Schütz, Sabine: Das Museum Morsbroich – Ein Rückblick auf 40 Jahre, in: Stadt Leverkusen (1987), S. 30 – 33 (S. 30); Der Kunsthistoriker Dr. Helmut Richard May wurde am 17. Juni 1906 in Düsseldorf geboren, vgl. Steimel (1958), Sp. 266; Dr. August Joh. Wilh. Hoff wurde am 16. September 1892 in Forbach / Lothringen geboren. In den Jahren 1945 bis 1957 war er Direktor der Kölner Werkschulen. Von ihm stammen Publikationen über Thorn Prikker, Dominikus Böhm und Wilhelm Lehmbruck, vgl. Steimel (1958), Sp. 195

331 Stadt Leverkusen (1987), S. 30

332 Schmidt, Hans M.: „Eine Gemeinschaft Einsamer, eine Verbundenheit Selbständiger". Künstlervereinigungen der Nachkriegszeit, in: Honnef / Schmidt (1985), S. 423 – 431, S. 427), vgl. Honnef / Schmidt (1985), S . 519 / 520 u . S . 525 (Biographien Julius Bretz u. Friedrich Vordemberge)

333 HASK: Z 43 (11 – 14), Nr. 11. Kölnische Rundschau vom 25. Februar 1951. „Dr. St.: Rheinische Künstler in Schloß Morsbroich. Ausstellung zur Museumseröffnung." Unter dem Kürzel „Dr. St." verbirgt sich Dr. phil Heinz Stephan (geb.8. November 1896 in Köln); seit 1946 Feuilleton-Redakteur der Kölnischen Rundschau und als Schriftsteller tätig, vgl. Steimel (1958), Sp. 400

334 Dr. Curt Schweicher war vom 1. August 1952 bis zum 15. November 1958 in Leverkusen als Museumsleiter tätig; vgl. Müller (1987), S. 25

335 Kasimir Hagen brachte seine Sammlung im Jahre 1955 der Stadt Köln als Schenkung ein. Die „ressortmäßig" dem Kunstgewerbemuseum angegliederten Bestände wurden ab 1960 im Erdgeschoß des Overstolzenhauses präsentiert; vgl. Steimel (1958), Sp. 158; Dietrich (1988) o.Pag., 12. Mai 1960 u. 14./15. Februar 1963

336 Klapheck (1979), S. 52 – 54

337 Klapheck (1979), S. 82/83; im Folgenden werden Exzerpte wiedergegeben

338 vgl. u.a. Reinhardt, Georg: Zur Sammlung Schloß Morsbroich, in: Wedewer (1985), S. 20 – 21; vgl. Stadt Leverkusen (1985)

339 Wedewer (1985), S. 12

340 Nasarke, Alfred: Herausforderung und Hoffnung, in: Wedewer (1985), S. 22 – 23

341 Ungers (1983), Abb. 25 – 29; Ungers (1985) o. Pag.

342 Ungers (1983), S. 13

343 Ungers (1983), S. 19

153

Ortsregister

Verzeichnis genannter Bauten

Personenregister

Baumeister, Architekten, Künstler

Abbildungsnachweis

Forschungsstelle für Architekturgeschichte und Denkmalpflege:	15, 24, 26, 32, 33, 36, 37, 38, 39, 40, 42, 43, 45, 46, 47, 48, 50, 52, 53, 56, 58, 59, 60, 61, 62 (oben links), 63, 64, 65 (oben links),69, 83, 85, 99, 100, 101, 108, 111, 112, 113, 118, 119, 121, 122, 123, 124, 128, 129, 130, 132 (rechts), 133, 135, 136, 138, 140
Historisches Archiv der Stadt Köln:	23 (unten)
Landesvermessungsamt NRW:	76, 78
Rheinisches Bildarchiv:	13, 14, 21, 32 (links), 49, 65 (oben rechts), 94
Rheinisches Amt für Denkmalpflege:	62 (unten links)
Stadtarchiv Leverkusen:	10, 22, 23 (oben), 25, 34, 37 (mitte), 66, 90, 97, 98, 103, 120, 125, 126, 127 (oben links)
Stadtarchiv Krefeld:	51 (oben)
Städtisches Museum Leverkusen, Schloß Morsbroich:	131, 132 (links), 134, 137
Stadtkonservator Köln:	64 (oben links)
Privat:	30, 44, 55, 65 (unten)
Ausstellungskatalog Brühl (1961):	17, 18
Ausstellungskatalog Schlaun (1973):	41, 51 (unten)
Blos, Wilhelm: Die Französische Revolution von 1789 bis 1804, Stuttgart 1923:	79, 81, 87
Cardauns / Müller (1966):	74
Duncker (1857-1883):	54, 104
Eilitz (1971):	106
Grefe (1988):	109, 110, 114, 115, 116, 117
Hansmann, Wilfried: Das Jagdschloß Falkenlust zu Brühl (=Rheinische Kunststätten, H. 149) Neuß 1990:	19
Hansmann / Knopp (1977):	16, 40 (rechts), 62 (rechts oben)
Köln und seine Bauten (1888):	127 (rechts)
Hüttl, Ludwig/Lessing, Erich: Deutsche Schlösser, deutsche Fürsten. München, 1986:	70,72
Ungers (1983):	139